高等职业教育社会工作系列教材

个案工作实务
（第二版）

主　编　郑　轶

副主编　赵钦清

参　编　何　静　王喻燕　王　贤　郭　勇

中国轻工业出版社

图书在版编目（CIP）数据

个案工作实务 / 郑铁主编. —2版. —北京：中国轻工业出版社，2025.7

高等职业教育社会工作系列教材

ISBN 978-7-5184-3476-3

Ⅰ. ①个… Ⅱ. ①郑… Ⅲ. ①社会个案工作—高等职业教育—教材 Ⅳ. ①C916

中国版本图书馆CIP数据核字（2021）第071156号

责任编辑：张文佳　　责任终审：张乃柬　　设计制作：锋尚设计
文字编辑：姜瑞雪　　责任校对：吴大朋　　责任监印：张京华

出版发行：中国轻工业出版社（北京鲁谷东街5号，邮编：100040）
印　　刷：三河市国英印务有限公司
经　　销：各地新华书店
版　　次：2025年7月第2版第5次印刷
开　　本：787×1092　1/16　印张：14
字　　数：350千字
书　　号：ISBN 978-7-5184-3476-3　定价：45.00元
邮购电话：010-85119873
发行电话：010-85119832　　010-85119912
网　　址：http://www.chlip.com.cn
Email：club@chlip.com.cn

251192J2C205ZBQ

第二版前言

《个案工作实务》出版至今已整整7年，感谢一直选用此书的师生和行业同人们。7年来，国家变化日新月异，社会工作行业发展突飞猛进。为了更好回应人民群众日益增长的美好生活需要，进一步凸显社会工作在社会治理创新中的重要作用，本书编写团队结合近年来的个案工作实务探索和观察反思，对教材进行了修订。第二版主要做了如下调整：

一是删除了“个案工作的价值体系”一章以及附录部分的《中国社会工作者守则》《香港社会工作注册局工作守则》《美国社会工作者协会伦理守则》。近年来，随着开设社会工作专业的高校越来越多，社会工作学科发展越来越规范、课程体系越来越完善，很多学校都单独开设了社会工作导论、社会工作价值与伦理等课程，对个案工作价值体系和伦理守则均有详细介绍，为了避免重复，第二版删除了该部分内容。

二是整合更新了部分内容，包括在项目二“预估”中增设了需求评估的内涵、需求评估的指标和维度两个任务，并在附录部分增加了常用的个案工作评估量表；在项目四“介入阶段”中，对原有的介入服务内容进行了整合，并增设了重建案主社会支持和开展个案管理这两个任务。这几处修订均结合个案工作实务中的行业需求而变化。

三是附录部分增加了个案工作系列文案。在个案工作实务进程中，接案报告、评估报告、工作计划、服务记录、结案报告等文案撰写不仅是实务工作的重要内容，更是社会工作者专业素养的集中体现，在工作反思、案例研讨、项目评估等方面均有重要作用。因此，第二版不仅在个案工作实务的每个环节传授各种文案撰写的要点和技巧，还附上一套完整的个案及文案资料，让读者感受如何做个案、写文案。

本书能顺利完成修订工作，得益于重庆城市管理职业学院田奇恒教授的大力支持，更得益于编写团队的通力合作，在此表示感谢。编写团队分工如下：赵钦清（重庆城市管理职业学院讲师）编写项目一的任务 3，何静（重庆城市管理职业学院副教授）编写项目四的任务 1 至任务 4，王喻燕（重庆仁爱社会工作服务中心）提供了附录 1，王贤、郭勇（重庆慧灵残障人士职业康复中心）提供部分案例和记录报告，其余部分由郑轶（重庆城市管理职业学院副教授）编写并统稿。

由于学识有限，书中难免存在不妥之处，恳请各位专家、学者、同人不吝赐教，也希望使用本教材的师生们批评指正。

编者

2021 年 4 月

第一版前言

个案工作是社会工作三大方法中发展得最为完备的一种工作方法。在社会工作专业教学中，个案工作也是非常重要的专业主干课程。然而，现有的专业教材几乎都是为本科学生而编写，罕有针对高职高专学生的学习资料。鉴于此，编者结合自己若干年来的教学经历以及大量的实务经验，编写了这本实务性极强的教材，为高职高专层面的学生学习个案工作以及社会工作机构一线社工开展个案工作提供参考。

本书分为导引、上篇和下篇三个部分，导引部分通过大量导入活动，引导学习者分析探讨作为个案工作者应该具备的素质。上篇简要介绍了个案工作的定义、特点、发展历程和应用领域，引导学习者熟悉个案工作的价值体系和伦理守则，并能敏锐地觉察本土文化对个案工作的影响。下篇则以个案工作流程为线索，把个案工作实务分为了接案、预估、计划、介入、结案与评估五个阶段，即五个学习项目，每个项目又根据该阶段个案工作的工作内容分为若干个学习任务，每个任务都包含了任务描述、任务目标、导入活动、知识介绍、活学活用、案例分析、课堂练习和学习资源八个单元，其中任务描述概述了该任务的特点和工作内容；任务目标列出了学完该项任务后学习者须具备的能力；导入活动通过案例讨论、体验式活动等引发学习者的学习兴趣，激发学习动机；知识介绍详细地阐述了该环节个案工作的工作内容、特点和技巧；活学活用针对特定的案例，结合知识介绍，分析该案例在本环节应该怎么做；案例分析列举了其他案例在本环节的做法，让学习者进一步巩固个案工作实务技巧，以期举一反三；课堂练习就通过分组讨论、角色扮演等方式把每项任务所学到的方法和技巧灵活运用到个案工作实务中去；学习资源则列出了帮助学习者更深入学习每项任务的其他辅助资料。

本书特别选取了一个案例贯串个案工作实务的各个阶段，在个案工作每个流程的学习中，都将结合该案例，介绍该案例在此环节应该做什么？怎么做？从而让学习者完整地体验一遍个案工作实务的开展。

本书能顺利完成，得益于重庆城市管理职业学院齐芳副教授的大力支持，更得益于整个编写团队的通力合作，在此表示感谢。编写团队分工如下：陆宁（重庆城市管理职业学院）编写上篇；赵钦清（重庆城市管理职业学院）编写下篇项目一、项目二部分内容；何静（重庆城市管理职业学院）编写项目四部分内容，郭勇（重庆慧灵智障人士社区援助中心）编写下篇项目三、项目四部分内容并提供大量案例资料和记录报告；其余为郑轶（重庆城市管理职业学院）编写并统稿。在编写过程中，重庆城市管理职业学院周良才教授、田奇恒教授以及溥存富老师对本书的编写给予了很多支持和宝贵的建议，在此一并致以真诚的谢意。

由于学识有限，书中存在不妥之处在所难免，我真诚地希望专家、学者、同仁不吝赐教，也希望使用本教材的师生们能给予批评指正。

编者

2013 年 10 月 14 日

目 录

导引

电影、电视节目和其他媒体已塑造了多个个案工作者的形象，一些形象对公众来说很有吸引力，但却让人对个案工作者产生了不现实的角色期望，而另一些形象则可能曲解了个案工作者的真正功能。在你心目中，个案工作者有着怎样的形象呢？个案工作都做些什么呢？

导入活动 1 你的心愿意为服务对象留多少空间呢？

在漫长的小学、中学时代，在高考的指挥棒下，你最关心的事情是什么呢？终于考进大学了，升本、读研、找工作、考公务员、谈恋爱……又充斥着你的生活，你如何应对呢？即将走上社会，房子、车子、票子、情感生活、父母养老、人际关系……这些巨大的压力你如何承担呢？

当你日日夜夜奋战在堆积如山的书本前，当你整日穿梭于招聘会现场期望获得一个面试的机会，当你为了升职加薪而放弃了一切休息时间甚至曲意迎合，当你沉溺在失恋的痛苦中，当你纠结在复杂的人际关系中……疲惫不堪、困惑迷茫。你可曾想过其他人是怎么生活的？你是否愿意静下心来听听别人的故事，理解别人的感受，给予那些与你相似的人和不同的人关心、安慰、支持、鼓励和陪伴？

你的心已被自己的欲求占据得满满的，还有多少空间能容纳下别人呢？

导入活动 2 你的助人动机是什么？

当今社会，做志愿者成了一种时尚。纵观社会上的志愿者团队和个人，他们虽然都牺牲了自己的业余时间去服务弱势人群，但是他们从事志愿活动的动机却各不相同，归纳起来大概有如下几种：

（1）真正地关心服务对象，想要为他们做点什么。

（2）自己的社交圈子太狭小，希望通过做志愿者多认识几个朋友。听说做志愿者的都是有爱心的人，能找个这样的人做自己男/女朋友就更好了。

（3）自己生活得很不幸，但做志愿者看看那些更不幸的人，自己就平衡了。

（4）显得自己很有爱心，成为炫耀的资本或者出名的途径。

……

请讨论以上几种心态，并分析不同心态导向下的志愿者活动将会给服务对象带去怎样的影响？那么，你有没有想过为什么要选择社会工作专业呢？当你了解到社会工作的助人性质后，你是否想过自己以后要从事这个职业呢？为什么？

导入活动 3 光有良好的助人动机就够了吗？

“5·12”大地震后，很多社工专业的师生纷纷进入震区开展灾后社会工作，某校也在一安置点建立了社工站，并招募了若干名社工专业大二的学生利用暑假实践的机会前去为安置点的儿童提供服务。大学生们投入了极大的热情，很快适应了震后恶劣的生活和工作环境，与当地儿童建立起了非常好的关系，开展了一系列成效卓著的活动。

随着时间的推移，大学生们和当地儿童的关系越来越亲密，午休时间和下班时间儿童都不肯离开社工站，想和哥哥姐姐们一起玩耍。大学生们尽管非常疲惫，希望有更多的休息时间，但一看到震区的情况以及震区儿童渴望的眼神，再加上自己身处板房区也无其他娱乐，也就不再强调休息时间，工作之余都和儿童打成一片。

两个月很快就过去了，大学生们完成了暑假实习，即将离开工作站回学校上课了。当地儿童非常不舍，纷纷询问大学生们的手机号码、通讯地址、QQ号以及电子邮箱等，希望能保持联系。大学生们同样不忍离去，均爽快地和儿童们交换了自己的联系方式。

问题：

（1）你如何看待社工专业学生们放弃休息时间、与儿童互留联系方式的表现？

（2）当大学生们回到校园后，生活重心转移到学习、写论文、考研、找工作等诸多方面，此时若接到震区儿童给他们打来的电话或发来的信件，他们还能像当时那样对待那些儿童吗？如果不能，对儿童会造成什么影响？

（3）社工应该怎么做呢？

导入活动 4 你真的是以服务对象的需求和利益为本吗？

有这样一个测试，大家不妨玩一玩。

你带着老虎、猴子、孔雀、狗、大象这5种动物行走在森林里，你不断遇到危险，每次你不得不舍弃一种动物，才能顺利走出森林。那么，你会以怎样的顺序来放弃这些动物呢？为什么要按照这个顺序呢？

以上测试原本是检测亲情、权力、金钱、朋友、爱情等在你生命中的地位和重要性，因此5种动物分别有一个象征。但是，我们在这里选用这个测试，目的并不是要测验大家对这些东西的看重程度，而是希望从大家选择放弃的理由中管窥你的某种态度。

有人首先放弃孔雀，因为它华而不实，对你没有任何用处；有人首先放弃老虎，因为它太凶恶，可能伤害到你；也有人最后放弃老虎，因为它的凶恶可以保护你；有人首先放弃大象，因为它太笨重，会拖累你的行程；也有人最后放弃大象，因为当你走累了它可以让你骑……无论你是先放弃什么，后放弃什么，标准其实就一个：谁对你是有用的。

而另外有人也选择了先放弃老虎或者大象，理由却是这两种动物具有较强的丛林生存能力，放弃它们后，它们可以较好地生活下去。这些人选择了最后放弃孔雀，因为这种动物最弱小，最需要被保护，所以会尽可能长时间地把它带在身边……显而易见，这种选择的思路就是：谁是最需要被保护和帮助的。

不管你的选择是什么、理由是什么，这项活动并不是要否定谁、褒扬谁，而只是以此引申并初步建立起大家的一种意识，即作为一名专业的个案工作者，我们的助人行为是立足于求助者的需求的，是以求助者利益为导向的，而不是为了满足工作者自己的利益和需求。

导入活动 5 你怎样看待“有问题”的人呢？

请先耐心地做完下面这个游戏，再来思考分析这个问题。

（1）教师给学生3分钟时间，让他们可以自由离开座位，到教室的任意角落寻找并记下所有红色的东西。

（2）时间到后，请学生回到座位坐好，闭上眼睛回忆刚刚所看到的红色物体。

（3）学生还是闭上眼睛，由教师挨个询问他们刚刚看到的红色物体，每人说一个。

（4）仍然请学生闭上眼睛，由教师挨个询问他们刚刚看到的绿色/黄色/蓝色/紫色……的物体，每人说一个。

（5）请学生睁开眼睛，再次确认教室里各种颜色的物体。

在刚刚的活动中，你是否很顺利地就说出很多红色的物体，而对于其他颜色的物体却没有太多印象呢？而当你睁开眼睛再次确认的时候，有没有发现其他各种颜色的物体其实都和红色一样多呢？那为何当你闭上眼睛的时候，脑海里出现的都是红色，而没有其他的颜色呢？因为，能量总是向着你关注的地方流动。

以儿童工作为例，通常成人关注孩子的眼睛，就像在黑屋子里用一只微弱的蜡烛去照，只能看见被我们的关注所照亮的东西，而这些东西并不是孩子的全部。相反，由于这样的照亮会让孩子觉得对自己的感觉被修正、歪曲，他会被自己为父母照亮的部分所制约，变得不自由起来。而如果家长只敏感并关注孩子的缺陷，一再把它建构成非常严重的问题，小心翼翼地去避免，使得孩子深陷“问题”的泥潭，那自然会一步步成长为家长所担心的样子。其实，我们换个角度，用关注去照亮另一面，孩子很快就会忘掉他是这样的，而变得更优秀，变得对孩子的成长更有益。

在个案工作实务辅导中，我们时常会遇到那些被贴上“性格内向”“有行为问题”“坏孩子”等标签的服务对象，他们在日常生活中被人关注的，只有内向、逃学、暴力、偷窃等，于是带着一身“红色”来到了个案会谈室，希望个案辅导能消除他们的“红色”。事实上，每个服务对象身上都远不止一种颜色，不过大家只关注红色，紧盯着他们的“问题”不放，因此他们就只是一个红色的人，至于身上其他的各种颜色，至于他们的尊老爱幼、擅长声乐、对数字敏感、记忆力超群、为人和善等，因为不被关注，所以都不存在了。

传统的个案工作，也通常都是问题取向的，面对以上情境，个案工作者会与服务对象一起确定问题，并解决问题，旨在消除服务对象身上的“红色”。而在能力取向下的个案工作，对此情境，并不会一味地纠结在问题上，而是换个角度去寻找案主身上的优势和能力，并鼓励案主充分的去展现自己的这些能力。当帮助服务对象看到自己身上的绿色、黄色、蓝色、橙色、紫色……帮助服务对象发展成为一个五彩缤纷的个体时，这时原先的红色不过只是这五颜六色的其中一种，再不会这么夺目了。

作为准个案工作者的你，是否意识到了这个现象，也是否意识到了这给人带来的困扰呢？

通过上述导入活动，你可能已经察觉到，个案工作是一项助人活动，且对助人的动机、助人的理念、助人的过程、助人的方法有着较高的要求。接下来，我们就来了解一下个案工作到底是一项怎样的助人活动！

一、个案工作的概念要素

个案工作也叫社会个案工作（Social Case Work），它是社会工作三大直接方法中起源最早、发展最完备的，也是社会工作其他方法的基础。个案工作是指运用专业的知识、方法和技巧，通过一连串的专业工作，帮助遭遇困难的单个个人或者家庭发掘和运用自身的能力及其周围的资源，改善个人与社会环境之间的适应状况，实现对人的尊重和肯定的过程。这个过程包括服务对象、助人者、助人的内容、助人的目标、助人的方法以及助人的价值等要素。

1. 服务对象

相比小组工作以群体为服务对象、社区工作以社区为服务对象不同的是，个案工作以个人和家庭为服务对象，我们称其为“案主”。个案服务的案主通常是感受到困难的个人或家庭，“感受到困难”在这里有三层含义：一是指案主的觉知，指案主感觉到自己有了困难或问题，而又无力自行解决；二是指案主有改变的动机和求助的意愿，这是个案工作得以顺利进行的前提条件；三是指困难是案主自己感受察觉到的，而不是工作者“觉得”“认为”对方有的，因此工作者不能凭自己的感觉和推断强行介入提供服务。

2. 助人者

助人者是提供服务的一方，也就是社会工作者，通常我们简称为社工。社会工作者是遵循社会工作的价值准则，运用社会工作专业方法，从事社会服务职业的人员。在个案工作服务过程中，社会工作者在助人价值观指导下去设计和实施个别化服务，并积极吸引服务对象主动参与这一行动过程，双方相互配合与协调，从而达到助人的目的。在个案工作中，工作者通常会扮演支持者、使能者、教育者、治疗者、倡导者、资源筹措者等多种角色来达到助人目标。

3. 助人的内容

个案工作提供的帮助就是去处理、解决服务对象所面临的困难和问题。不同的服务对象所遭遇的问题及其表现方式不同，对解决问题的期待和要求不同，所拥有的能力和资源也各不相同，因此社会工作者向服务对象提供的帮助内容也因人而异。当然，社会工作者并不需要，也不能够帮助求助对象解决他所有的困难和问题。这需要考虑到求助者所拥有的资源，机构所提供的服务是否能够满足案主的需求以及工作者的个人能力等多方面因素。因此，在向服务对象提供帮助前，必须对其所面临的问题进行界定。一般而言，个案工作帮助的内容包括提供物资援助、宣讲政策资讯、解决具体困难、开展心理帮扶、改善周围环境、链接社会资源等。

4. 助人的目标

个案工作把个人视作社会环境中的个人，注重人的社会功能、社会适应和社会发展。个案工作的目标简单地说就是通过个案辅导帮助案主达到满足其需求及符合案主个人与社会工作者期待的状态。所要达成的这个目标不仅仅是求助者个人的愿望，而是案主与工作者之间相互协商、相互讨论达成一致的一个结果。换言之，个案工作助人的直接目标是帮助案主解救危难、缓解困难；而根本目标则在于恢复和提升人的社会功能，激发人的潜能，促进个人与周围环境或他人之间的关系更加和谐。因此，个案工作不是替案主直接解决问题，而是“助人自助”，即和案主一起寻求各种解决问题的途径和方法，使案主能自主决定并采取行动健全自己的人格，改变自己的行为，从而充分发挥其社会生活功能。

5. 助人的方法

个案工作作为社会工作方法中出现最早、发展最完备的一种，其主要是采取个别化的方式，通过面对面的沟通来帮助个人和家庭。个案工作不仅建立了接案、预估、计划、介入、评估、结案的工作流程，探寻了关系建立、需求评估、会谈探访、资源整合、成效评定的方法技巧，还在优势视角、增权赋能、认知行为、生态系统、人本主义、社会支持等诸多理论的影响下发展出了若干治疗模式，具有极强的专业性。

6. 助人的价值

价值观是社会工作者对案主、对助人活动以及对自己的看法、观点和评价。价值观是个案工作的灵魂，无论是专业关系的建立、案主资料的收集、案主问题的评定、服务目标的树立、服务方案的设计，还是介入服务的提供、专业关系的结束，都离不开价值观的指引。

个案工作遵循的一项最突出的价值就是相信每个人都是独特的，要以个别化的方式去对待案主，有针对性地帮助他们解决困难和问题。个案案主通常是个人资源较少或资源断层的人，个案工作者常常需要做的是帮助他们挖掘资源、联结资源。这是因为工作者相信，案主个人应该受到社会的关注，个人与社会也是相互依赖的，相互负有社会责任的。个案工作中案主常常感到无助，觉得无能为力，工作者不仅仅要帮助其减缓，消除这种心理状态，还需要帮助案主发展自己的天赋和能力，使他们具备能力来实现自助的价值观。所以，在个案工作中，工作者需要秉持每一个人都是有潜力，有能力去改变的。

二、个案工作的宗旨

个案工作的宗旨是助人自助，这也是个案工作的本质特点。我们可以从以下三个层面去理解助人自助的内涵。

1. 帮助案主恢复自助能力

对于弱势人群的帮扶，最常见的方式就是救助，即给予那些遭遇贫穷、失业、病痛、流浪等困境的弱势人群以直接的物质帮助，缺什么就给什么。救助的效果在短期内是明显可见的，但不能从根本上解决问题，且会让受助者产生依赖，一旦救助停止，受助者极可能再回到从前的困难状态。

个案工作者相信人对社会的适应能力是与生俱来的，个人产生无助感是因为遇到了暂时的困难导致认知、情感或其他心理方面出现了障碍，事实上，人的实际承受困难的能力远比他们自己想象的大得多。另外，个案工作者还相信每个人都是有潜能的，是可以获得改变的，只要为遭遇困境的人提供相应的支持、激发出他们的优势和潜能、帮助他们恢复和提升自助能力，就能促使他们去面对和解决自己遭遇的困境。

因此，个案工作不是大包大揽，否则容易养成案主的依赖性，而这种依赖性的持续发展，会使案主原有的自助能力萎缩、丧失。工作者不仅要解决求助者目前面临的困难和问题，还要注重培养案主的独立性，强调挖掘和发展案主自身潜在的能力和资源，提高案主应对解决问题的能力，让其拥有自助的能力。从这个层面来看，助人自助就是通常我们所指的“授人以鱼，不如授人以渔”。

2. 工作者在帮助他人的同时，获得自我成长

从动机角度看，个案工作是以案主的需要为本，要求工作者所有的方案设计、工作实施以及整个工作过程，都必须是围绕着案主的需要，而且要求工作者时刻警醒自己是否为了满足自己个人的需要去与案主互动。但从工作效果角度看，工作者在秉持个案工作价值观、运用有关知识和技巧帮助案主的过程中，自己也不断地做自我探索，不断加深对自己的了解，改善对自己的评价、对他人的看法、对问题的介入，其自身也将会得到成长。因此，工作者应经常反思自己在与案主互动过程中的经验，不断觉知与巩固自己的成长和进步。

3. 助人自助，自助助人

这是指在工作者帮助下，恢复了自助能力的案主，再去帮助其他需要帮助的人。对于社会工作，有人提出过质疑，认为一方面，工作者有责任去调动资源，提供社会服务，以帮助社会上有需要的人士；另一方面，社会资源是有限的，而社会上需要帮助的人又很多。如果我们一再宣扬社工调动资源的重要性，那是否会耗尽有限的社会资源，有损社会的发展呢？

答案是否定的。因为在工作者助人的过程中，虽然消耗了资源，但同时也创造了新的社会资源，只不过这个资源并不是可以直接计量的物质财富，而是转换为了间接的人力资源。比如说在一家戒毒机构，工作者会帮助吸毒人员戒掉毒瘾，增强身体机能，提高工作技能，并为他们寻找工作的机会，这体现的是“助人自助”。而那些被机构雇用的戒毒成功人员，通过他们的亲身经历和引导示范，积极影响并鼓励更多吸毒人员戒掉毒瘾，回归家庭和社区，这体现的就是“自助助人”。

在美国，近年来报考社会工作专业的学生也呈高龄化趋势，越来越多的中老年人选报了社会工作专业。而他们选择这一专业的理由非常相似，那就是：他们在以往的生活中遇到了自己无法应对的困难，幸好有社会工作者的帮助才使得他们摆脱了困境，因此他们想要进行社会

工作专业的学习，去帮助更多需要帮助的人。这也从另一个侧面印证了社会工作价值理念从“助人自助”到“自助助人”的延伸。如果社会大众理解了社会工作在这方面做出的努力，就不会再把社会工作仅仅看作资源的消耗者，而是把社会工作看作创造或者发展社会资源的生产者。因而，工作者在鼓励服务对象自助的同时，还要把“助人自助”推至“自助助人”，鼓励、启发服务接受者去帮助别人，为社会做出贡献。

三、个案工作的发展历程

以专业化为线索，个案工作的发展经历了萌发阶段、职业化阶段、科学化阶段、多元化阶段、整合发展阶段和反思发展阶段六个历程。

1. 萌芽阶段

17世纪初叶，始发于西方的产业革命给整个社会带来了巨大变化：一方面，机器代替手工作业，在最大限度提高生产劳动率的同时也导致工厂大量裁员，大批工人纷纷失业；另一方面，圈地运动使得大量失去土地的农民流入城市，而这些农民又不具备适应机器工业生产的操作技能。两个方面的因素交织在一起，导致城市贫民数量不断上升，引发了大量社会问题。

1601年，英国伊丽莎白政府颁布《伊丽莎白济贫法》，向贫民提供物质救济。这是英国历史上第一部成文的济贫法案，其对社会工作发展的意义主要体现在：一是指出政府对社会救助负有责任，并应直接参与社会救助的组织工作；二是确立了“助人自助”的观念，要求有劳动能力的乞丐要从事劳动；三是规定要由专业人员从事济贫救助活动，救助人员的专业化为社会工作职业化奠定了基础。

此外，英国还是一个崇尚基督教的国家，许多宗教团体开展了有组织的关怀、救助贫苦民众的慈善工作。从个案工作的角度考察，最早做出贡献的是一位名叫查默斯（Thomas Chalmers）的牧师，他以友善访问员的身份走访居民，了解个人的生活习惯、工作能力与家庭情况，根据个人需要给予不同的帮助，体现了个案工作个别化的精神。他建立了“程序指引”理论，以了解贫民的个性品质、工作能力、有无亲属支持及其他社会资源帮助等个人情况作为济贫、助弱的起点，以激励、自助作为济贫工作的准则，被视为对个案工作方法的最早归纳。

2. 职业化阶段

个案工作的职业化以专门为需要者提供个案工作服务的实务机构的成立和以专门提供个案工作服务且接受薪水的个案工作者的出现为标志。

1843年，美国成立了“改善贫民状况协会”（The Association for Improving the Condition of the Poor，简称 AICP），这是一种专门提供个案工作服务的实务性机构，机构中的工作人员除了部分志愿者，还首次聘用了一批受薪工作人员，这标志着个案工作进入职业化发展的时期。随后，在英国、美国，又出现了具有服务、协调、教育等多功能的社会工作服务机构——慈善组织会社（Charity Organization Society，简称COS）。1877年，美国纽约也出现了同类组织。随后，此类组织在世界各地大量涌现。这类组织的成立，避免了当时救济工作中由于机构重复所导致的混乱和资源浪费，提高了济贫工作的成效，对个案社会工作的专业化起到了直接的促进作用。

3. 科学化阶段

在慈善组织会社发展的过程中，人们逐渐认识到仅凭善心未必能办好事，助人的工作要达到明显的效果，必须建立一套科学的方法和规范。个案工作的科学化时期始于20世纪10年代，主要表现在以下三个方面：

第一，个案工作的理论建构。1917年，玛丽·埃伦·里士满（Mary Ellen Richmond）根据她在慈善组织会社多年工作所积累的经验和研究心得，出版了她的社会个案工作专著《社会诊断》，第一次将个案工作作为一种独立的社会工作方法和技巧进行理论概括和总结，使之成为一套独立的、可以指导实践，并可以作为学校教育内容进行传授的知识体系。1922年，她又完成另一部著作《什么是社会个案工作》，在这本书里，她给个案工作下了定义。

第二，个案工作的教育发展。在教育内容上，开始趋向专业、系统的发展，在办学形式上，发展了正规教育和在职培训相结合的方法。1904年，个案工作的鼻祖里士满创办了纽约慈善学校（后成为哥伦比亚大学社会工作研究院），在那里开设了世界上第一个为期一年的个案工作训练课程，并先后举办了13年。

第三，个案工作的行业化发展。随着经济发展和社会问题的增多，个人及家庭对社会个案工作的需求也越来越多，于是个案工作开始介入医疗、司法、精神病院、学校等其他领域，运用个案工作的方法帮助有需要的人解决困难。1918年，美国医疗社会工作人员协会成立。1919年，访问教师协会成立。1926年，精神病理社会工作人员协会成立。这些协会承担着协调、指导、培训本行业社会个案工作的任务，并规范社会个案工作者的职业道德。

4. 多元化阶段

20世纪30年代后，个案社会工作深受心理学发展的影响，形成了众多不同的个案工作理论流派。其中，比较重要和较具代表性的理论流派主要有功能学派、社会诊断学派、问题解决学派、心理社会学派、行为修正学派、任务中心学派、危机干预学派和家庭治疗学派，等等。

5. 整合发展阶段

个案工作的整合时期开始于20世纪70年代，随着社会的进步和经济的发展，社会问题日趋多因化和复杂化，仅用一种模式或方法往往难以解决案主的问题。因而个案工作的整合发展既包括个案工作、小组工作和社区工作这三大社会工作方法的整合，也包括个案工作不同模式的整合。

6. 反思发展阶段

进入20世纪80年代以后，社会工作学者、教育者及实务工作者开始对个案工作进行反思。人们逐渐发觉，随着资本主义全球化的发展，受管理科学和科技理性的影响，社会工作更加追求技术化和管理化，个案工作者在注重吸取心理学知识的同时，开始追求专家地位，逐渐淡化或偏离了社会工作对案主（弱势人群）人性关怀的初衷。因此，学者们重申了个案工作是一种道德实践的观点，认为工作者与案主应该建立自然的关怀关系，要求工作者情感投入和价值介入。

四、个案工作的类型

随着经济社会的转型发展和新问题的不断涌现，个案工作的领域随之拓展，个案工作的服务对象也从最开始的“困难人群”（即极度贫困和处于严重困境中的老人、残疾人、孤儿）扩展到“有需要人群”（即不管何种人士，只要在其正常的社会生活或职业活动中遇到困难而正常生活下去，或者有正当的发展需要而未能满足，都可以成为社会工作的服务对象）。因此，个案工作服务可以根据服务对象遭遇的困境和存在的需求，分为以下三种类型。

（一）预防型

预防是指在事件出现之前，增强案主对相关事件的认知度和免疫力，从而做好预防措施，以避免问题的发生或是减少事件出现时带来的负面影响和冲击。预防型服务主要包括家庭计划、生涯规划、婚前咨询、生育咨询、退休前咨询等，同时也包括预防原有困难或问题的再次发生。

工作者面向社区空巢或独居老人开展的家居/用药安全探访、防跌倒、防诈骗服务；面向儿童青少年开展的防拐骗、防溺水、预防校园欺凌、性安全教育、幼升小/小升初适应性辅导等个案服务，都属于典型的预防型个案。

（二）补救型

补救也可以称之为治疗，是指当事件已经出现，并导致问题发生后，采取积极的应对措施帮助案主缓解压力、应对困境、激发潜能、整合资源，并最终促成问题的解决，把问题对案主的负面影响降至最低。补救型服务主要包括行为矫正、哀伤辅导、危机介入、认知治疗、家庭治疗、纠纷调解等，帮助案主面对和解决问题及困难，提升案主的自助能力。

比如：工作者面向失独老人或是其他丧亲者开展的哀伤辅导服务，面向遭受地震、洪水、车祸、性侵等意外事件的个体开展的危机干预，面向网络成瘾、危险驾驶、吸毒酗酒、暴力施行者开展的认知行为治疗，面向因遭遇离婚、落榜、失业、患病、家庭矛盾、邻里纠纷而导致的情绪困扰和适应不良等情况进行而介入的辅导，都属于补救型服务。

（三）发展型

发展是指促进人格发展及能力提升，促进案主的自我发展。每个人都有自我发展的需要，但是很多人由于环境或自身原因，缺乏明确的目标与方向，缺少实现自身价值的信心、决心、毅力和动力，限制了自身的发展。另外，有些人虽然没有遭遇明显问题，甚至在一般人看来已经发展得很好，但是他们希望在原有基础上进一步发挥自身潜能，最终达到自我实现。

通常，工作者在社区以个别化的方式，挖掘培养居民骨干、开展社会性别平等教育、提升儿童青少年自我意识、训练社交能力、经营婚姻家庭、规划个人发展等，都属于发展型服务。

需要再次提醒的是，个案工作不只是对遭遇各种困境的个人或家庭做补救和治疗，预防问题的出现、促进个人和家庭的成长发展也是个案工作重要的服务内容。对于实习生以及新手社工来说，建立关系的能力还不强、整合资源的能力比较弱、介入辅导的方法较欠缺，因此建议在实务工作早期可以先从预防型个案入手，训练自己的理解共情、倾听表达、关系建立、资源链接、会谈探访等各项能力，基本熟练后再涉足发展型和补救型个案。

五、个案工作与心理咨询

个案工作与心理咨询都是专业的助人活动。个案工作要求社会工作者在一定的价值理念指引下，运用科学的理论知识和技术方法，以个别化的方式帮助有需要者解决和处理所面临的困难和问题，它以个别化的方式为感受困难的个人或家庭提供物质和心理方面的支持与服务。如此一来，有人就要提问了：心理咨询也是以个别化的方式帮助有需要的人，关注受助者的困难和问题的心理因素，强调对受助者的同感反应和情绪疏导，那个案工作和心理咨询有何不同呢？

1. 个案工作与心理咨询的着重点不同

心理咨询注重专业技术的精深，要求咨询师在咨询过程中达到技术的娴熟。个案工作也要求工作者掌握与案主沟通的技巧、建立关系的技巧和工作过程技巧，但个案工作的灵魂是价值理念，它更特别强调对人的尊重、接纳的价值理念和关怀的情怀。

2. 对受助者问题成因的理解不同

心理咨询认为，来访者的困难与问题主要是其个人的心理因素造成的，是因为来访者个人不同程度的心理问题或人格问题影响其个人心理功能的正常发挥，因此心理咨询就是要分析、诊断来访者的心理问题，对症治疗以解决来访者的问题。而个案工作把人放在“情境”中，对受助者问题成因的分析，不仅关注案主的个人心理层面，还关注案主的生理层面和生活环境层面等，更注重社会制度性的因素。

3. 助人的方法不同

心理咨询的工作范围通常是在咨询室内，通过咨询师就来访者呈现的问题进行心理因素的探索，帮助来访者解决问题，其分析模式是“问题”取向的。而个案工作的工作范围则要宽泛得多，不仅在会谈室进行一对一的沟通，社会工作者还经常去案主所在的家庭、社区、单位、学校等进行探访，为案主寻找和建立支持系统。个案工作的分析模式是“能力”取向，个案工作者通过挖掘案主的潜能，提高案主自己解决问题的能力。另外，个案工作者还善于利用资源，通过调动各种资源，进一步培养案主自助能力。

4. 社会责任感不同

心理咨询只解决个人问题，不关注其他社会、政治因素。而个案工作有很强的价值关怀，是在坚持社会公正、维护弱势群体利益的基础上为个别案主提供服务。因此，个案工作很关注个人问题背后的权力关系，从社会公平、公正的角度关怀和维护弱势群体的权益，要求工作者拥有正义的立场和视角。

大家可以通过这个例子来进一步理解个案工作和心理咨询的异同：

张女士，43岁，高中文化，年前下岗至今仍未找到工作。张女士与其丈夫自由恋爱而结婚，感情尚可，育有一子，正在读高三。近3个月来，张女士时常感到心慌气短、食欲下降、夜不能寐，脾气也越来越暴躁，动不动就同丈夫吵架。经医院诊断，张女士患了更年期综合征，可吃了好几副中药也未见好转。

张女士因为下岗，没有了经济来源，而其儿子正在读高中，正是家里需要钱的时候，其丈夫的收入也不高，张女士觉得自己帮不上忙，因此感到非常自责；张女士虽然一直积极找工作再就业，可因为她年龄大了，文化层次较低，又不懂电脑，因此很难找到满意的工作，这让她十分焦虑；此外，张女士还经常同其丈夫吵架，认为他没本事，不能赚更多的钱，让老婆孩子跟着受累。

在上述案例中，心理咨询的介入通常会采取认知治疗、行为训练等方法消除张女士的紧张、焦虑和自责感，改变其不良认知和不当行为，或是采取家庭治疗来改善夫妻关系。而个案工作的介入除了关注案主的心理情绪问题并进行疏导调适外，还会把案主放在其生活的情境中，考虑环境因素对案主问题的影响，因此介入方案也强调对环境的改善。

张女士因为缺乏参与再就业的竞争能力而无法顺利找到满意的工作，因此非常焦虑，如果只是单纯的消除其焦虑，很难产生作用，但若能帮助张女士提高就业竞争力，找到满意的工作，那么其焦虑便会不药而愈。而这恰恰涉及个案工作最为独特的一种助人方式，即资源调动。个案工作者会根据案主家庭情况，为其争取救助补贴、就业培训、工作岗位等相关资源。所有这些并没有局限于案主的“问题”，而是通过资源调动和对案主的能力提升，恢复案主的自助能力。

现在你已经知道什么是个案工作了。但是只知道个案工作的概念和特点还远远不够，作为一名社会工作者，你还得了解个案工作的实务流程，熟悉每个流程的特点和工作内容，能够与服务对象建立良好的专业关系，掌握个案会谈、探访、记录等个案工作技巧，在个案工作相关理论治疗模式指导下开展个案介入服务，并能熟练撰写个案工作的相关报告。

个案工作实务是把个案工作助人理念和助人目标转化为助人实践的过程，其开展通常会遵循一定的程序，也称作个案工作实务流程，指个案工作实务的先后次序和步骤。对于个案工作实务流程的划分，学者们有不同的理解，综合不同的观点和看法，本书认为个案工作实务流程包括接案、预估、计划、介入、结案共五个阶段。需要特别说明的是，五个阶段在实务工作中并不是截然分开的，他们往往是交叉在一起，这样的划分只是希望呈现各个阶段的主要特点和突出作用，帮助大家更好的理解、学习、掌握个案工作实务的要点和方法。

本书特别选取了如下“陈先生”的案例贯串个案工作实务的各个阶段。在个案工作每个流程的学习中，我们都将结合这个案例，向你介绍该案例在此环节可以做什么呢？应该怎么做呢？从而让你完整的体验一遍个案工作实务的开展。

另外，本篇以个案工作实务流程为单位分为五个项目，每个项目又根据该阶段个案工作的工作内容分为若干个学习任务，每个任务都包含了任务描述、任务目标、导入活动、知识介绍、活学活用、案例分析、课堂练习和拓展阅读八个栏目，其中任务描述概述了该任务的特点和工作内容；任务目标列出了学完该项任务后学习者须具备的能力；导入活动通过案例讨论、体验式活动等引发学习者的学习兴趣，激发学习动机；知识介绍详细地阐述了该环节个案工作的工作内容、特点和技巧；活学活用就针对“陈先生”的案例，结合知识介绍，分析该案例在本环节应该怎么做；案例分析列举了其他案例在本环节的做法，让学习者进一步巩固个案工作实务技巧，能够举一反三；课堂练习就通过分组讨论、角色扮演等方式把每项任务所学到的方法和技巧灵活运用到个案工作实务中去；拓展阅读则推荐了能帮助你更深入学习每项任务的其他学习资料。

在本书末尾：一是选取了一个真实案例，为您呈现了这个个案的处置历程和文案资料；二是梳理了常用的评估案主自理能力、心理情绪、社会支持等方面的标准化量表，为您在需求评估阶段收集案主相关资料提供参考。

陈先生，47岁，几年前因车祸高位截瘫，长期卧床，情绪十分低落，感到自己是家庭的累赘，有轻生的念头。陈先生的女儿8岁，有中度智力障碍，妻子在家政公司上班帮人做清洁，早出晚归，十分辛苦，全家人的生活主要靠妻子的收入维持，家庭经济十分困难。平时白天陈先生由他的母亲照顾，晚上由妻子照顾，但其母已80岁高龄，身患高血压与糖尿病，其母近期发病住院，家里变得一团糟。

陈先生母亲所住的医院了解到他家情况后，建议陈先生寻求社工的帮助，并给了他一个电话。

（注：本书中所有有关此案例的文案，都为就此案例开展模拟练习后，根据模拟情境撰写的。如若把本案例作为教学案例，学生在进行实务练习时，对于案例中没有详细提及的信息可自行补充。）

项目一 接案

项目描述

接案是个案工作实务流程的第一个阶段。在这个阶段，工作者通过初次会谈、探访、外展等方式接触当事人，了解其现状、困扰和服务需求，并根据机构的功能、目标和使命以及工作者自身的能力和限制，从中甄别服务对象并与其建立初步的专业关系。

学习目标

1. 区别当事人、求助者、服务对象、案主的关系
2. 识别初次接触对象的来源和类型
3. 掌握初次接触的形式和初次会谈的方法
4. 理解接案阶段案主的心理反应
5. 遵循个案工作的基本原则
6. 与案主建立良好的专业关系
7. 熟练撰写个案接案报告

接案阶段的工作目标是通过与相关当事人的初次接触，明确当事人是否能成为服务对象，并在工作者和服务对象之间建立起一个彼此信任、良好的专业关系，为后续的预估和介入打下良好的工作基础，以便工作者和服务对象能以此为起点一道工作，实现个案工作的目标。接案阶段重要性包括：

（1）澄清工作者和服务对象双方的期望和义务。接案工作的意义在于使有关各方了解各自的期望，明白各自应尽的义务，避免因误解而给后续工作带来障碍。

（2）激励服务对象。对双方各自角色和责任的了解能够激励服务对象为解决自己的问题而努力。

（3）促进和诱导服务对象的改变。如果在接案时即与服务对象建立起信任关系，就能增强其参与助人过程的意愿，否则会造成因服务对象没有了解其任务而中途退出的问题。

（4）影响后续工作关系。接案过程不仅决定着相关当事人是否能被接纳为案主，还影响着服务对象在后续服务中与工作者的关系以及参与助人过程的积极性。

（5）影响今后的互动。接案阶段的早期印象会对工作者与服务对象今后工作中的互动产生影响。如果这个阶段的工作不成功，随着助人过程的推进，就会严重影响甚至改变工作的进行。

下面我们来学习接案阶段工作者的主要任务。

任务1
进行初次接触

任务描述

由于初次接触对象的来源、类型不同，因此工作者采取的初次接触方式也不一样。但无论哪种接触方式，其目的都是为了从接触对象中识别出我们的服务对象并与之建立专业关系，进行接案。

在本项任务中，我们会学习初次接触对象的来源和类型，了解初次接触的方式，掌握初次会谈的内容和技巧。

任务目标

1. 区别初次接触对象的来源和类型
2. 理解初次接触的方式
3. 掌握初次会谈的内容和方法

导入活动

有一个精神病人，以为自己是一朵蘑菇，于是他每天都撑着一把伞蹲在房间墙角，不吃也不喝，像一朵真正的蘑菇……

看到这个病人，社工想了一个办法。有一天，社工也撑了一把伞，蹲坐在了病人的旁边。病人很奇怪地问："你是谁？"社工回答："我也是一朵蘑菇。"病人点点头，继续做他的蘑菇。

过了一会儿，社工站了起来，在房间里走来走去，病人就问他："你不是蘑菇么，怎么可以走来走去？"社工回答说："谁说蘑菇就不能走来走去呢？"病人觉得有道理，就也站起来走走。

又过了一会儿，社工拿出一个汉堡开始吃，病人又问："你不是蘑菇么，怎么可以吃东西？"社工理直气壮地回答："蘑菇当然也可以吃东西呀！"病人觉得很对，于是也开始吃东西。

几个星期以后，这个精神病人就能像正常人一样生活了，虽然他还觉得自己是一朵蘑菇。

读完这个故事，你有什么体会呢？你觉得工作者在和服务对象的初次接触中，应当注意些什么呢？

知识介绍

个案工作者与相关当事人的第一次接触，我们称之为初次接触，其主要目的就是通过了解当事人的来源和类型，识别当事人的困境和期望，告知机构或项目的功能和目标，以决定是否可以接案为当事人提供相关服务。

一、初次接触的对象

（一）概念辨析

初次接触的对象是工作者在接案阶段第一次接触的对象。需要注意的是，初次接触的对象不等于是求助者，也不等于是服务对象。要理解初次接触的对象，我们应当首先清楚当事人、求助者、案主的概念。

1. 当事人

工作者初次接触的对象我们可以统称为“当事人”。当事人可能是了解到社工服务后主动前来寻求帮助的，可能是被相关部门转介而来接受服务的，也可能是社工在入户、外展等工作中发现的。这些个体或家庭往往处于困境中，存在服务需求，但初次接触时我们通常不清楚他们的求助动机和意愿，不知道他们的服务需求和社工所能提供的服务是否相匹配，不确定他们是否能成为我们的服务对象，所以此时还不能称他们为案主。

2. 求助者

求助者是能够意识到自身处于困境并主动寻求帮助的当事人，和被强制接受服务的当事人不同的是，他们往往有较强的求助动机和意愿，愿意配合开展工作。但是，并不是所有的求助者都能成为我们的服务对象，必须要同时满足三个条件：一是求助者属于我们机构或者项目的服务人群；二是求助者遭遇的困境和服务需求与项目的服务目标和内容相一致；三是求助者所需要的服务提供与社工的能力相一致。

例如，某社区执行的是老年社区教育项目，如果前来求助的居民是年轻人，其遭遇的是亲子教育问题，那么尽管他主动求助了，但他并不是老年社会工作项目的服务人群，因此可以不接案。如果前来求助的是老年人，其诉求是为他介绍一位老伴，那么尽管求助者是项目的服务人群，但其婚恋服务的需求和社区教育项目的内涵相距甚远，因此也可以不接案。再有，如果求助的老年人希望社工能为他联系名师，提供定期免费的上门书画辅导，这虽然符合了前两个条件，但显然社工不具备这样的能力，因此还是不能接案。

3. 案主

案主也就是我们的服务对象，在初次接触中，社工如若发现当事人同时符合以下四点，就可以考虑接案，而接案后，当事人就成了我们的案主。

（1）有求助的意愿或是需强制接受个案服务。

（2）当事人属于机构或项目的服务人群。

（3）当事人遭遇的困境和服务需求与项目的服务目标和内容相一致。

（4）服务的提供与社工的能力相一致。

（二）初次接触对象的来源

厘清以上三个概念后不难发现，就一般情况而言，初次接触对象的来源有主动求助、被转介者、外展对象三种。

1. 主动求助

主动求助是指当事人了解到相关服务后，感觉到自己需要接受服务或者觉得服务对他们有吸引力，自己主动寻求帮助。

2. 被转介者

被转介者既包括由学校、医院、司法部门、社区等社会组织通过相应程序正式转介过来的人员或家庭，也包括由认识熟悉当事人的老师、医生、同事、邻居、朋友、家人等进行的非正式转介。

3. 外展对象

外展对象是指由社会工作者走出办公室，深入街头社区，通过外展工作与那些本身尚没有申请服务但存在服务需求的人接触，如流浪乞讨人员、街头边缘少年等。

（三）初次接触对象的类型

要使接案工作顺利进行，工作者需要在接案前对初次接触对象的类型进行辨别，以对其求助动机和改变意愿有初步了解，并提供合适的服务。而当事人的求助动机和改变意愿通常也和他们的来源有关。

1. 自愿型

自愿型是指认识到自己需要协助并主动求助的，以及由他人介绍而接触社会工作服务机构并愿意成为其服务对象的人。自愿型当事人求助动机强，工作者比较容易与之建立关系，机构的服务与他们的需要也会比较吻合。

2. 非自愿型

非自愿型是指那些由政府、法院或其他有权力的部门或个人（包括父母、老师等）转介给社会工作服务机构，以协助他们解决问题的当事人。非自愿型当事人通常缺乏主动性，对工作者的工作不太配合甚至抵触，但如果他们拒绝服务则可能会有不良后果。例如，流浪儿童并不是依法必须接受服务的人，但由于拒绝接受服务，他们可能会在街头受不良分子的欺侮、教唆、控制、威逼而做出坏事。所以，工作者要识别哪些人或者哪些群体是高危人群，主动邀请他们接受服务，提升他们的改变动机。

3. 被强制型

被强制型是指那些依法必须接受社会服务机构服务的人。因为他们是在法律规定下接受服务的，我们称之为“强制接受服务的对象”。这些当事人如果不接受服务将依法受到相应的“制裁”，这种特性使得他们在接受服务时通常会存在或表现某些抗拒情绪和行为。在个案工作的助人活动中，与这类当事人的专业关系通常不易建立，需要进行相当细致的工作，同时需要非常娴熟的工作技巧。

二、进行初次接触

（一）初次接触的地点

初次会谈发生的地点，根据初次接触对象来源和类型的不同而各异。主动求助的当事人可能直接来到工作者的办公室，也可能邀请工作者去他家里或其生活的场所进行第一次接触。被转介的当事人可能是去到工作者的办公室，也可能是工作者进到教室、病房、急诊室、救助站、居委会等场所与被转介对象开展第一次接触。而做外展服务时，则是由工作者走出办公室，去到路边、公园、球场、桥洞、酒吧或是其他各种潜在服务对象可能会出现的场所，与他们进行初次接触。

（二）初次接触的方式

1. 会谈

会谈是初次接触中运用得比较多的方式，一般是在工作者办公室或者转介机构的办公室所开展的谈话活动，以语言交流为主，通过问话、交谈，工作者收集当事人相关信息，告知机构服务资讯，并决定后期工作进程。

2. 探访

工作者与当事人的初次接触，也可以是工作者进入当事人生活的家庭、社区，通过与当事人及其家人、邻里的交谈，对当事人生活环境的考察，对当事人与家庭邻里互动关系的观察，从而较为全面地收集当事人信息，评估当事人处境，判断是否能为当事人提供相应服务。

3. 陪伴

这在外展工作中较为常见。比如，工作者到球场、网吧、游戏厅等场所去接触边缘青少年，工作者通常都会和接触到的青少年一起打球、玩网游、打游戏；工作者到天桥下、马路边、桥洞里去接触流浪乞讨人员，则通常会和他们一起捡瓶子、卖废品甚至打扑克。总之，就是陪伴陪同接触对象，参与他们当下正在进行的活动。

三、开展初次会谈

会谈贯串在个案服务始终。根据个案会谈的功能我们可以把个案会谈分为以下五种类型：

第一种是建立关系的会谈，这种会谈的主要目的是帮助工作者与案主建立专业关系，工作者在这种会谈中的工作重点是创造一种宽松、信任的谈话氛围，让服务对象能够自由表达自己的感受和想法。

第二种是收集资料的会谈，其主要目的是帮助工作者收集服务对象的相关资料，以便对服务对象的生活状况或服务开展状况作准确的判断。因此，在这类会谈开展前，工作者通过需要准备访谈提纲，以确保在会谈时能根据提纲收集到所需要的信息。

第三种是诊断性会谈，通过案主资料的收集和分析，来帮助工作者对案主的问题做出正确的分析和推断。在诊断性会谈中，工作者需要不断从观察到的事实出发做出各种推断，然后再验证这些推断，逐渐深化对服务对象的理解，最后形成有关服务对象问题的准确判断。

第四种是治疗性会谈，其目的是帮助工作者针对案主的困扰施加有目的的影响，从而促使服务对象发生积极的改变。在治疗性会谈中，工作者除了要了解针对案主什么问题开展介入以及运用什么专业技巧之外，还需要随时注意观察服务对象的反应，及时调整服务介入的策略和方法。

第五种是一般性咨询会谈，目的是通过为服务对象提供相关的知识和信息帮助服务对象做出适当的选择。由于一般性咨询会谈通常会涉及一些专业的知识，因此工作者在解释时需要根据案主的情况进行相应调整，以适应案主的要求和理解能力。

根据个案工作的阶段，我们可以把会谈分为接案会谈、预估会谈、制订计划的会谈和结案会谈。接案会谈可能是一次，也可能是很多次。在接案阶段，工作者与当事人在初次接触中所开展的谈话，又可以视其为初次会谈。需要提醒的是，一次会谈中，可能既有关系建立，又有资料收集和问题诊断，同时还在进行治疗或是提供相关资讯，体现了会谈的不同功能；也可能既在接案、预估，又在制订计划，还在开展介入，甚至通过一次会谈就满足案主服务期望顺利结案，完成了个案工作的所有环节。

（一）做好初次会谈的准备

个案工作者在与当事人会谈之前，要用较短的时间准备以下工作。

1. 资料准备

如果初次接触的对象是被转介而来的，或是通过外展服务的方式予以发现，那么工作者在会谈前可以先研读当事人的相关资料，对其个人情况有一个初步的了解，如年龄、性别、职业、文化程度等；了解当事人是否接受过服务，如果是其他机构转介来的，则要阅读以前的服务机构的记录，以便在会谈时有的放矢地与他们沟通交流；了解当事人是否有如精神健康方面的特殊事项需要谨慎小心处理，并为此做好预防工作，必要时还可以邀请相关专业的专家一起与当事人见面。

2. 场地选择

选择一个适合谈话的环境，可以降低会谈对象的压力，让其在轻松自在的状态下畅所欲言，从而提高会谈效果。一般情况下，会谈场所应具备如下条件：独立封闭的房间，空间大小适宜，会谈桌椅以会谈者与受会谈者成45度斜角为宜；房间布置简明单纯，不要有过多的摆设和杂物，以免案主分心；房间空气畅通、清新，光线、温度、湿度适宜；会谈时不受电话铃声、敲门声或他人的打扰，房间外围环境清净不吵闹。如果是外展服务，工作者在与当事人进行交谈时，也需要尽量考虑安全、隐私、环境干扰等因素。

3. 着装要求

衣着、服饰、打扮等仪表形象，往往是一个人职业教养和兴趣爱好等内在素质的反映。初次见面的人，一般都是从对方的外貌获取第一批信息，形成第一印象的。因此，一个成熟的工作者，要注意自己的穿戴、服饰要尽可能传递给对方易于接近和交往的信息，如穿衣大方得体、不浓妆艳抹、发型要自然等。需要提醒的是，如果工作者通过外展服务或是探访与当事人初次接触，则需充分考虑当事人的身份、处境，在装束上不能与当事人差异太大，甚至对立。

4. 身心调整

工作者还需把自己的身心状况调整到最好的状态，不要让自己的负面情绪感染到当事人。如果个案工作者带着疲劳的身体，注意力不集中，不但对问题的了解、处理无益，对当事人也是不尊重的表现。最后，还应考虑到可能发生的状况，如当事人的强烈抵触情绪，并准备好相应的应对措施。

（二）初次会谈的内容

初次会谈中，工作者需要向当事人介绍自己和机构所开展的服务项目，也需要了解当事人的基本情况，评估当事人的服务诉求和服务意愿，并衡量当事人的服务诉求和项目的服务目标以及自身能力是否匹配。通常，我们可以按照这个清单来进行谈话具体如下：

★ 介绍自己和自己的专长等。

★ 简要说明本次会谈的目的和内容，以及双方的角色和义务。

★ 介绍机构的功能和机构能给当事人提供哪些服务、机构有哪些可以利用的资源、相关政策（如保密原则）和工作过程等。

★ 了解当事人寻求帮助的动机是什么？当事人对机构的希望和要求有哪些？当事人如何看待他/她和机构的关系？

★ 征求当事人对会谈安排的意见。

★ 询问当事人是否有需要紧急处理的事情，以便提供协助。

★ 了解当事人面临的问题情境。

具体而言，我们可以这样说：

1. 介绍自己

"您好，我是×××，是×机构/社区的社工，请问怎么称呼您呢?"

"您好，我是×××，是这里的社工，您可以叫我××。"

2. 了解对方

"请您简单介绍一下自己吧!"

"请您先做个自我介绍吧!"

3. 评估动机

"您是怎么知道我们这里的呢?"

"××让我来看看您，您愿意和我聊聊吗?"

"您以前听说过我们吗？愿意去我那儿看看吗?"

4. 介绍机构/服务

"我们机构主要是为生活能够自理的老人提供社区教育服务，主要有……"

"我们这个项目主要是面向社区0～3岁儿童家庭，提供早期养育支持……"

5. 了解期望

“您今天来是想了解些什么呢?”

“您今天来是希望我为您做点什么呢?”

“天气越来越冷，您住这儿（桥洞下）冬天怎么应付呢?”

“您朋友向您推荐了我们，那您朋友都是怎么给您说的呢?”

（三）初次会谈的技巧

1. 以轻松的话题开场

初次接触时，当事人可能会表现得较为拘谨、焦虑，甚至会出现阻抗，工作者可以和当事人先聊点轻松的、易于回答的话题，如天气、交通、时事等，降低当事人的紧张和焦虑，例如：“今天下大雨，路上过来顺利吗?”“今年夏天真热，有没有去哪里避暑呢?”

2. 避免“问题化”

尽管服务对象往往是陷于问题情境中不知所措，才来寻求社工帮助，但社工在开展接案会谈时，建议还是少用“请问你有什么问题呢?”“你遇到了什么问题呢?”“你可以去我们机构接受辅导。”等类似的说法，因为这些表述可能会让当事人有不舒服的体验，觉得自己是有问题的、不正常。当案主被定义为有“问题”的人，被“问题”的情绪包围着时，就越发缺乏改变的信心，越发看不到自身的潜能。因此，工作者要谨慎用语，可以转换为“请问发生了什么事呢?”“您需要我做点什么?”“欢迎您空的时候去我那儿喝喝茶/看看绘本……”等表达，让当事人觉得舒服、有安全感。

3. 澄清角色期望和责任

初次会谈的任务之一是澄清双方的期望和应尽的责任，如当事人对自己、对社会工作者的角色期望，社工对当事人、对自己的角色期望等，对比并找出双方想法的差异，通过协商减少差异，达成一致。同时尽量发现当事人那些隐藏的动机，使双方彼此能坦诚相见，相互信任。初次会谈时如果不将期望和责任明确，有关各方可能会在工作一段时间后发现大家对问题和对方有不同期望，重则会伤及双方的专业关系，轻则使工作陷入僵局，而不得不从头开始。

4. 避免盲目的承诺

工作者提供给当事人的服务要符合机构的功能和自身的能力，不能过早或过多的做出承诺，以免让当事人产生不切实际的期待。

四、决定工作进程

前面讲过，并不是所有的初次接触对象都能成为服务对象，只有符合相应条件者才予以接案。工作者与当事人通过初步接触和初次会谈后，会对“当事人是否存在困难？当事人个人对困难的解释是否与工作者的解释相一致？当事人对服务的期望是否合理?”等议题进行初步的总结与判断，并决定下一步工作进程。通常工作者会有如下三种处理方式。

（一）终结服务

在完成对当事人问题的初步了解后，工作者要根据机构功能能否满足当事人需求来决定下一步工作。当如下情况存在时，即可终结服务：

（1）机构缺乏合适的、具有必要技能的工作人员。

（2）当事人或其问题不在机构正式或经常的职责、使命或功能范围内，如专业从事青少年辅导的机构并不处理婚姻问题。

（3）其他机构具有处理特定服务对象或问题的特权，如社区矫正服务的专门机构。

（4）机构无法提供更专门的服务，如儿童保育机构无法处理有严重心理问题的儿童。

（5）当事人不愿接受服务或问题已经解决了。

（二）转介

转介就是把当事人介绍到更合适的机构接受服务。在上述需要终结服务的情况中，前面四种情境中的当事人都是有服务需求的，因此工作者应尽量把他们转介到合适的机构接受服务。

（三）接案

如果当事人的问题和服务需求与机构的功能和业务领域相符合，则当事人被接受，成为案主，进入下一步的工作。但已做出的决定并不是不可更改的，如果经过进一步了解，发现已接受下来的案主不符合机构的功能，仍可以终止服务或把案主转介到适当的机构。

活学活用

例如，在“陈先生”的个案中，工作者可以：

（1）自我介绍：“陈先生您好，我是这里的工作人员××，您叫我××吧。听医院说你们家最近遇到点麻烦，不知您是否方便和我说一下，看看有什么我们能为您做的。”

（2）有必要询问陈先生怎么称呼他，也有必要向他告知保密原则。

（3）敏感于陈先生的顾虑，并通过话语及时消除其担心：

“我们的服务是不会收取任何费用的。”

“你是不是觉得我和你非亲非故，凭什么要来管你家的事，觉得我帮不了什么忙吗？”

“你遇到这么多事儿，一下子不知从何说起，我能理解。”

案例分析

电影《心灵捕手》中，前两个咨询师在受到威尔戏弄后，都非常的生气，认为威尔是“疯子”，且拒绝再给他做辅导。而尚恩在遭到严重的冒犯后，同样非常的生气，但是他却宽容地原谅了威尔。

在辅导中，求助者往往会设置一个陷阱，即故意的挑战、冲撞咨询师。他们这样做的目的，不是为了激怒咨询师，而是为了试探咨询师的“深度”，试探咨询师是否是真正接纳他们。而且求助者之所以会采取这样的方式来试探咨询师，可能正表明其内心的缺乏安全感、信任感，可能其背后的原因正是造成求助者心理及情绪困扰，导致求助者“阻抗”的原因。如果咨询师能够顺势进行更多的探索，那无疑是了解求助者的一个重要途径。

因此，咨询师在接待求助者时，需要清楚地辨明来访者的意图，不要跳进其设置的陷阱。

课堂练习

1. 自我介绍

假设你是某社会工作领域（例如，儿童社会工作、老人社会工作、残障人士社会工作、妇女社会工作、学校社会工作、医疗社会工作、司法社会工作等）的个案工作者，请你在同求助者第一次接触时，用求助者利于接受的方式对你所在的机构和你本人做一个自我介绍，既要能让求助者对你工作的机构和你本人有初步的了解，又要使求助者乐于同你交流。

2. 在“陈先生”的案例中

（1）社工接到了陈先生的求助电话，考虑到陈先生的行动不便，社工决定到他家里与他进行初步交流并接案。请你初步拟定会谈的内容，列出一份会谈提纲。

（2）两人一组，1人扮演社区综合服务中心的社工，1人扮演陈先生，做接案会谈。

任务2

遵循个案工作的基本原则

任务描述

无论是主动求助还是被动接受服务的案主，在与工作者互动初期，尤其是初次见面时，都难免会感到尴尬、难为情、不知所措、顾虑重重。工作者必须敏感于案主这些心理反应和行为表现，严格遵循个案工作基本原则，营造一个包容、温暖、安全氛围，让案主能够消除顾虑、敞开心扉。

这项任务我们就来学习什么是个案工作基本原则，为什么要遵守这些原则以及怎么遵守。

任务目标

1. 理解接案时案主的心理反应
2. 理解非批判、理解关怀、接纳、案主自决、个别化、保密、承认七个原则的内涵
3. 遵循个案工作基本原则开展服务

导入活动

年轻的亚瑟国王被邻国的伏兵抓获。邻国的君主被亚瑟的年轻和乐观所打动，没有杀他，并承诺只要亚瑟可以回答一个非常难的问题，他就可以给亚瑟自由。亚瑟有一年的时间来思考这个问题。如果一年的时间还不能给他答案，亚瑟就会被处死。

这个问题是：女人真正想要的是什么？

这个问题连最有见识的人都困惑难解，何况年轻的亚瑟，对于他这是一个无法回答的问题。但总比死亡要好得多，亚瑟接受了国王的命题，在一年的最后一天给他答案。

亚瑟回到自己的国家，开始向每个人征求答案：公主、妓（伎）女、牧师、智者、宫廷小丑。他问了所有的人，但没有人可以给他一个满意的回答。人们告诉他去请教一个女巫，只有她才能知道答案。但是他们警告他，女巫的收费非常高，因为她昂贵的收费在全国是出名的。

一年的最后一天到了，亚瑟别无选择，只好去找女巫。女巫答应回答他的问题，但他必须首先接受她的交换条件：和亚瑟王最高贵的圆桌武士之一，他最亲近的朋友加温结婚。亚瑟王惊骇极了，看看女巫：驼背，丑陋不堪，只有一个牙齿，身上发出臭水沟般难闻的气味，而且经常制造出猥亵的声音。他从没有见过如此不和谐的怪物。他拒绝了，他不能强迫他的朋友娶这样的女人而让自己背付沉重的精神包袱。加温知道这个消息后，对亚瑟说："我同意和女巫结婚，没有比拯救亚瑟的生命和保存圆桌更重要的事了。"于是婚礼宣布了。女巫回答了亚瑟的问题：女人真正想要的是主宰自己的命运。

每个人都立即知道了女巫说出了一个伟大的真理，亚瑟的生命被解救了。于是邻国的君主放了亚瑟王并给了他永远的自由。

来看看加温和女巫的婚礼吧，这是怎样的婚礼啊！亚瑟王在无法解脱的极度痛苦中哭泣。加温一如既往的谦和，而女巫却在庆典上表现出她最坏的行为：她用手抓东西吃、打嗝、放屁，让所有的人感到恶心，不舒服。新婚的夜晚来临了，加温依然坚强地面对可怕的夜晚，走进新房。到底是怎样的景象在等待着他呀！一个他从没见过的美丽的少女半躺在婚床上！加温惊呆了，问她到底是怎么回事。美女回答说，因为当她是个丑陋的女巫时加温对她非常的好，于是她在一天的时间里一半是她可怕的一面，另一半是她美少女的一面，并问加温想要她在白天或夜晚是哪一面呢？

多么残酷的问题啊！加温开始思考他的困境：在白天向朋友们展现一个美丽的女人，而在夜晚，在他自己的屋子里，面对的是一个又老又丑如幽灵般的女巫呢？还是选择白天拥有一个丑陋的女巫妻子，但在晚上与一个美丽的女人共同度过每一个亲密的时刻呢？最终，加温没有做任何选择，只是对他的妻子说："既然女人最想要的是主宰自己的命运，那么就由你自己决定吧。"于是女巫选择白天夜晚都是美丽的女人。

读完以上这个故事，你有什么启发呢？

知识介绍

工作者与案主在初期的接触往往很关键但也比较困难，这是因为对于案主而言，在陌生人面前"示弱"、求助，并不是一件容易的事情，因此他们常常会有担忧、紧张、害怕、不信任等心理反应，这些心理反应被称为现实性的反应，有可能产生的原因如下：

（1）案主可能不需要立刻接受服务，仅仅是进行询问和试探。

（2）面对陌生人要讲出自己的问题尤其是很隐私的问题感到非常难为情。

（3）案主意识到承认自己也是产生问题的一部分原因，感觉到很痛苦和无法面对。

（4）案主曾经的求助经验会带到一些正向或负向的影响。

（5）案主的求助能力不一样，有些人很容易寻求帮助有些人却很难。

（6）案主是被迫来到机构而不是主动寻求帮助的。

（7）案主以前没有接触过专业服务，对机构的服务很陌生，不知能够提供什么样的服务。

（8）案主对机构抱有不切实际的希望和要求。

比斯台克认为，工作者在接案时不仅要理解这些心理反应，并且要协助案主减轻焦虑的情绪，满足他们如下这些基本的心理需求：

（1）需要被视为独特的人，而非一个个案、一种类型或某类人。

（2）有表达内心感受的需要，包括负面、消极的感受。这些感受可能是恐惧、不安全感、怨恨、不平、敌意等。

（3）需要被视为一个有价值、有尊严的人，而不是一个依赖、软弱、失败或犯错的人。

（4）需要获得他人关切、了解与回应。

（5）对个人的问题，希望能不受批评或指责。

（6）对自己的生活，有自我选择与决定的权利与机会，不愿被人催促、指挥或强迫行事。只希望得到帮助，而不希望被支配。

（7）期望与个人生活有关的隐私获得保密，不愿意让亲戚朋友及社区其他成员知道他的问题，更不愿因向机构求助而声誉受损。

工作者只有深入理解案主的心理需求，才能适当行动，与案主达成良性的互动关系。与案主的七种心理需求相对应，比斯台克提出了个案工作的七个基本原则。这些原则集中反映了个案工作的一些基本经验，是个案工作者与案主互动所应遵守的基本行为准则，对于个案工作专业服务来说，具有重要的指导意义。

一、非批判

批判有两层意思：一是批评、指责，即对对方不好的、不合适的言行予以否定、批评；二是评价、评判，即对对方做出是非对错的价值判断，甚至贴上负面标签。无论是批评指责还是评价评判，都是站在自身的立场上，依据自身的价值观去对别人进行审判，这种做法容易引起对方的紧张、反感、对立，觉得和你“不是一路人”，从而阻止他的自我表达与合作。

非批判是指面对案主的过失，不是去批评指责他，面对案主与自己以及和常人不一样的言行表现及行为选择，不是去做道德评判，不是去下结论，而是了解帮助对方，了解他的处境和难处，尊重他的选择和决定，帮助他客观的正视自己的问题，并作建设性的改变。

对于案主伤害他人，甚至违法犯罪的行为，工作者仍然应当持非批判的态度。非批判的态度不是对这些行为表示理解认可，或是对法律道德漠不关心，而是工作者不把自己的价值观强加于案主身上，并且“愿闻其详”“愿意和你一起面对”的态度。这样的态度有助于消除案主的紧张和顾虑，放下防备，畅所欲言。

案例分析

电影《完美陌生人》中有这样一个片段，女主角索菲亚17岁，有一天，索菲亚的男朋友邀请她去自己家里过夜，索菲亚不知道怎么办，于是给父亲拨打了电话，以下为父女俩的对话：

父亲：嗨，亲爱的，你还好吗？

索菲亚：嗨，爸爸，我挺好的，现在方便说话吗？

父亲：当然，你说吧。

索菲亚：我不知道要怎么开口，格雷戈里奥的父母不在家。
然后他叫我……去他家过夜……
爸爸，你在听吗？

父亲：嗯，然后你说什么？

索菲亚：我不知道，但是我想去……可我没想到是今晚。

如果我不去的话，他可能会不高兴。

我该怎么做？

父亲：不要因为他不高兴而去他家，这不该是唯一的理由。

索菲亚：这当然不是。

父亲：而且你别指望我能多支持你去。

索菲亚：别这样，爸爸。

父亲：这是你人生中一个重要的时刻，是你会铭记一生的事情，不仅是明天和朋友聊天的谈资。

如果你以后想起，无论何时回想起来，这件事都会让你嘴角带笑的话，你就去做吧。

但如果你并不这么认为或者不太确定，那就忘掉它吧。

因为你还有大把的时间。

在这段对话中，父亲自始至终都很温和，没有暴怒，没有审判，没有指责，其表现和回应充分体现了非批判原则。

二、理解关怀

做到了第一步——非批判，接下来，还需要对案主有充分的理解和关怀。在个案工作中，工作者需要适度的情感卷入，否则会表现出冷淡、冷漠与例行公事的态度。这种冷冰冰的，置身事外的态度是无法达成助人的功效的。助人工作是心灵与心灵的碰撞，没有相当的热情与投入是很难产生成效的。

案主常常希望自身所感受到或表达出来的情感，能获得工作者的理解、支持与共鸣。工作者真诚的关心与期望给予案主心理上的支持，加强其安全感与信任感是促使案主改变的动力。个案工作的这些基本原则是密切相连的，只有几项原则的共同作用，才能使案主产生温暖、安全、尊重、自由和和谐的感受，才能更好地促成案主对个案工作的参与和合作。

案例分析

“陈先生”的案例中，陈先生因为家庭遭遇的种种困难，而自己又帮不上忙，因此觉得自己是累赘，想要自杀。在日常生活中，对于这样的情况，人们在劝慰陈先生时可能会说：

“你怎么这么傻，好死不如赖活着，有什么困难都可以解决的嘛。”

“你这样想太自私了，你走了倒是一了百了，可你家人怎么办？”

“你不应该这样想啊，你的家人很爱你，他们不会觉得你是负担。”

……

这些说法不仅没有理解陈先生的处境，完全否定了他的感受，还对陈先生的想法进行了批评，显然不利于陈先生宣泄情绪和进一步探讨自己的问题。而个案工作强调对案主的非批判、理解关怀，只有这样，才能让案主感觉到自己被理解、被尊重，才有进一步合作的意愿。

因此，对陈先生说："看到家人过得这么辛苦，可你一点忙都帮不上，你心里感到非常难受，觉得自己没用，愧对家人，因此才想一死了之，减轻家人的负担。"这才是一个专业的个案工作者该有的回应。

三、接纳

有了非批判和理解关怀为基础，就更容易表现出接纳。在个案工作中，接纳就是一种用包容的态度进行沟通的思想和一种处理个人与个人行为之间不同的一种能力。接纳是工作者对待当事人的一种行动原则，包括接纳她的优点、缺点以及与工作者不相投的一些特质，她积极的和消极的情绪，她建设性和破坏性的态度与行动，保持对当事人与生俱来的尊严和价值的尊重。

接纳不等于"认同"或者"赞同"。接纳不是认可当事人的偏差态度和行为，而是接纳已经发生的事实。对于一个有暴力倾向的学生，接纳的回应是："我相信你的愤怒是有原因的，但暴力的使用真的帮助你解决了问题吗？也许我们可以讨论一下当压力来临的时候我们还有哪些选择……"而如果回应是："你真的是很勇敢，大家都怕你……"这样便是认同了对方的行为。

但要做到接纳并不容易，对于初学者而言在练习之初会将接纳作为一种工作的方法或技巧。而在实践中，接纳是工作者一种底色，甚至是社会工作者的一种道德操守。只有出于自己真诚的内心，才能算是一种真正地接纳而不是一种技术的应用。为了学习接纳，我们需要了解自己的局限性，接纳的障碍常常来自于工作者自身的局限，具体如下：

第一，知识盲区。我们对未知常常有些恐惧和害怕，这些负面感觉会阻碍人的接纳。例如，在电影《金刚》中，人们不了解金刚这只巨大的猩猩，所以对它非常害怕，直到影片最后动用军队消灭它才能安心。因此，如果工作者对要面对的行为缺少了解与认识，要做到接纳就会非常困难。

第二，自身经验。工作者自身的成长经验也会影响到是否能够对服务对象的接纳程度，如工作者有童年被小学老师严厉批评的经历，而服务对象正是小学教师，那也许会影响其对服务对象的接纳程度。

第三，不能接纳自己。工作者对自己的接纳程度有时也会影响到对服务对象的接纳。假如有工作者一直对自己的容貌不满或者不喜欢自己的内向性格，那当他遇到因为自己体形肥胖而缺乏自信或性格内向不善交际而导致人际交往障碍的案主时，又如何去理解、接纳案主呢？因此，工作者首先要能充分地认识、了解、接纳自己，才可以更好地接纳服务对象。

第四，偏见与成见。每个人在成长的过程中都会对社会的人事物形成自己特有的看法与想法，这些看法和想法能帮助我们处理日常生活。但有时这些想法未必是客观正确的，这就是偏见与成见之分。因此，如果当服务对象的想法与工作者的想法有较大差异时，工作者会因自己的偏见或某些刻板的印象评判服务对象，阻碍与服务对象建立信任的专业关系。工作者在学习与工作中，要大大扩充自己的知识面，时时提醒自己警惕是否受偏见影响。

四、案主参与自决

所谓参与是指当案主被自己的处境和问题所困扰时，工作者不应取代案主为他解决问题，积极的方式应当是引导案主参与对问题的剖析以至改善的全过程，而工作者一直处于分担、支持和提示的地位。个案工作要取得成效，离不开案主的积极参与。个案工作不是包办代替，而是助人自助，与提供物质帮助相比，帮助案主建立适当的人格、感情与行为模式是更重要的。从这个意义上说，个案工作的真正目标不是外在的，而是内在的，所以只有案主积极参与，才可能真正产生功效。所谓自决是指尊重案主自我选择和自我决定的权利，案主只有不断地自我反省，才能对自己面临的问题负起抉择的责任，这样才能成长，才能管理自己。当案主求助时，并不意味着他要放弃自我决定的权利，即使案主有放弃、逃避或推卸"自我决定"的倾向，工作者也应尽力使其恢复自我选择的能力，而不是代其决定。

案主参与自决通常简称为案主自决，意指案主有自做选择、决定的权利和能力。案主自决是必须坚持的一项原则，它不仅是恢复和培养案主的自助能力，避免对社工产生依赖，还因为在个案工作实务中，可能存在着"选择的陷阱"。例如，小李同时面临A、B、C三个选择，每个选择都各有利弊，让小李无法抉择，于是向他人寻求建议。小李先找了3个人，他们都建议小李选A并列举了A的诸多好处，小李也深以为然。后来小李又找了5个人，那5人都建议小李选B，又给他列举了B的若干好处，小李表示赞同。接着又询问了1个人，这个人建议选C，只给出了很少的理由。而最终小李选择了C！为什么？

当一个人面临诸多选择而不知选哪一个时，其实他内心已经是有答案的，只不过选择哪一个放弃哪一个都需要承担莫大的风险，而他可能会因为缺乏支持、不被理解、没有信心、害怕承担责任等不愿或者不敢去选择和决定。当他向别人征询意见时，如果别人的建议和他所想的选择不同，不管别人的建议理由有多充分，他都会想方设法地驳斥别人。他会不断地询问别人，一直到有人给的建议和他所想的选择是一样时，觉得自己的想法得到了认同，证明了自己的决定是英明、正确的，于是就采纳了那个建议。而今后若是那个决定出现了不好的后果，他又可以推卸责任，说当初是××叫我这么选的，我本来是不想选这个的……

由此可见，当我们的案主面临选择或做决定的烦恼，希望社工出出主意的时候，社工千万别跳进了这个"选择的陷阱"，因为你给的建议和案主的选择不一致时，案主不会听从你的建议，甚至会结束与你的专业关系另找他人；若你给的建议和案主的选择一致时，案主采纳了建议，但是今后可能也会要求你为这个决定负责，而你显然是无法承担起这个责任的。

然而案主自决并不是绝对的，如果案主是缺乏行为能力或是限定行为能力的人，如患有严重失智症、严重精神疾病的案主；如果案主所作为的选择和决定会对自己、他人、社会造成危害，如决定自杀、未成年人决定离家出走、决定报复社会；如果案主做出的选择和决定违法了相关法律法规。在这些情况下，工作者都需要打破自决原则的限制，予以保护性干预。

案例分析

Z女士是一个新手妈妈，深知母乳喂养的诸多好处，自宝宝出生后就一直坚持母乳喂养宝宝。可是当宝宝6个月大时，开始长牙了，调皮的宝宝每次吃奶时，都会用牙齿咬妈妈。Z女士用了很多方法想让宝宝不咬人，都没效果，没多久宝宝就把Z女士咬得伤痕累累，喂奶的时候乳头钻心的疼。

一直到宝宝8个月大时，已经长了5颗牙齿，宝宝咬得更厉害了，Z女士每次喂奶都十分辛苦。有一天，Z女士实在受不了剧烈的疼痛，在网上发帖求助，询问到底该不该给宝宝断奶。帖子发出去后，收到近20条回复，绝大多数都建议给宝宝断奶，还有几条分享了喂奶时不让宝宝咬妈妈的方法，只有一条是建议继续母乳喂养，说到"千万不要断奶，母乳是最好的。最好能哺乳到孩子两岁以上，自然离乳"。而那唯一的一条也是Z女士最终采纳的一条建议，依旧忍着痛给宝宝喝母乳。

上述案例中，Z女士发帖求助，也并非真的是难以抉择，而是想要坚持母乳喂养，却缺乏勇气和支持，一旦有人认同她的观念，给予她支持，她就会做出自己的选择。因此在诸多回复中，Z女士只是选择了合乎自己心意的那一条。

这个案例可以表明，当案主面临抉择困难时，社工最好的做法就是认真倾听案主所面临的选择困境，帮助案主疏导情绪，厘清思路，同案主一道去分析案主所面临的每种决定各有什么利弊，将会产生哪些可能的结果，案主为什么犹豫，他有哪些担心和顾虑，案主的需求是什么……社工还应当让案主明白每个人都应当为自己的决定负责，这是获得自我成长必须经历的。

五、个别化

社会工作者认为每个个体都是独特的，都是独一无二的，都有不同的生命经验、人格特征和优势潜能。正是因为人的独特性，因此个别化原则就是将案主看成独特的个人，要求工作者认同和了解每个个案的独特性，重视案主对待困难和问题的个人感受与看法，并运用不同的方法和策略来帮助案主达成较好的适应。

尽管案主们的问题看来很相似，工作者也很可能会把他们分类与组合，然后以一定的模式去处理，但由于相似问题给不同个体造成的影响和压力不同，每个个体的承受力不同，解决问题的能力、资源和期待不同，仍需遵循个别化原则才能确保工作者对每个个案做出适当、精确以及有独特的处置。个别化原则表明了个案工作的复杂性。个案工作的对象是人，而人的状况与问题是复杂的，所以个案工作不能以刻板的方式进行。从一定意义上说，个案工作是一门艺术，需要个案工作者具有敏锐的观察能力与灵活的处事技巧。

案例分析

电影《心灵捕手》中，主人翁威尔在先前接触的几位咨询师那里，他是被普遍化了的，咨询师凭着对他这“一类”青年的了解，凭着自己丰富的经验，对他进行了专业却冰冷的治疗，最终导致咨询的失败。但在和咨询师尚恩的互动中，尚恩看出威尔的抵抗和不信任，于是在和威尔的第二次见面中说道：

“你是孤儿，对吧？

你想我会知道你日子有多苦，你的感受、你是谁，是因为我看过《雾都孤儿》吗？

……

那太简化你了。

你知道吗，我不能靠任何书籍认识你，除非你谈自己，谈你是谁。

那我就着迷了，我愿意加入。”

显然，尚恩没有用社会刻板印象去看待威尔，他理解并敏感于威尔的经历和阻抗，尊重威尔作为一个独特个体的独立性，并承认他的独特价值。

六、保密

当工作者和案主建立起良好的专业关系后，随着工作的深入，案主有时可能会倾诉一些个人隐私问题。这需要工作者给案主建立一个安全的氛围，使得案主能在工作者面前敞开心扉，畅所欲言，并消除其隐私被暴露出去的后顾之忧。而这就涉及个案工作的保密原则。

保密原则就是保守案主在专业关系中所显露的秘密。为了寻求帮助，案主需将自己的问题以及与生活有关的事项告诉工作者，其中可能包括案主内心不为人知的隐秘感受和先前的一些不良行为。因此，一方面个案工作者对不必要的事项不要探究；另一方面对必要的资料应注意保密。即便案主没有提出保密要求，工作人员也应对案主的一切资料予以保密，这是个案工作的基本准则。

案例分析

王刚，男，16岁，中学学生。一天下午放学后，王刚拖着沉重的脚步走进学校社工办公室。学校社工小张看到他脸面稍有浮肿，脸色略见苍白，眼皮低垂，身体虚弱，精神恍惚，神情紧张而又沉重，一副无助的神态，就问：“发生了什么事？心情怎样？”十多分钟过去，王刚一声不吭，只是头越来越低。突然，他蹦出一句话：“我信任你，所以来找你，你用诚信向我保证，一定为我保密。”语气中带有求助和不可商量的成分。看到他这个样子，小张表示答应他的要求。

王刚父母做生意，常年在外，很少在家，唯一的姐姐几年前出嫁，因此自初中以来他就一直寄宿在学校。王刚从小就羡慕女性，很想成为女孩，做梦都想变成女孩。终于有一天，他在网上看到一种药品介绍，认为吃了这种药品就能变成女性，经过一番寻找，在某药店买到了该药品，且已经吃了一个多月，最后吃成现在这个样子。

考虑到来访者不仅需要心理疏导，还必须马上停止使用药物和立即送医院检查治疗身体，社工小张决定将此事告诉家长。但王刚坚决反对，怎么都不肯离开办公室，反复要求不能告诉父母。经过一个多小时的说服，王刚终于同意将姐夫叫来，大家一起送他到医院检查治疗。后来王刚身体逐渐恢复过来，而原本存在的问题并未解决，姐夫劝他向学校社工求助，但王刚认为“老师欠诚信，不讲信用”，拒绝向社工求助。

当求助者是青春期的未成人时，很容易出现性别认识的相关问题，这些问题敏感性强，如果被泄露出去，给来访者造成的后果不堪设想。王刚以要求严格保密为前提，社工与案主双方均存在着保密、诚信的问题。但此案中社工遇到了两难的处境，但如果在第一次会谈时，社工将保密原则解释清楚，在处理王刚的停药问题上站在保护王刚隐私的角度考虑更周详一些，王刚或许不会停止与社工继续沟通。

保密的方式包括不向他人透露案主的姓名、资料；不向他人提及会谈的过程及内容；不让外人旁观；避免让不同的案主在等待约谈时相互碰面。当然，保密原则也不是绝对的，如果案主透漏的信息会对自己、他人、社会造成严重威胁和伤害；透露的信息涉及相关法律法规或是其他一些基于专业发展的理由，如专业督导、案例研讨等，则可以打破保密原则的限制。但需注意，工作者在披露资料时要尽量使披露的程度降至最低，且应只披露那些直接与目的相关的资料。与此同时，工作者在披露相关信息时，还需要告知当事人并征得其同意，也就是知情同意。

所谓知情同意是指个案工作者在可以透露保密信息前，必须征得案主的有效许可。个案工作者应该事先告诉案主：谁会分享其信息，在什么条件下分享，对保密信息的透露会到何种程度以及透露这些可能会有的后果。案主在明白的前提下填写知情同意书（详见下表）。

×××社会工作服务机构

案主同意书

No.

本人____________同意____________向____________释放以下信息

（案主）　　　　（机构）　（信息接受者）

____

本人明白____________将此信息运用于以下目的：____________

（信息接受者）

____

本同意书截止日期：________________________

同意人签名：________________日期：__________

证人签名：________________日期：__________

社会工作者签名：________________日期：__________

机构盖章：

七、承认

承认就是承认案主作为一个人的价值、他的发展的潜能以及改变的能力。情绪和社会关系适应不良的人常受指责并倾向自责，以致自我形象非常低劣，对自己的能力疑虑重重，经常表现出过分的敏感与自卫，尤其忌讳被人看成无用或失败的人。因此，个案工作者绝不能以轻视、反感、责备的态度对待案主，而应对案主抱着尊重的态度，帮助案主从防卫中解脱出来，以更切实的方法来面对自己和处理自己的问题。

活学活用

在“陈先生”的案例中，工作者在接案时应该如何遵循基本原则呢？

首先，我们不能嘲笑、批评陈先生的想法，认为他觉得自己是累赘的想法是“胡思乱想”，批评他轻生的念头是“不负责任”。

其次，我们要理解关怀陈先生，设身处地地站在他的立场，去理解他的处境，体会他的感受，接纳他的情绪和行为，对他表达同感。工作者可以说：“一下发生这么多事，真是不知道怎么办好。”

再次，我们要充分尊重陈先生的个人能力以及自我实现的潜能，邀请陈先生作深入的自我探索以全面评估其问题和能力，鼓励陈先生自己做选择和决定。

最后，工作者还应以真诚示人，让陈先生及其家人知道工作者帮助他们的诚意。

课堂练习

（1）2人一组，对你的同学聊一件让你感到难堪/倒霉/担心/恐慌/痛苦的事。

（2）对方在进行回应时，要充分体现个案工作基本原则。

（3）谈谈同学在个案工作基本原则指导下做出的回应和普通的回应有什么不一样，你听完有什么感受呢？

（4）交换角色，再做一遍练习。

拓展阅读

电影《死囚漫步》（Dead Man Walking）是改编自修女海伦·普雷金的真实故事。电影中的修女海伦·普雷金（Helen Prejean），应死刑犯马修·庞谢特的要求开始跟他通信，后来又到监狱去探望他，逐渐成为他的心灵寄托对象，也发掘出马修杀害一对年轻恋人的不寻常真相。

修女海伦只知道马修因残杀一对在林中幽会的小情人而被判死刑，但他否认自己参与了下毒手。跟许多死刑反对派人士一样，修女海伦希望他是被冤枉的。尽管修女海伦需要面对众人的愤怒和受害人双亲的悲痛，但她以最大的勇气要求他们的谅解和饶恕马修的罪孽。尽管故事的最后，修女海伦发现原来马修一直都在说谎，他确实残杀了那对可怜的青年，但是修女海伦已经用她的关怀，使得本来一直不肯悔改的马修在行刑前终于突破心防，真诚地向受害者双亲忏悔，并安心地走向死亡线。

用法庭错判来赚取观众的同情很容易，但只会将这个问题简单化、程式化。影片没有将它廉价处理，没有美化庞斯里特这个十足的坏人。但他不是一个脸谱化的魔鬼，马修一开始并不追悔自己的所作所为，他甚至欺骗给予她无私关爱的修女海伦，在他身上我们看到了一种社会底层青年的傲气，但他最终在修女的感召和死神的威胁下软化了——承认杀人对于他无异于意志的崩溃和精神的转变。

在本片中，修女海伦的所为正是个案社会工作者可能面对的问题。当你面对的案主是“越轨者”，你会采取什么态度面对她呢？修女海伦的信念则是：每个人都应该得到尊重（而这真是社会工作者所持有的基本价值观）。当修女海伦面对亲人的不解和众人的责怪，她扪心自问，觉得自己的行为符合基督精神。修女并不是只受宗教狂热的驱使，而带有一种高贵的尊严。

任务3

建立良好的专业关系

任务描述

接案的同时意味着专业关系的建立，专业关系是区别于私人关系的一种工作关系，专业关系的好坏可以决定个案工作的进程和效果。在本项任务中，我们将学习专业关系的定义和特点，了解专业关系建立的重要性，并掌握专业关系建立的要素。

任务目标

1. 理解专业关系的定义、特点、重要性
2. 掌握专业关系的基本要素
3. 具备建立良好的专业关系的能力

导入活动

活动1：

播放教学片《心灵捕手》，让学生分享该片给自己的印象深刻之处，并讨论：

（1）前两个咨询师的辅导为何失败？

（2）咨询师尚恩取得成功的关键？

活动2：体验式游戏——你是我的眼。

学生根据1、2、3报数分为三组，报1的扮演盲人，报2的扮演聋哑人，报3的扮演观察者。随机配对，由1个聋哑人带领1个盲人在教师指定路线（设置路障若干）中行走，并要确保盲人能够安全抵达终点，聋哑人不能以任何方式告知、提示盲人自己的身份。观察员全程观察盲人的反应以及聋哑人的表现。抵达终点后交换角色再体验一次。

游戏结束后，组织并引导学生讨论：

（1）"盲人"戴上眼罩时的感受和需求？

（2）同伴用了什么方法带领你前行？

（3）为何游戏规则规定聋哑人不能以任何方式告知、提示盲人自己的身份？如果被同伴猜到了你是谁，那将会对游戏产生怎样的影响？

（4）阻碍你信任同伴的因素？

（5）让你对同伴产生信任的因素？

（6）对游戏的总体感觉？

知识介绍

一、专业关系的特点

接案的同时意味着专业关系的订立。专业关系是为达成特定目标而结成的关系，是一种工作关系，它具有如下特点。

1. 目标性

专业关系有明确的目的。个案工作专业关系的目的，是解决案主生活适应上的困难，增进其生活适应能力。解决案主的问题、改善案主的社会生活功能始终是个案工作的中心，工作者与案主的关系就是围绕这一中心建立起来的。

2. 职业性

专业关系是一种职务关系，而非私人关系。工作者是机构使命的执行者，专业关系不仅强调工作者所提供服务的专业性，还强调工作者与案主的关系仅仅是助人与被助的关系，工作者不能寻求任何个人利益的满足。如果偏离了这种特定的关系，不仅不能帮助案主，甚至可能对案主造成损害。例如，工作者为了满足自己"被他人所需要的感觉"，鼓励案主对自己产生依赖，而不是帮助其发展自助能力。所以工作者在职业活动中必须严守专业自我，以与日常生活中的自我区分开来。

但是个案工作往往要求工作者有极大的投入，工作者也难免在和案主长期的互动中，投入大量的感情，建立起私人关系。因此，在个案工作实务中，工作者要时刻保持警醒，避免混淆专业关系和私人关系。

3. 功能性

工作者与案主之间良好关系的形成是手段，而非目的。良好的关系是促成案主信任的基础，但是在个案工作中，良好关系的形成是有目的的，工作者不能无原则地讨好、取悦案主。有时为了协助案主的改变和成长，必须冒冲突抗拒的危险去面质案主。因此，良好关系的形成只是手段，绝非目的。

4. 时间性

专业关系的存在是有时间的。专业关系是为了协助案主处理问题而形成的，所以案主问题解决后，维持专业关系的前提就消失了，这时专业关系就该结束了。

5. 职责单向性

建立良好的专业关系主要职责在工作者。在个案工作关系中，工作者与案主是互动的两方。在把握、维持、发展专业关系中，工作者始终处于主导地位，建立、维护与发展专业关系，提供有利于案主改变的气氛，是工作者的任务。工作者无权指责案主不合作，相反要探讨自己在建立专业关系过程中的不当言行。

二、专业关系的重要性

尽管订立关系工作大部分要在助人之初完成，但在真正结束与案主的关系之前，工作者在各个阶段都需同案主建立并保持良好的关系。这是因为：

（1）良好的专业关系是个案工作助人的基础。个案工作者与案主之间的专业关系必须以良好的关系为前提。良好的关系能产生安全、温暖、轻松、舒适、愉快、信任的氛围，在这种氛围下，案主容易减除防卫心理，产生自我开放的心态，也可以增加工作者对案主的影响力，有助于提高案主改变的动机和合作的意愿。

倘若双方关系是充满敌意、防卫、紧张、焦虑的，工作者无法取得案主的信任，无法引发案主改变的意愿，而案主也会逃避沟通，把精力放在应付外界的刺激和压抑内心的情绪上，不能在工作者面前敞开心扉，无法真正面对自己。

（2）良好的专业关系本身具有治疗作用。个案工作者的主要活动是与案主开展会谈，会谈过程既是建立与加深专业关系的过程，也是对案主进行治疗的过程。在个案会谈中，同感、接纳、真诚等建立专业关系的要素，本身对案主的情绪和心理就具有很好的治疗作用。

既然专业关系的建立和维护如此重要，那么工作者应当怎样去与案主建立良好的专业关系呢?

三、专业关系建立的条件

良好的专业关系的建立，通常还需具备如下条件。

（一）同感

同感又叫共情、同理心，指个案工作者能够体会案主的感受，也能够敏锐的、正确地了解这些感受所代表的意义，并能把这种了解传达给案主。

同感的出发点是案主的感受，案主的感受就是案主看事物的眼光，不管这种看待事物的眼光是积极的还是消极的、正确的还是错误的，对案主来说都是实实在在的，这就是他/她眼中的世界，就是他/她所真真切切感受到的。所以把握住案主的感受是进入案主内心世界的必要步骤。

为了达到同感的了解，个案工作者首先要放下自己的参照标准，设身处地的以案主的参照标准来看待事物，将自己放在案主的地位和处境中来尝试感受其喜怒哀乐，经历其所面对的压力，并体会其作决定和采取行动的原因。但要真正做到同感并不容易，因为我们往往习惯了主观地看实物，往往以自己的经验和感受来做判断，以致无法与案主达成同感，无法接纳案主的看法和立场。工作者和案主之间较大的差异是达成同感的阻碍，彼此在性别、年龄、宗教、社会经济地位、教育水平与文化上的差异都会阻碍同感的发生。例如，工作者是个从小在单亲暴力家庭长大的孩子，当他/她面对希望离婚或是有家庭暴力行为的年轻父母案主时，工作者就极有可能因为自身的经历和感受而无法对案主表达同感。因此，作为专业助人者的个案工作者，必须不断反省，澄清自己的内心感受，认识到自己的局限，以达到相当程度的自我了解与自我控制。

衡量同感表达的程度可以分为五个尺度：

第一层次：工作者没有倾听，他在沟通中根本没有意识到案主表达出来的感受和用词。

第二层次：工作者对案主表达出来的感受只有微弱的回应。

第三层次：工作者的回应与案主所表达的意义和感受协调一致，他的回应显示他对案主的表面感受有正确地了解，但仍未能对案主较深的感受做出回应。

第四层次：工作者深化了案主表达出的经历中的感受和意义，这有助于案主显露以前不能与人分享的感受。

第五层次：工作者明显地深入挖掘出了案主的感受和意思，能完全感知和回应案主。

如果要在个案工作过程中产生治疗性的功效，那么工作者最低限度要能达到第三个层次的同感。以下是几位工作者对某案主的不同回应，请你根据以上五个尺度，来评价一下这些回应。

案例：丁女士，32岁，高中文化，全职主妇，是一个8岁男孩小超的继母。她丈夫早出晚归跑运输，家务和儿子的养育都由丁女士一人承担。近日，邻居发现丁女士严重地虐待她儿子，原因是小超身上也被发现了多处瘀伤，甚至被烟头烫过留下的疤痕。丁女士对社会工作者说道："小超实在是很不争气，贪玩不爱学习，成绩总是班上倒数。可我得教育他好好学习啊，要不怎么向他爸爸交代，要不周围的人会怎么看我这个后妈？为了照顾他，我把工作都辞了，但他不喜欢我，还时常当着我的面给他生母打电话，说我的坏话，我生气极了，恨不得杀了他。"

社会工作者A："你为什么这么生气呢？"

社会工作者B："你希望小超努力学习，但他却不听话。"

社会工作者C："小超不接受你，还故意气你，所以你很生气。"

社会工作者D："你为小超付出了很多，可他却不领情，也不好好学习，让你非常生气，所以打了他。"

社会工作者E："你希望做一个好继母，把小超养育成人，所以你为他付出了很多。但小超仍然不接受你，还处处惹你生气，你实在不知道怎么办，所以气急打了他。你感到很内疚。"

（二）尊重

在个案工作中，工作者对案主尊重是建立良好专业关系的关键，应贯串于个案工作的整个过程。罗杰斯在1957年的论文中提出了"无条件的尊重"，他认为"无条件的尊重"是促使案主产生建设性改变的一个重要条件。在他看来："尊重是无条件的，就是说这份尊重并不决定于案主的行为，因为当我们接纳一个人时，是整体地接纳，不但包括他的长处，连短处也都一起包括在内。"

只有当工作者相信案主作为人的价值，并相信其有自我实现的潜能时，工作者才可能在与案主的接触中始终尊重案主，而不管其具体的表现。可在实际生活中，我们可能会遇到一些在你看来十恶不赦的人，你很难相信人人都有善心，都有改变的潜能和动力，当然也很难尊重他们。我们如果能够想到案主之所以变成这样的人是有他独特的原因的，我们如果不着眼他是一个"怎样的人"，而只是着重他是一个"人"，我们可能就会较容易接纳他，并对他表示出应有的尊重。

尊重案主，其意义在于可以给他创造一个安全、温暖的氛围，使其最大程度地表达自己。可使案主感到自己受尊重、被接纳，获得一种自我价值感。特别是对那些急需获得尊重、接纳、信任的案主来说，尊重具有明显的助人效果，是个案工作成功的基础。尊重可以唤起对方的自尊心和自信心，可以成为对方模仿的榜样，起到开发潜能的作用。

那么工作者如何表示对案主的尊重呢？帕特森认为，关怀、看重、重视和喜爱等都是表示尊重的方式。根据尊重的强度，我们可以分成以下层面：

（1）尊重案主，最低限度是工作者不能指责、嘲笑和贬抑案主。案主被看成有价值的人，因而受到尊重，工作者不能嘲笑、贬抑案主。嘲笑与贬抑不仅会极大损害专业关系，而且是对案主人格的侮辱，将对案主的心理造成灾难性的影响。

（2）尊重表现为向案主表达身体的关注与心灵的关注。关注是表示尊重的一种方式，只有当工作者对案主有兴趣，强烈希望给予案主帮助时，他才可能表现出全神贯注的态度，对案主的一言一行都细加体会。积极的倾听者通常会以一种有兴趣且情绪高昂的姿势面对并靠近对方，会和案主保持良好的视线接触，这种表现会传达给对方："我对你和你说的话感兴趣""我对你是友好的"的信息。此外，工作者还通过点头、微笑、手势等表达对案主的关注。

相反，如果工作者在工作中东张西望、心不在焉，不耐烦地打断案主的叙述，都是对案主不尊重的表现。

（3）尊重表现在对案主的思想、情感、行为的接纳上。许多学者都强调指出，接纳是尊重的先决条件，没有接纳就谈不上对案主的尊重。泰勒认为："接纳主要包含了两个方面：其一是我们愿意承认每一个体在任何一方面都是不同的；其二就是认识到每个人的人生过程都是一个很复杂的奋斗、思想和感受的模式。"

尊重意味着接纳一个人的优点和缺点，而不是仅接受案主的光明面，排斥其消极面。尊重也意味着接纳一个价值观和自己不同甚至差距很大的案主，并与之平等交流。有时案主的思想、情感、行为即使是负面、消极和有破坏性的，但只要我们在总体上相信案主的本性是善良的，是有向好的动力与潜能的，他此时此地的不良情感与行为是生活中的种种原因导致的，我们还是可以接纳案主的。只有这样，才能把案主本身与他的具体表现分开，在尊重其作为人的价值的同时，无条件地接纳他的具体表现。

然而接纳并不是完全的认同，而是容忍的理解，即相信案主的表现有其理由与无可奈何之处。容忍的理解表现在工作者对案主的非评估性、非审判性和非批评性的态度上。通过接纳，工作者给案主提供了一个安全的环境，让案主可以自由地探讨自己的内心世界，表达自我。

（4）尊重也表现在对案主的温暖、关心与喜爱上。温暖、关心与喜爱表示了对他人的尊重，而且已经突破了一般的尊重，是尊重的较高境界。然而温暖、关心与喜爱的表达都需要工作者相当的感情卷入。一方面要防止工作者情绪过分投入，以致干扰了治疗过程；另一方面也要认识到温暖、关心与喜爱在帮助案主重新感受到自己价值上的重大意义。工作者的温暖、关心与喜爱不仅对案主建立自信有很大好处，而且使案主在专业关系中有一种安全感，从而可以积极地面对自己和人生。

（5）尊重还表现在尊重案主的自决权上，不随意操纵案主。当我们意识到案主是一个独特的生命，有自己处理问题的方式和权利，这时我们就能尊重其选择，案主有权利选择参与或放弃个案工作，也有权利选择治疗的目标与措施。操纵和控制，都倾向于把案主视为一个不成熟的、缺乏理性的、需要他人为其作选择的人，实质上表现出对一个独立存在的生命的不尊重。

工作者对案主的尊重程度，根本上是取决于工作者本人所持的人性观的。一个对人性持悲观负面态度，认为人性本恶，不相信人有改变潜能的工作者，是很难对案主产生信任和尊重的，更不可能在个案工作中有效帮助案主。

对于人际关系中尊重的尺度，秦炳杰等人（2002）做了如下划分：

第一个层次：工作者在与案主沟通时表现出案主的感受不值得考虑，工作者不能建设性的采取行动。

第二个层次：工作者的回应很机械，在沟通中对案主的感受和潜能很少标示出尊重。

第三个层次：工作者在沟通中表达出对案主的感受和潜能的尊重，鼓励案主建设性的处理问题。

第四个层次：工作者在沟通中极其尊重和关心案主的感受和潜能，使案主能肯定自我，体会到做人的价值。

第五个层次：工作者在沟通中表现出对案主个人极大的尊重，使案主能最有建设性地采取行动，最充分地表露自己。

仍以上述“丁女士”的案例作为参考，根据以上衡量尊重的尺度，看看以下不同回应的区别。

社会工作者A：“你怎么这么傻，难道不知道这是犯法的吗？”

社会工作者B：“你再生气也不应该打孩子。”

社会工作者C：“听得出来你很生气，也用了很多方法教育孩子。”

社会工作者D：“社会对继母的要求的确更严，既要教育好孩子，又不能过于严厉，你真的很难。”

社会工作者E：“作为这样一个男孩的继母，你为他付出了这么多，承受了这么多，真的很不容易，你都是怎么做到的呢？”

（三）真诚

真诚指工作者在专业关系中能够以真正的自我出现，也容许自己的感受适当地在个案工作过程中表现。一个真诚的个案工作者，不会有防卫式的伪装，不会将自己隐藏于专业角色后面，更不会像一个技师一样完成例行工作。相反，工作者会很开放、很自由而又个人地投入整个关系中。一个真诚的工作者，是一个内心与外表一致、言行一致的人，这种表里如一的人也就是人格统一的人。

与真诚相对的就是工作者躲在专业角色的面具下，不愿以真正的自己，投入一个真正的关系中。如果工作者在专业关系中，总想刻意显示什么或掩盖什么，他就会在这上面花很多时间精力，从而无法全神贯注到对案主的服务中。而且把助人工作看成临时扮演的一个角色或戴上又可脱下的一个面具，会导致专业自我与真正自我的分离。可见，个案工作者的“专业自我”虽然不同于他的“真实自我”，但二者有密切关系。一个“真实自我”不完善的人无法在助人专业中表现出良好的“专业自我”。

在个案工作过程中，一方面工作者的真挚诚恳可以解除案主的面具和伪装，使案主不再害怕受到伤害；另一方面工作者的真诚也为案主提供了一个良好的榜样，使案主逐渐放下伪装，自由自在地表达自己心中的喜悦、兴奋或是伤痛与失望。而且开放和表里一致，可以促进彼此达成理想的沟通，而这种沟通，正是个案工作成功的重要因素之一。

另外，真诚还表现在适当情形下工作者的自我表露，即工作者与案主分享自身的经验以及工作者表达自己的感受与看法。如果工作者某些感受的出现妨碍了治疗的进程，工作者应该坦诚地讲出来，与案主进行讨论。虽然真诚是个案工作成功的关键因素，但是要做到真诚并不容易。达到真诚的关键是工作者要能充分了解和接纳自己、欣赏自己、有相当的自信，不要求自己全知全能，更不要求自己完美无缺。除此之外，真诚还需要工作者对案主有真心的喜爱，对人有乐观的态度与基本的信任。

（四）简洁具体

以上我们所学的同感、尊重和真诚，通常被视为有助于专业关系成长的三个核心条件，这涉及个案工作者的态度，而除此之外，专业关系的建立还涉及个案工作者的表达能力与技巧，因此下面我们来介绍专业关系得以建立的第四个要素——简洁具体。

简洁具体指我们在治疗过程中，用字措辞不但要适当，还要简单清楚、具体明确，避免含糊不清、模棱两可的用语。治疗过程中，案主有时表达得杂乱而又空泛，用词不够精确或过分概括，这导致工作者无法确切理解案主的思想和感受，也导致案主无法分辨自身不同的感受和经验。所以工作者有必要协助案主清楚、具体地表述自己的问题与感受。例如，案主对工作者说道："我都要烦死了。""最近真是倒霉透了。""我心情很不好。"对于这种笼统的表述，工作者需要引导案主对"烦""倒霉""心情不好"做出详细的、具体的描述，要求案主具体说出这些词语背后的感受。这种进一步的阐述有利于案主对自己的感受有更清晰的了解，而对工作者来说，也便于更深入地理解案主，对其表达同感。同时，工作者本人在回应案主时，也应尽量采用具体、清楚、准确和特殊的字眼，针对案主特殊的、独一无二的困难和情况做回应，这样案主才能继续对问题做更深入、更准确的探讨，从而对自己的问题有正确、深入和实际的了解。

案例分析

王小姐最近遇到了很多烦心事，本来凭自己的努力工作获得了晋升，但是同事们却私底下说她是靠姿色获得了职位，被"潜规则"了。同王小姐资历相当的同事，认为她现在是领导了，要保持距离，都纷纷疏远了她；比王小姐资历高的同事，很不满意她年纪轻轻就获得晋升，不服她领导。为此，王小姐感到压力很大，工作也很难顺利开展下去。王小姐向朋友倾诉，却遭冷遇，认为她不费周折就升职加薪，居然还在抱怨，实在很不知足。王小姐真是有苦难言。后来，王小姐求助了个案工作者，社工耐心地听其倾诉，站在王小姐的立场上充分的理解其处境并向她表达同感和关心。谈了近2个小时，末了，王小姐非常感谢社工，认为终于有人肯听自己说话，有人理解自己了。同时还表示，说完过后感到轻松多了。

上述案例中，个案工作者并没有否定、排斥王小姐的感受，而是站在王小姐的角度去理解她的处境、体会她的感受，向她表达同感，为王小姐创造了一个温暖、包容、接纳、理解关怀的氛围，使其能够敞开心扉，宣泄多日来的苦闷情绪。

课堂练习

练习1:

A女士和其男朋友B先生约好晚上7点在某餐馆吃饭，但B先生却没有准时赴约，也没有打电话告知A女士原因。A女士给B先生拨了一晚上电话都关机，生气极了，认为B先生“一点都不在乎我，心里根本就没我！”

（1）你该如何对A女士表达同感呢？

（2）请你点评以下两种回应方式：

——不要成天胡思乱想了，或许他正忙，一时走不开，也没空打电话……

——你的心情我理解，男朋友的爽约使你觉得自己在他心里不重要。其实只要你是在乎这段感情在乎他，就会这样想，这很正常。

练习2:

针对“陈先生”的案例，用同感、尊重、真诚、简洁具体等建立专业关系的要素开展会谈，尝试理解陈先生的感受和需求，建立相互信任的关系。

拓展阅读

电影《心灵捕手》（Good Will Hunter）中的主人公威尔是一个孤儿，遭受了亲生父母的遗弃和多个寄养家庭父亲的虐待，在他心目中，本该获得爱和温暖的地方，却是那样的冰冷和残酷，于是不再相信有爱。他用别人的错误来惩罚自己，认为自己是没用没价值的，以至他也不认为自己有获得爱的资格。尽管威尔异常聪明，他不仅在数学方面有很高天赋，而且在法律、历史、化学等方面也有颇高造诣。但是因为对自己的怀疑和否定，当他遇到自己喜欢的女孩时，不敢勇敢地去爱；当他有机会在数学领域展露才华时，也不敢勇敢表现。相反，他的生活被暴力、偷窃、污言秽语以及对别人的攻击和防御充斥着。

在遇见咨询师尚恩之前，威尔就已经接受过五个咨询师的辅导，他们不管从名气上还是技巧的专业性上，都远远优于尚恩，可是威尔都拒绝跟他们合作。原因何在？因为专业关系没有建立起来！人本治疗的大师罗杰斯说过：“良好的专业关系本身就具有治疗的作用。”而良好专业关系的建立，在很大程度上都取决于咨询师的真诚、信任、对来访者的尊重、接纳以及无条件的爱。

个案工作与一般行业不同，它是一份直接“对人”的工作。工作者对服务的投入，对案主的关怀以及对工作的热忱，都将影响到身边的人。当两个或两个以上的人走在一起，两个不同的生命必定互为影响。若期望要以个人生命来影响他人生命，必须要对生命有承担、有抱负、有理想，懂得“尊重”别人的独特性，崇尚人性尊严的地位。这也正是罗杰斯对人性的一种重要而独特的观点。

任务4

撰写接案报告

任务描述

通过初次接触和会谈，工作者大致了解了案主的个人及家庭基本资料，接下来就该及时完善案主的个人档案了。一份完整的个人档案包括个案卡、接案报告、工作计划、辅导记录、结案/转介报告以及其他资料。在接案阶段，我们先来学习如何填写个案卡、撰写接案报告。

任务目标

1. 明确个案档案的包含内容
2. 掌握个案卡的填写方法
3. 掌握接案报告的撰写方法

知识介绍

一、填写个案卡

当求助者被接纳为案主时，会为案主填写个案卡，并建立一份个人档案。个案卡通常是一个质地较硬、便于管理和检索的卡片。个案卡记录着个案档案卷宗最精简的信息，包括案主的姓名、性别、年龄、职业、籍贯、住址、父母姓名、接案日期和结案日期评估等资料。

个案卡

序号

姓名________________年龄________________　性别________________

住址________________________________　籍贯________________

父母姓名____________________________　职业________________

评估________________________________　接案日期______________

____________________________________　结案日期______________

____________________________________　工作者________________

二、撰写接案报告

接案报告是工作者对接案阶段所开展工作的工作过程、工作内容以及工作结果的记录，用于呈现案主基本信息、服务诉求，并与机构/项目资源、工作者自身能力进行配置后，决定是否接案的报告。通常包括如下内容。

（一）基本资料

接案报告是个案卷宗里的第一份重要报告，需要详细记录当事人的基本资料，包括姓名、性别、年龄、民族、职业、政治面貌、婚姻状况、居住情况等。这部分内容可以根据机构或是服务项目的特点进行表格化设计以便于社工快速填写。

（二）案主特点

主要是填写当事人的来源以及接受服务的动机。例如，当事人是自己求助、被转介而来还是外展发现的，他/她是主动来的、被动来的还是被强制要求来接受服务的，等等。

（三）接案过程

记录在正式接案前，工作者与案主的接触情况，如接触了几次，接触的时间地点及接触的方式（探访、转介、外展、面谈、电话、网聊……）等信息。

（四）案主诉求

描述在接案过程中，工作者了解到的当事人的生活经历和现状、遭遇的困扰、服务需求以及对机构或工作者的期望。

（五）初步印象

记录工作者在初次接触中，通过对当事人生活环境、健康状况、精神状态、外貌打扮、言谈举止、性格特征等的观察和交谈，形成对案主的初步印象。

（六）服务权衡

服务权衡是指工作者对当事人服务诉求、机构/项目服务目标、自身能力/限制进行考量，权衡当事人是否能成为服务对象的过程。

（七）个案处理

经过服务权衡，得出个案处置结论，即是否予以接案，或是对当事人进行转介，还是说通过当次咨询该个案就可以完结。

（八）其他资料

这是指在接案阶段涉及的其他和当事人相关的资料，如转介报告、心理测评报告等。

（九）督导意见

由督导签署意见：一是表明对本个案的看法；二是是否同意社工对本个案的分析和处理以及相关跟进建议。

接案报告也可以参考如下模板：

接案报告

一、有关案主的基本资料

姓名：__________ 性别：__________ 出生年月：__________

民族：__________ 籍贯：__________ 职业：__________

教育程度：__________ 婚姻状况：__________ 宗教信仰：__________

居住形式：____________________

其他：____________________

二、案主来源和类型

1. 案主的来源：自行求助□ 被转介□ 外展对象□
2. 案主的类型：自愿型□ 非自愿型□ 被强制型□

三、接案过程

第____次：时间__________、地点__________、方式__________。

第____次：时间__________、地点__________、方式__________。

第____次：时间__________、地点__________、方式__________。

第____次：时间__________、地点__________、方式__________。

第____次：时间__________、地点__________、方式__________。

四、案主诉求

1. 案主基本情况

2. 案主主要困扰

3. 案主服务诉求

五、工作者初步印象

六、服务权衡

七、个案处置

接案□　　终结服务□　　转介□至________

八、其他

九、督导意见

社工：________　　时间：________

活学活用

以下是针对“陈先生”的案例进行初次接触后，陈先生被接纳为案主，工作者撰写的接案报告。

接案报告

一、有关案主的基本资料

姓名：陈××　　性别：男　　年龄：47岁

民族：汉　　籍贯：重庆　　职业：无

教育程度：高中　　婚姻状况：已婚　　宗教信仰：无

居住形式：与妻女、母亲同住

二、案主来源和类型

1. 案主的来源：自行求助☑　　被转介□　　外展对象□

2. 案主的类型：自愿型☑　　非自愿型□　　被强制型□

三、接案过程

接触 1 次：时间 2019.10.21 、地点 陈先生家里 、方式 探访 。

四、案主诉求

1. 案主基本情况

陈先生原本是一名出租车司机，不料出了严重车祸导致高位截肢，从此便长期卧床，由自己年弱多病的妈妈进行照顾。陈先生有一个8岁的女儿，有中度智力障碍，没有上过学。陈先生全家依靠他的妻子每月帮人做清洁赚来的2000元维持生活。

2. 案主主要困扰

（1）母亲生病住院，陈先生、陈母、陈先生的女儿都无人照料。

（2）陈先生觉得自己是家里的累赘，有轻生念头。

3. 案主服务诉求

（1）让突发疾病的陈母得到妥善的治疗和照顾。

（2）陈母住院期间，自己和女儿有人照顾。

（3）女儿能上学。

（4）分担妻子的压力，不拖累家庭。

五、工作者初步印象

陈先生思维流畅、表达清晰，是一个孝顺、老实、有家庭责任感的男性。陈先生的家庭关系融洽，一家人和睦相处，妻子为家庭承受且付出了很多。

六、服务权衡

陈先生家庭属于救助社会工作的服务对象，其服务诉求和机构、项目的服务内容以及目标一致，工作者也有较多的经验和资源可以为这个家庭提供支持。

七、个案处置

接案☑　　　　终结服务□　　　　转介□至________

八、其他

无

九、督导意见

同意接案。

社工：________________　　时间：________________

课堂练习

案例

小语，女，1990年生，职业高中学生，与父亲、爷爷、奶奶同住。小语的父亲在小语3岁时被诊断为精神分裂，治疗后康复较好，在摩配行业从事了十二年售后工作。小语10岁时，父母离婚，小语希望跟着妈妈，但妈妈不愿意，因此只能跟父亲和爷爷、奶奶一起生活，父亲和爷爷、奶奶对小语都很疼爱。后来，妈妈再婚，但妈妈跟小语一直有联系，且对小语有情感和经济支持。

2020年6月，小语在学校的统一安排下，与同学一起在某企业实习，在电脑生产流水线上工作，小语的任务是给电脑贴膜。实习没几天，小语总觉得她在工作时对面有一个透明人在看着她，走路时这个人也在背后跟着。小语向周围的同学确认过没有透明人后，把此事告知了老师，老师认为小语有异常，要求家长接她回家。

小语父亲得知小语的情况非常着急，带她去精神病院检查，诊断为“短暂性精神障碍”，并服药治疗。小语回家后，把自己关在自己房间里，只在吃饭时才出来，但极少和家人说话，也不做任何家务事。小语奶奶非常担心，于是向社工求助，希望社工能帮帮小语。社工邀请小语来会谈室坐坐，小语爽快答应。

3人一组，1人扮演社工、1人扮演案主、1人扮演观察者。根据上述案例进行情景模拟，开展接案会谈并撰写接案报告。

项目二 预估

项目描述

在项目一的学习中，我们通过与当事人的初次接触与初次会谈，确定了案主并与其建立起良好的专业关系，并对案主的状况有了初步了解。接下来，我们会在此基础上对案主存在的问题做进一步分析，评估他们的服务需求，并对案主解决问题的能力和资源进行评定，以便为下一步选定合适的个案工作模式，制订恰当的个案工作计划做准备。

本项目将从个案工作需求评估的概念内涵、需求评估的维度和指标、需求评估的方法和技巧三个方面来讲解个案工作预估阶段的内容和方法，并根据需求评估的结果和个案开展的进程，撰写需求评估报告和个案服务记录。

学习目标

1. 理解需求评估的内涵
2. 熟悉需求评估的指标和维度
3. 掌握需求评估的方法和技巧
4. 熟练撰写需求评估报告、个案服务记录

接案后我们就进入个案工作的预估阶段。它是在初期面谈、收集案主资料的基础上，对案主存在的问题以及案主和环境的互动等方面进行综合的分析判断，形成一个基本评估的过程。经由评估，可为找到解决问题的焦点与方向，制订相应的介入计划奠定基础。

预估阶段的主要目标是收集资料和问题判断，它虽是个案工作过程的第二个阶段，但工作者的预估活动并不是此时才开始的，可以说从个案工作者首次见到案主开始，一直到进一步的会谈和资料收集结束的整个过程，工作者一直在从事评估工作，这是贯串于个案工作始终的一个持续过程，工作者在实施服务方案的过程中，仍在不断的进行评估，对原有目标和服务方案进行补充、修正。

任务1

需求评估的内涵

任务描述

个案工作预估就是需求评估，这是个案工作实务的重要环节，决定着个案工作的方向和策略。需求评估，顾名思义，也就是在服务开展前，针对需求所做的评估。在本项任务中，我们就来学习需求评估及其概念内涵。

任务目标

1. 理解需求评估的概念
2. 区分评估主体和需求类型
3. 明确需求评估的目的

导入活动

Y先生，73岁，未婚未育，独居，患有哮喘和心脏病。Y先生家中堆满了外出捡寻的杂物，屋子里卫生状况很差，异味严重。街道领导、社区干部多次表示出于Y先生个人健康和楼栋公共安全的考虑，要免费帮助Y先生清理杂物，但都被他拒绝了。随后，社区把该个案转介给社工，希望社工能去说服Y先生清理杂物。

社工接到这项任务后，很快去Y先生家里做了探访，了解到Y先生有一个哥哥、一个弟弟、一个妹妹，他与兄弟、妹妹关系和睦，相处融洽。不过他们均有自己的家庭，平日里往来也不算太多。Y先生原先和自己的妈妈居住在一起，直到三年前妈妈去世，一直独居到现在。Y先生如果身体不舒服或是家里有什么事，就会给妹妹打电话，妹妹会立即过来。

Y先生说他妈妈生前也爱往家里捡东西，还说自己是过过苦日子的，所以看着能用的和能卖钱的东西都愿意捡回来。Y先生性格温和，乐观健谈，觉得自己有居处、钱够用、兄妹好、邻里和，没什么困难，对社工的探访、社区和街道的关心及帮助表示感谢，同时也拒绝帮他收拾房间、清理杂物的建议。

讨论：

在上述案例中，街道和社区干部认为Y先生的行为不利于其身体健康和楼栋安全，希望帮助他清理家中杂物。而Y先生认为自己没有这个需求，不接受服务。请问作为社工的你怎么看待这个案例呢？

知识介绍

在社会工作实务中，评估占有重要的地位。在英文中，assessment和evaluation都有评估的含义，不过，assessment一般指事前评判，称为预估；evaluation一般指事后评估。且在中文中，“评估”一词包含了上述两种含义，是指对某一现象进行测度和评价的过程。需求评估在英文中称为“needs assessment”。其中，“needs”意指需求，“assessment”具有知晓、了解、评价、个别化和断定的含义，是运用于所有专业学科中的分析和判断的过程。

由此可见，需求评估是一种事前评估，是指在社会工作服务开始前，采取科学的社会调查方法进行资料收集，以确定案主遭遇的问题、测量他们的需求、评定他们拥有的资源以及面临的阻碍，从而形成下一步工作计划的过程。通常，针对个人和家庭的预估就是需求评估。它是个案工作服务的出发点，工作计划、服务方案、服务执行、服务成效都源自此。需求评估做不好，后续的服务就不可能做好。

从上述对需求评估的概念界定中，我们可以分析出如下概念要素，以帮助我们更好地理解需求评估的含义。

一、评估主体

评估主体通常也称界定主体，即谁来评估、界定服务对象有需求呢？有什么需求呢？埃费把主体界定分为三类：

第一，社会成员界定的需求。社会成员就是我们的服务对象，这是基于调查而进行的需求表述，也就是在需求评估中，服务对象自己对自己存在的需求所进行的界定。例如，案主觉得自己经济状况很糟糕，希望能办理低保。

第二，照顾者界定的需求。照顾者是社会工作者、社区工作者、社会服务人员等人士，照顾者界定的需求是指照顾者收集完相关信息后而总结的需求。例如，社会工作者在探访高龄独居老人时发现，老人家中电线裸露、电器老化、常用药品过期，存在着较大的居家安全隐患，需要及时排查并确保老人居家安全。

第三，实务人员推断的需求。实务人员指政府行政管理者、社会政策制定者、社会研究者等，通过比较分析人口普查数据、社会福利设施使用、服务对象相关资料进而发现案主需求。例如，社会研究者通过调查发现儿童青少年应当要有充足的睡眠时间，其中小学生须保证每天10小时、初中生须保证每天9小时的睡眠。

二、需求类型

评估主体不同，评估界定出的需求也就不同。根据不同的评估主体，我们可以把需求划分为以下类型。

1. 规范性需求

规范性需求是由社会福利服务的专业人员、专家学者或社会行政管理人员依据专业知识和现存规则制定的特定环境下需求内容的标准。例如，教育部印发《义务教育学校管理标准》，全面梳理了我国义务教育学校管理的基本要求，并再次明确“家校配合保证每天小学生10小时、初中生9小时睡眠时间”。当中小学生的睡眠时间不符合标准时，就存在规范性需求。

2. 感受性需求

感受性需求是社会成员自己感受、察觉到的需求。当个人被问到对某种服务是否有需求时，其反应就是感受性需求，这种需求可以通过调查手段获取，是个人主观的感受。比如，案主认为自己缺乏就业技能和就业信息，需要接受就业培训，并获得岗位推荐。感受性需求反映了案主接受服务的意愿，因此在规划和设计服务时要充分考虑案主的感受性需求，以提高服务的针对性和使用率。

3. 表达性需求

表达性需求是社会成员的感受性需求在行动中的体现和发展。例如，失业者积极求职，就业就成为其表达性需求；案主准时参与个案会谈并积极配合，寻求问题解决和个人改变就是其表达性需求。

4. 比较性需求

比较性需求是根据某种特征，与其他个人或家庭相比较而产生的需求。例如，一些服务对象获得了服务，但另一些处境相似的服务对象没有得到同样的服务，后者知道了这些情况后便会产生新的需求。比较性需求可以由案主提出，也可以由专家提出。

由此可见，需求界定者的身份对需求评估结果有重要影响，不同评估主体由于其处境、立场完全不同，因此评估结论可能大相径庭。例如，导入活动中给出的案例，在该个案中，作为街社工作人员根据规范性需求，认为案主有清理杂物、确保身心安全的需求，而案主认为自己有捡拾杂物、睹物思人、情感联结方面的需求，显然二者需求相悖。

如果强调规范性需求，以“照顾者界定的需求”和“实务人员界定的需求”为主，直接邀请个案工作方面的专家，依靠专家的专业知识与经验，对案主存在或可能发生的问题进行专业诊断，结合专业分析指出案主目前的需求，进而提出专家式的问题预防或解决方案，最后通过方案的执行来满足案主需求。虽然这样可以在短时间内发现案主问题，使一些重要问题能在第一时间得到解决或及早采取预防措施，但依靠专家诊断容易引起案主的依赖、被动甚至抵触心理，案主需求难以充分表达，不利于深层次问题的解决，并且容易造成对案主的负面认知，忽视案主能力与现有资源，导致案主产生无力感。而如果偏重感受性需求，较多地采用“社会成员界定的需求”，并注重挖掘案主的优势和潜能，充分寻找有利于案主问题解决和能力发挥的各种资源，更能够体现个案工作助人自助的宗旨。

而当“社会成员界定的需求”“照顾者界定的需求”和“实务人员界定的需求”不一致，甚至出现冲突时，在这种情况下，工作者不能以专家自居，不能以“为了案主好”而坚持自己的判断，而首先应当理解并尊重案主的需求，反思我们的需求与案主需求的差异之处，仔细寻找造成这种差异的原因，并通过进一步的沟通去明确服务需求，达成一致。

三、评估对象

评估对象也可以叫作需求主体，是指社会工作应该使哪些社会主体的需求得到满足，换句话说，就是需求评估要评估哪些社会主体的需求。由于需求评估的最终目标是针对服务对象的需求设计和开展有针对性的服务，因此评估对象其实也就是社会工作的服务对象。

社会工作从其目标模式来看，已从早期补救、治疗的功能发展为如今预防、治疗和发展功能并存；其服务对象也从早期的弱势群体拓展到面向“有需要”的社会大众。因此，个案工作的需求主体包括所有“有需求”的个人和家庭。

四、评估内容

需求评估就是对需求进行的评估。然而，为了全面、深入地了解服务对象的需求，我们不能只看需求本身，还需要围绕需求产生的原因、需求满足的途径等相关内容，从以下三方面进行全面的评估。

1. 问题现状

首先，我们要评估服务对象遭遇的问题现状。服务对象之所以遭遇问题往往意味着他们在某些方面的需求没有得到满足。因此，对服务对象问题现状的了解，可以结合服务对象基本需求的满足情况进行评估。有关基本需求的内容，马斯洛的需求层次理论、阿尔德弗尔的ERG需求理论、多依和高夫的需求理论、托尔的阶段性需求说、埃里克森的人生发展阶段论都有详细的介绍，在此不再赘述。

个案工作服务对象的需求基本上也是这些类型，当他们的这些需求无法得到满足或没有得到充分的满足时，就会出现各种各样的问题。不过，工作者并不是要满足服务对象的所有需求，而且因其专业职责的限制也不可能使服务对象的所有需求一一得到满足。通常，服务对象会遭遇多重的困境，而对其失调的社会功能进行恢复，才是社会工作的主要范畴。

2. 服务需求

在开展需求评估时，我们不仅仅评估服务对象的生存性、生活性、发展性等一般性需求以及其因一般性需求的缺失或无法得到满足而出现的各种问题，更重要的是要知道他们解决问题的需求，也就是服务需求。具体而言，对服务需求的评估包括：服务对象希望问题得到怎样的对待和解决？解决到什么程度？采用什么方式去解决？服务对象希望获得怎样的服务？期望的服务时间、地点和方式？如何获得服务？等等。

3. 优势资源

社会工作强调服务对象自身的潜能激发，强调对资源的整合运用。因此，社会工作者在开展需求评估时，不仅要深入地了解服务对象面临的问题和服务需求，还需要仔细评估有助于服务对象问题解决和需求满足的因素，如案主自身的优势和能力、环境中可调动利用的资源等。

五、评估目的

需求评估是个案工作的基础性任务，在个案工作实务过程中具有重要意义。需求评估的直接目的是通过收集与案主和案主问题有关的客观因素、案主对问题的实际看法感受等主观因素，识别造成和维持案主问题的因素以及案主积极的一面来准确找出服务对象的真实需求。而其最终目的则是要针对服务对象的需求，提出个案工作介入计划，以帮助服务对象解决问题、满足需求。因此，工作者在需求评定的基础上，还需了解服务对象自身的能力和限制以及环境系统可被利用的资源等，选用恰当的理论模式和工作方法，提出适宜于服务对象的工作思路。

课堂练习

请结合本项任务的学习内容讨论导入活动中给出的案例：

（1）在Y先生个案中出现的评估主体和需求类型。

（2）对于街社干部对案主需求的界定和Y先生自己对需求的界定不一致的情况，社会工作者可以怎么做？

任务2

需求评估的指标和维度

任务描述

需求评估是个案工作的重要环节，决定着个案工作的方向。在本项任务中，我们将围绕需求评估的指标和维度，学习在需求评估过程中，工作者应当收集案主的哪些资料，应当如何分析资料，并在资料收集和分析的基础上评估个案服务需求。

任务目标

1. 熟悉需求评估的指标
2. 理解需求评估的维度

导入活动

讨论：

假设有10个人，他们共同面临的问题就是饥饿，那针对这个问题，社工可以做些什么呢？是不是要想办法帮他们填饱肚子，并提升他们的相关能力以避免再次挨饿呢？

分析：

首先，虽然这10个人面临的都是同样的问题，但这个问题发生在10个不同的人身上，他们的感受是不一样的。比如，有些人有胃病、低血糖或是其他身体疾病，很不耐饿，肚子饿了给他们带来了诸如胃痛、头晕、无力等诸多身体症状，严重的甚至会晕倒；而另一些比较耐饿的人，虽然也会觉得肚子空空不太舒服，但饿一会儿就好了，不会有太多身体上的不适。

其次，同样是饿肚子的问题，这10个人饿肚子的原因可能也不一样。比如，有人最近陷入了经济危机，没钱吃饭；有人这几天正遭受病痛的折磨，什么都吃不下；有人近日正在进行严格的饮食控制以期减轻体重；还有人则是因为老伴去世，而自己又不会做饭。

那这个问题怎么解决呢？可能有些人希望立即吃东西缓解饥饿，而有些人则打算继续忍饥挨饿。当然了，想要缓解饥饿的人，他们期望采用的填饱肚子的方法可能也不尽相同。

结论：

如果我们把“遭遇饥饿”视作为案主面临的问题的话，从上述分析可见，“填饱肚子”显然不是应对问题的最佳策略。至于最佳策略是什么，因人而异。而这个找寻个体最佳策略的过程，就是需求评估。

知识介绍

个案工作需求评估（needs assessment）是指在个案工作服务开始前，运用科学的方法进行资料收集，以确定服务对象遭遇的问题、测量他们的需求、评定他们拥有的资源以及面临的阻碍，从而形成下一步工作计划的过程。

从上述导入活动我们不难发现，并非案主肚子饿了，其需求就是要填饱肚子。事实上，虽然不同的人遭遇着看似相同或相似的问题，但由于每个人对问题的看法和感受不同、问题产生的原因不同、成长生活的环境不同、应对困境的资源和支持不同、解决问题的动机和动力不同，因此他们的服务需求也各不相同。

需求评估不是我们“觉得对方怎样”或“对方需要怎样”“应该怎样”，而是要通过科学的调查、分析，即对之进行评估，才能做出恰当的评判，而这个过程，就是我们要学习的需求评估。

一、需求评估的指标

需求评估的指标是指工作者在需求评估过程中，需要收集的资料。具体而言，可以从个人、环境以及交互作用三个层面来进行收集。

（一）个人层面

个人层面主要是围绕个人生理、心理、社会三方面来收集资料。

1. 生理方面

个案工作者了解案主的生理状况，不是像医生一样，为了诊断生理疾病并予以治疗，而是为了评估因生理功能失调而导致的社会功能失调，其重点在于社会功能。因此，工作者在围绕以下指标收集资料时，需要着重考虑案主的生理因素与其社会功能发挥的关系。例如，遭遇失能的案主，其生活自理能力的丧失和自理能力的提升并不是社会工作专业的专长，但案主因为失能而导致社会角色的冲突，进而造成社会适应障碍，这就需要社会工作的介入了，在此情境下，工作者就需有意识的去了解失能造成了哪些角色冲突，如何导致社会适应障碍，与案主的社会功能失调有什么关联。

★ 有无肢体残疾或缺陷。

★ 有无遗传病或长期性疾病以及治疗历程。

★ 生活自理能力。

★ 目前的身体健康状况。

2. 心理方面

心理状态和社会功能往往是相互关联的，当个体面临社会功能失调时，通常会伴随着心理情绪困扰；而个体如若存在认知、情绪、行为、人格等心理问题，通常也会造成个体的社会功能失调。因此，工作者在收集资料时，需要围绕以下指标评估案主的心理状况。

★认知水平。

★人格特征。

★自我概念。

★情绪状况。

3. 社会方面

社会工作强调“人在情境中”，也就是说不孤立地看待个体，而是把个体放在其生活的社会情境中，去理解个体之所以成其然的原因和历程。同样，在协助案主解决问题时，也需要全面考虑案主所处的社会情境。因此，工作者面向案主个人的资料收集，还需要从社会层面出发，根据以下指标，收集了解案主的社会角色信息，评估其社会角色的形成和作用发挥。

★社会角色：如性别、籍贯、政治面貌、民族、宗教信仰、受教育情况、婚姻状况、职业状况、经济水平、性取向等社会角色信息。

★个人成长发展历史等。

（二）环境层面

案主的问题和其所处的环境是紧密相关的，这些环境包括家庭、学校、工作单位、社区、同辈群体等。了解环境对案主的影响以及案主的社会支持系统有哪些，可以帮助工作者全面了解案主的问题和成因，并找到环境系统中解决问题的有利资源和阻碍。

1. 家庭环境

家庭是以婚姻、血缘或收养关系为基础建立起来的社会初级群体，是社会最基本的单位，是人最原始、最根本的环境，也是人接触社会生活的基础。家庭是环境系统中最为重要的构成要素，家庭不仅承担着孩子的养育和最初的社会化重任，家庭还给人以亲密感和归属感，提供情感支持。工作者通常根据以下指标来收集案主的家庭环境信息。

★家庭的类型。

★家庭教养模式。

★家庭成员及其关系。

★家庭内部的交往规则。

上述家庭的类型是根据家庭内部结构的不同而进行的划分，具体包括：一是核心家庭，指由父母及其未婚子女组成的家庭类型，这种家庭规模较小，家庭关系较为简单，是现代社会最主要的家庭形式；二是主干家庭，指由父母与一对已婚子女组成的家庭类型，是核心家庭在纵向上的延伸；三是联合家庭，指父母与多对已婚子女共同生活所组成的家庭类型，至少有两对同代的夫妇。除直系亲属关系外还存在着旁系亲属关系，如妯娌关系等；四是单亲家庭，指父母一方与未婚子女共同居住生活的家庭类型，造成单亲家庭的因素很多，如离婚、丧偶、未婚生育等；五是丁克家庭，指夫妇双方都有收入而没有孩子的家庭类型。除此以外，还有单亲家庭、失独家庭、空巢家庭等家庭结构类型。

家庭教养模式通常有六种：一是娇纵型，指父母对子女盲目溺爱且疏于管束；二是支配型，指父母对子女过分溺爱但同时严加管束；三是专制型，指家长对子女缺少爱心或耐心，管理方式简单粗暴；四是放任型，指家长既缺少爱心、耐心，也缺乏责任感，对孩子放任自流；五是冲突型，指家庭成员间关系紧张、不和谐、家庭气氛失调，价值导向不一致；六是民主型，指家庭成员间互相尊重、平等交流，家长对子女既有约束，又有鼓励。

2. 延伸的环境系统

除了家庭这个环境要素外，还有其他很多重要的环境系统在影响着服务对象的生活，它们可能是造成或是加剧案主困境的因素，也可能是有利于案主走出困境的重要社会支持，因此工作者在收集资料时，还需要围绕以下六个指标来对案主所处的环境做全面深入的了解，以帮助工作者理解案主的状态以及案主为何会有这样的状态。

★ 朋辈群体。

★ 学校。

★ 工作单位。

★ 社区。

★ 文化。

★ 大众传媒。

（三）交互作用

案主的问题也可能出在他与环境之间的交互作用上，即个人与其环境交接的状况。因此，工作者需要把各种系统间的交互作用作为探索的重点，才能对案主的问题有更好的了解。具体而言，社工需要去评估：

★ 服务对象与周围的人是如何建立关系的？

★ 服务对象遇到问题时，他们可以提供支持吗？

★ 服务对象利用这些支持系统的经验和感受是怎样的？

★ 服务对象处理与环境之间关系的能力如何？

二、需求评估的维度

在需求评估过程中，单纯的资料收集是缺乏意义的，工作者需要对收集到的资料，从问题、压力、期望、能力、资源、阻碍六个维度进行分析。

（一）问题

问题维度是分析案主遭遇的困扰，主要包括：案主面临的问题是什么，问题何时出现以及持续的时间，问题的严重程度，问题产生的原因，问题得不到解决的原因，以往解决问题的尝试和效果等。举例来说，如果案主遭遇的问题是“没钱”，那么工作者在资料收集时，围绕问题这一维度，还需要进一步了解：没钱状态是什么时候开始的，是一直没钱还是在某些时段没钱，没钱到什么程度，为什么会没钱，用过哪些方法去赚钱，效果怎么样。

（二）压力

压力维度是分析问题带给案主的影响和感受。具体而言，就是在问题困扰下，案主在生理、心理、行为等方面有哪些压力表现。同样以“没钱”这个问题为例，当工作者了解到案主“没钱”这个问题后，并不是立马针对问题本身得出“给钱”的服务策略，而是要仔细评估“没钱”给案主带来的影响和压力。可能有案主因为自己没钱，而觉得周围的人看不起他，感到自卑；可能有案主子女已到了婚恋年龄，但因家庭条件不好一直未能嫁娶，案主为此感到自责、愧疚；可能有案主一直渴望外出旅游，领略祖国大好河山、美好风光，可因为经济条件限制无法出行，倍感遗憾。可见，同样的问题带给不同的案主截然不同的压力和感受，工作者必须对案主承受的压力了然于心，才有可能更好地识别案主需求。

（三）期望

期望维度是评估案主对问题的解决有何期望，包括解决的内容、解决的效果、解决的时间、解决的方式等。同样，在案主“没钱”的问题情境以及因为没钱而导致的各种压力下，了解案主对“没钱”的困境有何想法和打算、希望自己能有多少钱、有钱后最想做什么、怎么去获得钱、怎么去支配钱等议题，都是在期望维度下工作者要去做的探索，以此评估案主的具体需求，并结合多方考虑把具体需求明确为服务需求。通过这个探索工作者会发现，案主之所以期望有更多的钱，可能是因为他们希望获得别人的尊重、认可，可能是他们希望子女幸福、儿孙满堂，可能是他们希望和社会保持密切的联系而不是被遗忘、抛弃……相比之下，这些需求更为深层次，也更能够转换为个案工作的服务目标。

（四）能力

能力维度是指有利于问题解决和压力缓解的内在能力，包括案主自身的优势、能力以及工作者和督导所拥有的能力。针对“没钱”这个问题，评估了案主的期望后，接下来还需了解如若要达成这些期望，案主自身具备哪些能力、工作者及其团队具备哪些能力。

（五）资源

资源维度指的是有利于问题解决的外部资源，如法规政策、社会支持等。例如，工作者能为案主申请到的政府经济补贴项目、街道开展的再就业培训和再就业岗位、婚姻登记管理中心以及社区为大龄青年开展的交友联谊活动、社区养老服务站组织的春游踏青、社区志愿者的探访陪聊等。这些资源都可能是改善案主经济状况、缓解案主身心压力、满足案主服务期望的重要途径。

（六）阻碍

阻碍维度是指影响问题解决的内外部阻碍因素，包括案主本人存在的认知、行动、能力等缺陷，工作者的能力局限，机构或项目的服务局限，以及外部环境带来的威胁与阻碍。比如，案主希望通过工作自食其力来改善家中经济状况，但因其家中有长期卧床的病人需要24小时照顾，因此案主极度缺乏人身和时间自由。由此一来，可能常规的工作都不太适合案主，而需要结合其面临的阻碍，考虑一些时间灵活并可以居家完成的工作项目。当然，也可以和案主进一步讨论如何对家中卧床亲人进行替代性照顾，以便让案主有时间、精力去做自己想做的事情。

由此我们可以看到，需求评估并不是根据字面理解，仅对案主的需求进行评估。事实上，需求评估不仅要评估案主的问题和需求，更要结合内外在优势和局限进行全盘考虑，才能设计出既有针对性，又有可行性的个案工作服务方案。对此，我们可以借助资源评定表，也称助力阻力分析表、SWOT分析表来帮助分析。SWOT分析表中，根据内外在因素和助力、阻力作用的发挥分为了四个象限，其中S（strengths）表示内在优势、W（weaknesses）表示内在劣势，O（opportunities）表示外部机会、T（threats）表示外部威胁，如图2-1所示。

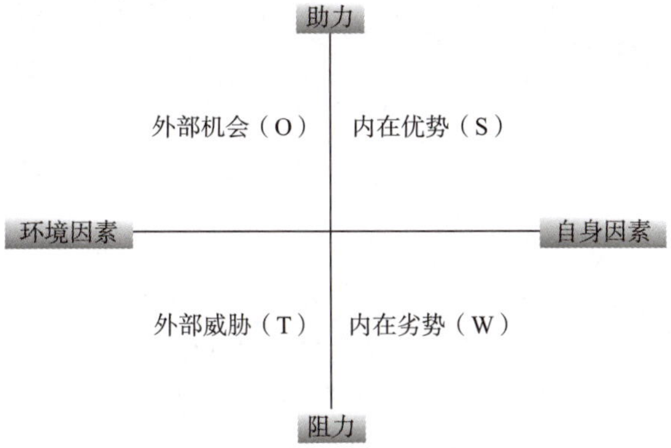

图2-1　SWOT分析法

举例来说，当我们对某位老人进行需求评估时，倘若根据个人生理、心理方面的评估指标，发现他因为疾病而导致失能，因此无法照顾自己、无法正常参与社会活动，进而在心理上产生了极强的挫败感、无用感和孤独感，那么围绕上述六个维度，我们在对这位老人的其他指标进行评估时，就要充分考虑：

（1）问题：老人面临的生理、心理、社会方面的问题是什么？问题怎么产生的？

（2）压力：老人如何看待这些问题？这些问题给他带来了怎样的影响和感受？

（3）期望：老人希望这些问题怎样被解决？

（4）能力：老人曾经为解决这些问题做过哪些努力？效果怎么样？老人自身具备哪些解决问题的能力？

（5）资源：从老人的环境系统来看，有哪些可供利用的资源？

（6）阻碍：从老人自身和其外部环境来看，有哪些不利于问题解决的因素？

同时，绘制资源评定表，以此作为下一步制订服务计划的依据。

活学活用

在“陈先生”的案例中，陈先生对社工说：“我女儿很喜欢你，每次你来她都特别高兴，你以后能不能经常来我家？”对于陈先生提出的服务需求，社工应做何回应呢？

其实，应仔细分析，陈先生的女儿喜欢社工去她家是为什么呢？是不是因为他家经济状况不好、社会地位也不高，一直以来缺乏和外界的沟通联系，不仅缺乏别人的关注关心，甚至还经常遭到他人的白眼。而社工并没有歧视这个家庭，反而给了他们无尽的尊重、关心和帮助，让陈先生的女儿感觉到有人在关心、牵挂着自己，也有了和外界沟通的渠道。因此，案主的这个需求其实是表面需求，它反映出的是案主及其家庭的社交需求以及被尊重的渴望。

课堂练习

请根据接案报告撰写任务中呈现的“小颖”个案，围绕需求评估的指标和维度，试着拟一份此个案要收集的资料清单。

任务3

需求评估的方法和技巧

任务描述

学习需求评估的方法，掌握用会谈、调查表、观察、查阅现有资料等方法进行资料收集和分析的技巧；学习需求评估的技巧，掌握家谱图、生态系统图的绘制方法。

任务目标

1. 能用会谈、调查表、观察、查阅现有资料等方法进行资料收集和分析
2. 掌握会谈的支持性、引领性、影响性技巧
3. 熟练绘制家谱图、生态系统图

导入活动

活动1:

游戏内容和规则：选择两幅几何组合图形，选取一位同学作为图片描述者，其他同学为画图者。

（1）描述的人只能背对其他人，不可转身，有30秒思考时间。

（2）描述第1图时，台下学员只允许听，不许提问。

（3）描述第2图时，学员可以发问。

（4）每次描述完，描素者统计自认为对的人数和实际对的人数。

游戏结束后，组织并引导学生讨论：

（1）在画图的时候有什么难度呢？

（2）前后两幅图画的如何呢？

（3）描述着在描述时的感受如何呢？

（4）你认为是什么原因影响了你画图的效果呢？

活动2:

（1）邻座的两个同学1组，背靠背，自由聊天1分钟。

（2）邻座的两个同学1组，并排坐，眼睛直视前方，自由聊天1分钟。

（3）邻座的两个同学1组，相对而坐，注视对方，自由聊天1分钟。

以上3种聊天方式给你带来了怎样的体验呢？

知识介绍

在上一项任务里，我们学习了需求评估的指标和维度，明白了在需求评估中应当收集哪些资料。那么，我们怎么样才能获取到这些资料呢？接下来我们就来学习需求评估的方法和技巧。

一、需求评估的方法

（一）会谈法

个案会谈是个案工作中工作者与案主面对面的有目的的专业谈话，它并不是日常生活中随意的聊天，而是社会工作者为了帮助案主达成既定目标，采用多种会谈技巧完成的。预估阶段的会谈主要是围绕上述需求评估指标和维度，收集案主相关信息并进行分析，通常有自我陈述和对答两种方式，前者针对案主的个人经历和内心感受，邀请案主按照自己喜欢的方式讲述自己的故事和情况；后者对于一般性情况，采取严格的对答方式，以保证信息的完整性。在会谈过程中，还可以通过如下技巧来帮助案主进一步建立对工作者的信任，从而愿意敞开心扉倾诉宣泄、自我探索。

1. 支持性技巧

工作员通过话语及身体语言的表达，令案主感受到被尊重、被明白、被接纳，从而建立信心的一系列技巧。在预估阶段，工作者与案主的专业关系建立得还比较浅，案主对工作者还缺乏深度的信任，还不太敢敞开心扉去谈论自己。支持性技巧的运用，可以帮助案主开启话题，令案主在没有压力的情况下表达自己的感受和看法，主动参与谈话。

（1）表达专注。专注是指工作者面向案主、愿意和案主在一起的心理态度。工作者的专注可以给案主带来安全感，稳定案主的情绪，令案主更容易敞开心扉；可以缩短工作者与案主的心理距离，促进良好的专业关系；还有利于工作者全面观察、了解案主。工作者可以通过“SOLER原则”体现关注，表达出愿意和案主一起的态度：

S（squarely）面向案主：工作者以一种参与的态度面对案主，这种表现意味着“我愿意帮助你”“我愿意留在这陪你”。面向案主的角度可以视当时情况而适当调整。

O（open）开放的姿势：工作者开放的姿势，意味着对案主及案主所说的事采取接纳的态度。开放的姿势表现在双手放开而不是抱住双肩。

L（lean）上半身适当向对方前倾：工作者坐在椅子上，上身略微前倾。前倾的姿势意味着“我对你和你说的话感兴趣”“我对你是友好的”，而后倾的身体姿势则传递着“不耐烦”“不管我的事”的信息。但是，要注意前倾的角度不要过分，否则会令案主不舒服，或感到压迫和威胁。

E（eye）良好的视线接触：会谈中工作者应与案主保持稳定、坦诚的视线接触，而不是眼睛盯在别处或四处巡视，否则会让案主觉得你心不在焉，或你不愿意与案主发展这种亲密的关系。但工作者也不要目不转睛地盯着案主不动，可以想象，在这样的视觉压迫下，案主是不可能保持轻松开放的心态与你谈话的。

R（relax）放松状态：工作者的放松状态能给案主营造出一个轻松、自在的氛围，否则会使案主更加紧张、焦虑。

（2）倾听。倾听不是不动脑筋随便听听，而是全神贯注地、用心地听。在听的过程中，不能随便打断案主的话，不能插入自己对会谈内容的评价。倾听不单要听案主的话语信息，还要注意观察案主的姿态、表情、动作等非语言信息，由此来解读隐藏在话语背后的信息。

（3）同感。同感指社会工作者能够体会案主的情绪感受，也能敏锐、正确地了解这些情绪感受所代表的意义，并且能把这种了解传达给案主，它既包括对案主的体悟，也包括体悟的传达。一般而言，工作者在倾听过程中，可以用“嗯”“哦”“原来这样啊”“我明白了”等语言，伴随着和案主表达的内容以及情绪相近的表情，如微笑、皱眉、严肃、叹气等，都能够传递出“我能理解”“我能感受到”这样的信息。

（4）鼓励支持。鼓励支持指工作者通过恰当的语言和肢体动作，鼓励案主继续表达他们的看法和感受。工作者在倾听案主谈话时，如发现案主沉默、逃避目光接触、吞吞吐吐等情形，应给予及时鼓励，例如说“请继续”“你说的很好”，或者采用微笑注视、点头、用手示意等身体语言进行鼓励。

2. 引领性技巧

工作员引导案主具体、深入地探索自己的经验、处境、问题以及对人、对事、对世界的看法的技巧。运用此技巧的目的是促进案主在相关主题上作较为具体、深入、有组织性的表达和探索，增进工作者对案主的认识和了解，协助案主作深入的自我探索以达到更深的自我觉知，推动会谈的进程。

（1）澄清。澄清是指工作者引领案主对模糊不清的陈述作更详细、清楚的解说，使之成为清楚、具体的信息。通常案主来求助时，他们的情绪往往比较激动，在阐述中有时给出的信息是不连贯、不完整的，因而需要予以澄清。这也是鼓励案主进一步描述自己的思想、情感和行为等更深层次方面的技巧。通常，我们利用这样的询问来训练这一技巧，如“特别是当你提到……你的意思是……?”“请你对……做详细描述好吗?”“你刚谈到的……是指什么呢?”

（2）对焦。将游离的话题、过于广泛的讨论收窄，找出重心继续讨论。对焦可以使会谈减少跑题、多头绪的干扰，使会谈能够集中在相关主题上进行深入、具体的讨论。

（3）摘要。将案主长的谈话、多的内容加以整理，概括归纳，做重点摘述。此技术的运用，可以帮助案主厘清自己混乱的思路，突出案主在想法、感受、行为、经验上的特点和模式，促进案主对自己有较清晰的了解。

3. 影响性技巧

工作员影响案主从新的角度或层面理解问题或采取其他方法解决问题的技巧。个案会谈不仅是倾听和同感的回应，也是帮助案主发生改变的前奏，案主要解决其面对的困难和问题，必须在认知、情绪、行为等方面做出改变。而发生怎样的改变和如何改变，需要工作者的影响和帮助。

（1）提供信息指工作者基于专业特长和经验，向案主提供所需要的知识、观念、技术、资源等方面的信息，包括提供案主不知晓的新信息和帮助案主改正已有的错误信息。

（2）自我披露指工作者选择性地向案主披露自己的亲身经验、处事方法和态度等。一方面使案主感受到工作者的真诚；另一方面使案主能够借鉴他人的经验作为处理自己问题的参考。

（3）对质指工作者发觉案主的行为、经验、情感等有不一致的情况时，直接发问指出其身上存在的矛盾，目的在于协助案主促进对自己的感受、信念、行为及所处境况的深入了解，激励案主放下自己有意无意的防卫心理、掩饰心理来面对自己。但由于这种方法带有攻击性，可能会导致一定的危机，因而其使用有一定的先决条件，即在专业关系中已经产生了接纳、尊重、同感、真诚和温暖，否则工作者要慎用对质。

（4）建议指工作者对案主的情况、问题有所了解和评估后，提出客观、中肯、建设性的意见。

（5）忠告指出案主行为的危害性或案主必须采取的行动。

（二）问卷法

问卷是工作者收集资料的一种常用方法，特别对于一些涉及隐私或者不便于在他人面前表达的资料，以及用来测量人们的行为、态度和状态特征的资料采用问卷收集比较方便。根据调查问题的安排方式，可以把调查问卷分为结构式调查问卷和非结构式调查问卷两种。结构式调查问卷有预先设计好的固定的调查问题和调查问题的答案选项，调查对象只需挑选其中认为正确的答案。这种调查问卷比较适合收集有明确答案且比较容易识别的资料。非结构式调查问卷只有预先设计好的固定的调查问题，但没有调查问题的答案选项，调查对象需根据自己的理解填写调查问题的答案。这种调查问卷比较适合没有明确答案的开放问题的资料收集，特别是涉及价值原则和意义理解的调查问题，就需要运用这种调查。

值得一提的是，工作者可以根据服务项目特点自行设计调查问卷，也可以选用规范的量表工具用于资料收集。接下来，给大家介绍一些在个案工作需求评估中常用的量表以供参考，量表具体内容详见附录2。

1. 生理方面

如果案主是残障人士或老年人，可以用《工具性日常生活活动能力评估量表（IADL）》测量其独立生活能力，还可以用《基本日常生活活动能力评估量表（ADL）》测量其失能程度。

2. 心理方面

工作者可以借助《中国比内测验》《智能状态测验（MMSE）》《简化版认知量表（SPMSQ）》评估案主的认知水平；通过《明尼苏达多项个性调查表（MMPI）》《卡式16种人格因素测验（16PF）》《艾森克人格问卷（EPQ）》等评估案主的人格水平；采用《90项症状清单（SCL-90）》《抑郁自评量表（SDS）》《焦虑自评量表（SAS）》等评估案主的情绪状况。

3. 社会方面

通过《生活事件量表（LES）》，工作者可以较好地了解案主经历过的重大生活事件以及这些事件对案主的影响，从而更好地理解案主的处境和困扰。

4. 环境层面

此外，还可以通过《社会支持问卷（SSQ）》《社会交往调查表（ISSI）》《社会支持评定量表》等工具，了解案主的环境系统相关信息。

（三）观察

运用观察收集资料也是社会工作者经常运用的一种资料收集方法，特别对于那些涉及人与人之间互动交流或者与个人生活场景紧密关联的资料，最好采用观察的方法，因为对这些资料把握依赖个人的观察、推断和理解。根据参与的方式，可以把观察分为参与观察和非参与观察。

1. 参与观察

参与观察是社会工作者在观察过程中直接参与观察对象的活动。这种观察方式让社会工作者与观察对象有直接的互动和交流，比较适合那些有关服务对象或者周围他人内心想法和感受的资料收集。不过参与观察也容易受到社会工作者自己的主观偏好的影响。因此，社会工作者在使用这种方式收集资料时，需要时刻提醒自己，区分自己的看法与他人看法的差别。

2. 非参与观察

非参与观察是社会工作者在观察过程中不直接参与观察对象的活动。由于社会工作者不直接与观察对象进行互动，因此这种观察方式只依赖社会工作者自身的观察和分析，只适合那些可以通过外部观察就可以察觉到的现象，如服务对象与周围他人的沟通方式等，就可以运用这种观察方式。

一般情况下，在观察之前，社会工作者都需要制定观察大纲，明确自己需要观察的主题、内容以及观察使用的方式等情况。

（四）现有资料的运用

在实际的服务过程中，除了通过社会工作者的努力直接记录和收集一些资料外，通常还有一些现成资料也需要社会工作者的关注，它们也是帮助社会工作者了解服务对象和服务成效的重要资料。根据资料呈现的方式，可以把这些现成的资料分为文献记录和实物两类。

1. 文献记录

文献记录是有关服务对象日常生活状况的文字记录，如学生的成绩单、低保家庭的低保证明、医院的健康检查证明等，都属于这种类型的资料，它们是社会工作者了解服务对象日常生活状况的重要资料。

2. 实物

实物是服务对象与周围环境互动过程中留下的能够呈现服务对象生活状况的资料，如服务对象的学习作品、服务对象所做的环境布置等，就属于这种类型的资料。通过观察和分析这些资料，社会工作者就可以了解服务对象的内心状况，掌握服务对象所具有的能力。

需要注意的是，在实际服务中，社会工作者通常根据实际需要综合运用这些不同的资料收集的方法。

二、需求评估的技巧

除了上述需求评估方法外，我们还可以用到以下技巧来帮助我们收集、分析并记录资料。

（一）家谱图

案主的家庭信息通常是个案工作者要重点了解的方面，但由于家庭层面涉及庞杂的人员和代际关系，信息量巨大，因此我们需要一个简单、省时的工具来帮助我们对这些信息做一个快速的概览，厘清家庭的结构和家庭成员的关系，这个工具就是家谱图。家谱图又叫家庭树，是家庭关系的图示，一般用来了解家庭的历史、婚姻、死亡等家庭重要事件以及家庭沟通和互动方式，并评估家庭对案主的影响和支持。具体而言，我们可以这样绘制家谱图：

家谱图绘制

1. 个人信息

★□表示男性，○表示女性。

★在□和○旁写上数字，表明各自的年龄，还可以写上各自的名字。

★已死亡的家庭成员，则在代表他/她的□或○内打×。

2. 配偶关系用连线

★实线“——”代表已婚，M表示结婚，M′加数字表示结婚时间。如下图M′75表示1975年结婚。

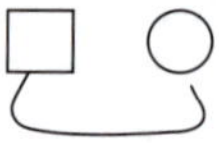

M′75

★虚线“----”代表生活在一起，通常表示未婚关系。

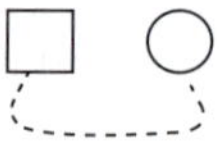

★实线加一条反斜线“/”代表分居，S表示分居，S′加数字表示分居时间。

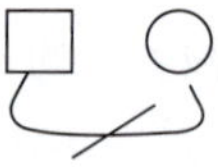

M′75　S′85

★实线加两条反斜线“//”代表离婚，D表示离婚，D′加数字表示离婚时间。

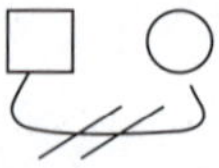

M′75　D′90

3. 从配偶关系线段衍生下来的符号，表示由此关系而诞生的下一代

在同一代际中，根据成员年龄由高到低排列，年龄大的在左边，年龄小的在右边。下图表示夫妇结婚后，先生育了一个女儿，再生育了一个儿子。

4. 家庭成员关系

★两条实线里连接，表明这两位家庭成员关系密切。

★三条实线连接，表明关系特别紧密，甚至出现纠缠。

★曲线则表明这两位家庭成员是冲突关系。

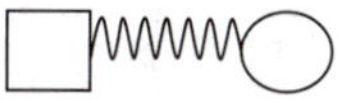

★虚线表明家庭成员疏远或松散的关系。

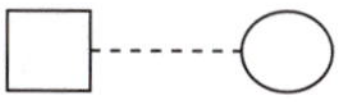

★实线上有两条竖线，则代表关系不和或中断。

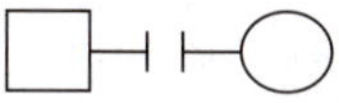

（二）生态系统图

生态系统图是根据生态系统理论发展而来的，展示了服务对象的社会环境，清晰地呈现出个人、家庭、群体、社区及社会系统之间的相互作用和影响，有效地将服务对象与外在环境系统的关系通过图形的形式勾勒出来，直观地描述了案主的社会功能，表现了案主与这些系统的关系，呈现出可使用资源的相关信息。具体来说，我们可以这样绘制生态系统图：

生态系统图绘制

（1）用圆圈“○”把案主的家庭系统表示出来，并将案主置于圆圈中的家庭系统里。

（2）将案主及其家庭的社会环境系统用方形“□”表示出来，包括人和团体、组织、机构等。

（3）用线段将各系统连接起来

①图形间的距离表示了关系的亲疏远离。

②连接图形的线条构成代表关系的本质。

★实线“——”代表关系紧密。

★虚线“----”表示关系疏离。

★曲线“~~”表示关系有问题、有张力或关系紧张。

★实线上有两条竖线“—||—”，则代表关系不和或中断。

★系统间关系线条的箭头则表示关系的方向性。单箭头表明关系是单向的，双箭头表明关系是双向的。

活学活用

（1）请结合个案工作的相关知识、技巧，分析在“陈先生”的案例中，以下社工的回应。

①案主：“我是家里的累赘，我真想死了算了。”

社工：“你不能这么想，你这么想太自私了，你的家人不会觉得你是负担的，他们需要你，你不在了，家人怎么办呢？”

分析：批判案主，不能理解其感受和处境。工作者应该澄清案主为什么觉得自己是累赘，为什么想要自杀。当案主觉得自己一无是处，处境糟糕透顶时，会看不到解决问题的希望和途径。倘若工作者能引导案主描述其自杀的原因，让其认识到是因为这些具体的困难让他产生了无望感，而困难都是可以去解决的，都是可以控制的，那就会激发案主的改变动机。

②社工：“我最想帮你解决的是你妻子的收入问题。”

分析：不是社工觉得，而应是案主觉得希望有哪些改变。

③案主：“我是家里的负担，真想死了算了”

社工：“我们可以为你提供手工培训。”

案主：“一个大男人，做手工，太丢脸了吧！”

社工：“但这样就可以为你家庭增加收入了。”

案主：“不行，我觉得不好，太丢脸。”

社工：“没什么，你有了收入就不会觉得自己是家庭的负担了。”

分析：工作者想当然的认为案主想死是因为没有收入，而一旦他有了收入就不会觉得自己是负担，也不会有自杀的念头了，因此一厢情愿的给案主提供建议。对于案主的感受和看法，工作者也是予以否定，完全从自身的立场出发去劝导案主，而不是站在案主的立场，理解他、接纳他。

④社工：“请问你有什么困难呢？”

案主："每天无聊得很，只能睡觉。"

社工："我觉得你可以多参加小区的娱乐活动，如打麻将，跳舞什么的。"

案主："腿都没了怎么跳。"

分析：工作者完全没有了解案主的需求，就自作主张给出建议，并且根本没考虑案主的身心状况，使得案主很生气。

（2）对于"陈先生"的案例，假设工作者要到其家庭去做探访，那么首先要明确探访的目的。

如果工作者打算全面地了解一下这个家庭的情况，就可以和家里其他成员聊聊，看看他们对于陈先生和自己家庭遭遇的问题及需求有什么看法，家庭成员的描述是否一致等。

如果工作者打算帮助案主建立或巩固社会支持系统，就可以在家庭中通过观察家庭成员的关系，询问他们对案主的态度和对问题的看法以找到对案主问题解决及能力恢复有利的家庭成员。例如，当工作者询问陈先生的家人："陈先生之前告诉我说他想找点事做，赚点钱减轻家庭的负担，你怎么看呢?"陈先生的家人可能有几种不同的回应，一种是"他一个废人，能做什么"。另一种是"他身体都这样了，我怕再找点事做他会吃不消……就当我上辈子欠他的吧，这辈子慢慢还"。也可能是"挺好的，这样他也能转移下注意力，不用总在家里东想西想的了"。显然，家人不同的回应能体现出对陈先生不同的态度和支持程度。同时，工作者还需家庭成员明白，要使案主的问题得到妥善解决，家人的理解和支持非常重要。工作者不仅要对陈先生的家人表达同感，还要邀请他们参与到与社工的合作中的来，为陈先生的转变创造良好的家庭支持环境。

如果工作者打算做一个家计调查，以评估其经济困难程度，就可以通过观察陈先生家的居住环境、住房条件、房间摆设、家具及家用电器的数量和新旧等大体上了解其经济情况。工作者还可以从一些生活琐事聊起，如"热不热呢?""屋子里没有空调，夏天怎么降温呢?"来了解家人的生活情况和应对能力。

另外，工作者在做探访时，也需要向陈先生的家人介绍自己的身份，并询问如何称呼他们。同时，也避免把陈先生家人"问题化"，用"来看看你们"代替"全面了解陈先生的问题"之类的表达。

案例分析

ZH，性别男，未婚，1976年6月出生，重庆渝中区人，因出生时缺氧导致大脑受了影响，后被相关机构评估为智力障碍三级。因智力障碍，ZH没读多少书，但他的兴趣爱好非常广泛，喜欢跳舞和音乐，现在在重庆市某智障人士职业康复训练中心参加艺术团等兴趣小组。ZH的父母在其16岁时离婚了，ZH一直跟着母亲居住，后其父又因病去世。近来，ZH看到康复训练中心很多同学都就业了，于是主动找到社工寻求帮助，想要获得一份星级酒店洗衣坊的工作。社工通过以下方式评估这项工作的能力需求，并根据岗位要求对案主开展相应的培训和就业支持服务。

身心障碍者社区化就业服务工作分析表

使用说明：

（1）本表初次使用于开发工作机会时，依据雇主的要求或说明，完成该职务所需要的工作分析，并视需要用于就业服务员实际现场试做后做必要的修订。

（2）本表主要用于评估工作本身的特性及完成工作所要求的条件。请针对每一题项，根据对该工作的观察及由雇主所提供的资料，选择最符合此工作性质的选项，并在工作分析一栏中写下该选项的号码。

就业服务单位		重庆某残障人士职业康复训练中心			
公司名称		重庆某五星级酒店	职务名称	洗衣坊工人	
就业服务员		ZH	填表日期		
岗位简述		收脏布草、叠毛巾			
领域	工作要求	选项		工作分析	备注
一、功能性学科能力	1. 功能性阅读	（1）不需要 （2）需要简单阅读标志、符号 （3）需要简单阅读标语、短文 （4）需要流利阅读		3	
	2. 功能性算数	（1）不需要 （2）需要简单数数 （3）需要简单加减 （4）需要复杂计算		3	
	3. 功能性书写	（1）不需要 （2）需要表格记录 （3）需要简单书写（如姓名、住址） （4）需要文书作业		3	
二、工作表现	4. 判断力（可复选）	（1）需要判断对错/好坏 （2）需要判断数量多少 （3）需要判断物件的轻重 （4）需要判断事情先后缓急 （5）其他（如干净/脏，开始/结束）		5	
	5. 辨别能力（可复选）	（1）不需要 （2）需要辨别形状 （3）需要辨别大小 （4）需要辨别颜色 （5）需要辨别方位		4	

续表

领域	工作要求	选项	工作分析	备注
二、工作表现	6. 特殊专业技能（可复选）	（1）不需要 （2）打字 （3）电脑使用 （4）使用一般办公设备（如电话、传真机、影印机） （5）其他（请在备注栏说明，如计算机、收银机）	4	
	7. 感官功能（可复选）	（1）需要听觉辨别 （2）需要视觉辨别 （3）需要嗅觉辨别 （4）需要触觉辨别	1	
	8. 上肢体活动	（1）仅需以单手手指从事简单操作（□左手 □右手） （2）仅需以双手手指从事简单操作 （3）可以单手操作，包括单手臂及手指动作 （4）必须双手操作，包括双手臂及手指动作	4	
	9. 下肢体活动	（1）不需要，只需要在区域内站或坐 （2）需要上下楼梯或跨越小障碍 （3）需要大量肢体活动，进出内外	3	
	10. 移动要求（可复选）	（1）坐着，工作时保持坐姿，甚少站立或移动 （2）站立，工作地点双脚保持站立 （3）走动，常要平面移动工作位置 （4）搬动，搬动重物、货物 （5）攀爬，上下楼梯、梯子等	2	
	11. 力气：举重与搬运	（1）非常有限，2千克以下 （2）有限，4～10千克 （3）一般，13～18千克 （4）吃重工作，20千克以上	2	
	12. 耐力：需要持续工作	（1）2小时以内 （2）2～4小时	2	
	13. 工作速度/产量	（1）没有规定标准速度 （2）须达到标准速度	1	

续表

领域	工作要求	选项	工作分析	备注
二、工作表现	14. 工作活动范围	（1）只需在一个小区域内活动 （2）需在一个房间内行动与工作 （3）需在几个房间内行动与工作 （4）需在整栋建筑物内行动与工作 （5）需进出户内、户外活动与工作	3	
	15. 交通工具使用	（1）不会使用任何交通工具 （2）可以驾驶单车 （3）可以驾驶机车 （4）可以驾驶汽车 （5）其他	5	
	16. 职务流程	（1）一次只能做一件事 （2）能连续做2～3件事 （3）能连续做4～6件事 （4）能连续做7件事以上	2	
三、工作态度	17. 主动工作性	（1）有员工引导下工作 （2）必须自己主动开始工作	1	
	18. 时间观念	（1）时间因素不重要 （2）必须知道何时休息与进餐 （3）必须知道何时开始与结束工作 （4）必须知道何时该做哪一件工作指导休息与进餐	3	
	19. 工作专注性的督导	（1）无法提供工作督导 （2）能偶尔提供工作督导 （3）能经常提供工作督导	2	
	20. 对事物的挫折容忍力（可复选）	（1）没有特殊的工作压力 （2）有来自工作量要求的压力 （3）有来自工作品质要求的压力	3	
	21. 出勤状况	（1）必须以规定倒班工作，不允许经常缺席 （2）可以接受每月请假半天至一天 （3）可以接受每月请假二天至三天 （4）可以接受每月请假四天以上	3	

续表

领域	工作要求	选项	工作分析	备注
三、工作态度	22. 工作时间（可复选）	（1）需要周末工作 （2）需要晚上工作 （3）需要半职工作 （4）需要全职工作 （5）需要排班（轮班）工作 （6）需常加班工作	3	
四、社会能力	23. 交通工具（可复选）	（1）公司提供交通车 （2）可利用身心障碍者交通服务 （3）可利用公车路线 （4）无上述交通工具，需自行负责	3	
	24. 对人的挫折容忍力（可复选）	（1）没有人际的压力 （2）有来自同事竞争的压力 （3）有来自上司领导的压力 （4）有来自他人批评的压力	4	
	25. 独立工作	（1）不需要 （2）需要不定期一个人作业 （3）需要长期一个人作业	2	
	26. 合作/团队精神	（1）不需要 （2）工作需要与他人共同完成 （3）工作需要与他人分共完成	1	
	27. 社交能力	（1）不需要 （2）工作需要与他人互动	2	
	28. 日常行事的变动性	（1）没有变动 （2）2～3件事的变动 （3）4～6件事的变动 （4）7件事以上的变动	1	
	29. 仪容	（1）不特别强调 （2）整洁即可 （3）很重视仪容	2	

续表

领域	工作要求	选项	工作分析	备注
四、社会能力	30. 沟通	（1）偶尔/有限 （2）需要重要字词或手语沟通 （3）需要使用句子口语沟通，但可接受不清晰语言 （4）需要使用句子清晰完整的口语沟通	1	
	31. 异常行为的接纳	（1）接受许多异常行为 （2）接受少数异常行为 （3）不接受异常行为	2	
五、其他	32. 薪资	（1）基本工资以下 （2）基本工资2000元 （3）2001～3000元 （4）3001～4000元 （5）4001元以上	1	
	33. 学历证照（可复选）	（1）不需要 （2）高中职 （3）大专（科系：__________） （4）需要证照	1	
	34. 职务再设计的支持（可复选）	（1）不能接受职务再设计 （2）能够接受职务的调整 （3）能够接受辅具的使用 （4）工作环境无障碍	2	
	35. 对自然支持的需求			无
	36. 其他要求（请说明）			无
评估结果	工作待遇、内容、环境、交通等条件较适合何类障别案主就业（可复选） □视觉障碍 □听觉障碍 □平衡机能障碍 □声音或语言机能障碍 □肢体障碍 ☑心智发展障碍 □重要器官失去功能 □颜面损伤			
补充说明				

课堂练习

案例1：

钟老太，76岁，文盲，与8岁的孙子住在一狭小的公屋里，每月靠领取香港政府综援度日。社工某日去钟老太家探访，看到狭小的公屋虽连转身都异常困难，但地板却光亮干净，床铺收拾得很整洁，所有物品也都摆放得井井有条，房间里还有淡淡的香气。

案例2：

沈女士，35岁，大专文化，单亲妈妈，同4岁的女儿租住在一狭小的板间屋，每月靠领取香港政府综援度日。社工某日去沈女士家探访，看到房间里1张大床占据了2/3的空间，床上散乱的堆着未叠的被子以及母女俩的衣物，分不清哪些是干净的哪些是脏的。床边的小茶几上有一个污迹斑斑的电饭煲，里面泡着没有刷洗的碗筷，看样子泡了好几天了，开始散发着阵阵难闻的味道。社工给沈女士的女儿带去了一些零食，沈女士拿剪刀把零食包装袋剪开后，就把剪刀随意放在床上，任由女儿在床上跳来跳去。

在社工探访的2个家庭中，通过社工观察到的信息，你能看出些什么呢？

任务4

撰写需求评估报告

任务描述

需求评估结束后，工作者需要及时撰写需求评估报告，以此记录案主个人以及环境系统的相关信息，列出案主遭遇的困境，分析问题给案主带来的压力和影响，评估案主的服务需求，并找寻有利于服务需求满足的内在能力和外部资源，识别相关阻碍因素，通过全方位的考量来形成下一步的工作计划。

本项任务中，我们就来学习如何撰写需求评估报告。

任务目标

1. 了解需求评估报告的格式
2. 掌握需求评估报告的撰写方法

知识介绍

接案报告是工作者在同案主初步接触时，通过对案主的基本了解和初步评估而撰写的报告。通常包括如下内容。

一、基本信息

记录开展需求评估的时间、地点，选用的需求评估方法、采用的评估工具、评估对象以及评估人等基本信息。

二、案主资料

此部分为客观记录需求评估过程收集到的指标信息，通常包括个人层面、家庭层面、环境系统。

（一）个人层面

（1）生理状况：描述案主身高、体重、体型、健康状况、自理能力等生理状况。

（2）心理状况：描述案主的心理、情绪、认知和精神状况。

（3）社会角色：记录案主的职业、身份、收入等体现其社会角色的信息。

（二）家庭层面

这一部分主要描述案主的家庭情况。通常工作者可以绘制家谱图来表现案主的家庭结构和成员关系。

（1）家庭结构：描述家庭的结构形式，如核心家庭、主干家庭、联合家庭等。核心家庭指一对夫妇和未婚子女生活在一起组成的家庭；主干家庭指一对夫妇和一对已婚子女生活在一起组成的家庭；联合家庭指夫妇和多对已婚子女生活在一起组成的家庭。

（2）家庭成员及相互关系：描述和案主相关联的家庭成员以及成员的关系。需要注意的是，成员的关系不是指他们的血缘、姻缘或是代际关系，而是指成员之间关系的好坏，即关系的亲疏远离。

（三）环境系统

环境系统有很多，在需求评估报告中不需要面面俱到，工作者重点是记录能体现案主社会交往、社会关系和社会支持的环境信息。

三、问题评估

（1）描述问题：简要描述案主遇到的问题是什么。

（2）分析问题：分析问题产生和得不到解决的原因。

四、案主期望

记录案主希望这些问题怎么解决呢？解决到什么程度呢？在什么时间解决呢？用什么方式解决呢？描述案主的服务期望。

五、能力分析

（1）案主自身的能力：分析案主自身蕴藏的解决问题的能力。

（2）工作者及背后团队具备的能力：分析工作者及其团队所具备的能力。

六、资源评定

（1）案主拥有的资源：分析案主的社会支持系统所能提供的支持和资源。

（2）工作者能链接到的资源：评定工作者针对案主需求满足能整合到的资源。

七、阻碍因素

（1）内部阻碍：分析影响问题解决和需求满足的内部阻碍。

（2）外部阻碍：分析影响问题解决和需求满足的外部障碍。

八、跟进计划

通过上述问题和需求分析，助力和阻力评定，工作者简述下一步的服务思路和计划。需要提醒的是，随着工作者与案主互动的深入，案主所呈现的问题和需求可能会出现一定的变化，有利于案主问题解决的资源或者阻碍问题解决的因素也会相应出现变化，因此跟进计划也需及时做出调整。

需求评估报告也可以参考如下模版：

需求评估报告

一、基本信息

评估时间：________________　评估地点：________________

评估方法：________________　评估工具：________________

评估人：________________

二、案主资料

（一）个人层面

1. 生理状况

2. 心理状况

3. 社会角色

（二）家庭层面

1. 家庭结构

2. 家庭成员及相互关系

（三）环境系统

三、问题评估

1. 问题描述

2. 问题分析

四、案主期望

五、能力分析

1. 案主自身的能力

2. 工作者及背后团队具备的能力

六、资源评定

1. 案主拥有的资源

2. 工作者能链接到的资源

七、阻碍因素

1. 内部阻碍

2. 外部阻碍

八、跟进计划

活学活用

以下是针对“陈先生”的案例进行需求评估后，工作者撰写的需求评估报告：

需求评估报告

一、基本信息

评估时间：2019年10月21日　评估地点：陈先生家

评估方法：会谈、调查量表　评估工具：情绪等级量表

评估人：××社工

二、案主资料

（一）个人层面

（1）生理状况：高位截肢，长期卧床。

（2）心理状况：抑郁、痛苦、自责、精神状态不好。

（3）社会角色：陈先生原是一名出租车司机，后因车祸导致截肢，目前是失业状态。

（二）家庭层面

陈先生家有四口人，陈先生、陈妻、陈母和陈先生女儿。

陈先生与妻子自由恋爱结婚，婚后感情较好，婆媳相处融洽。陈先生发生意外后，陈妻不离不弃，独自赚钱支撑家。但陈妻因文化较低，且要兼顾照料家庭，因此收入仅够糊口。

陈母80高龄，患糖尿病多年，平日自行服药。白天媳妇外出工作，照料儿子和孙女的任务便由陈母承担。近日陈母病重住院，媳妇只得停下工作，医院家里两头跑。陈母担心自己去世后，陈先生和孙女没人照顾。陈母既感激媳妇对家庭的操劳，也担心媳妇会抛下自己的儿子和孙女。

陈女有先天的智力障碍，但全家人都视其为掌上明珠，对她非常宠爱。陈女也乖巧善良，不给家人惹事。陈女想要读书，但学校因其智力原因要求家人陪读，陈家无法满足条件，因此陈女读书一事便被搁置了。

（三）环境系统

陈先生有两个哥哥，住在本市。陈先生原本和哥哥关系尚可，两个哥哥也孝顺陈母。陈母从小就对幺儿，也就是陈先生偏爱有加，陈先生女儿出生后，因其智力障碍，陈母对陈先生家帮衬较多，陈先生遭遇车祸后，陈母更是搬来与他们同住，并把自己的积蓄和退休金都贴补给了陈先生一家。陈母的做法招来了哥嫂极度的不满，认为陈母过于偏心，且陈先生既然占了好处，就该承担陈母的赡养责任。此后，陈先生与哥哥们几乎没了往来，哥哥们也不来看望陈母。

陈先生出事后，以往的同事、朋友、同学来看过他一次后，几乎也都断了联系。

三、问题评估

1. 困扰问题

（1）陈先生、陈女、陈母无人照顾。

（2）陈先生觉得自己是家庭的累赘，想要自杀。

2. 产生原因

（1）陈母病重入院，无法照顾案主及其女儿，陈母自己也缺乏照顾。

（2）案主失去工作，不仅无法赚钱养家，还要依靠家人生活。

（3）案主对家庭遭遇的不幸感到无能为力。

四、案主期望

（1）自己能承担养家的责任。

（2）陈母病愈出院，能安享晚年。

（3）女儿能接受教育。

（4）给妻子买点新衣服、护肤品，带妻子旅游，还希望妻子不那么劳累。

五、能力分析

1. 案主自身的能力

家庭责任感；思维清晰、表达流畅；写一手好字。

2. 工作者及背后团队具备的能力

资源的整合。

六、资源评定

1. 案主拥有的资源

夫妻关系融洽、婆媳相处和睦、一家人相互支持。

2. 工作者能链接到的资源

居家增收手工项目、家政培训、特殊教育机构、社区志愿者。

七、阻碍因素

1. 内部阻碍

案主高位截肢、行动不便。

2. 外部阻碍

社会支持薄弱。

八、跟进计划

联系社区志愿者照顾案主和陈女，两天后前往案主家，与其讨论服务目标和介入计划。

课堂练习

请根据教师提供案例或自选案例开展需求评估，撰写需求评估报告。

任务5

撰写个案服务记录

任务描述

本项任务我们来学习如何把工作者在个案工作过程中，与案主的交流互动、服务的提供、服务的过程、案主的反应、服务的效果等，以文字或其他方式详细记录下来的方法和技巧。

任务目标

1. 了解服务记录的重要性
2. 掌握服务记录的方法

导入活动

1. 邻近的3个同学一组，1人扮演社工、1人扮演案主、1人扮演记录员
2. 社工通过会谈的方式收集案主职业理想和生涯规划方面的信息，记录员进行记录，会谈时间3分钟
3. 会谈结束后，记录员把记录到的信息与社工和案主分享，并核对记录的信息是否有误
4. 角色交换

知识介绍

一、个案记录的功能

个案记录是个案工作不可缺少的基本环节和要求，也是个案工作的基本技巧，它有助于提高个案社会工作服务的品质。把案主的基本情况记录下来，同时将每次会谈处理的情况做记录，可以让工作者明了整个服务过程，并对个案工作做出持续的评估与检视，使个案工作更有成效。除此之外，个案记录在评估、培训、督导、咨询、转案与基础性研究方面也发挥了重要作用，具体表现如下：

1. 有助于工作者跟进工作，检视所提供的服务是否适合案主

从案主来到机构寻求服务并正式接受服务起，就已经开始了建立档案的工作，记录是其中非常重要的一个内容，记录的内容包括案主所要面对的问题和他的需要以及对案主与环境之间的评估、对他所进行的干预，案主的反应等。当每次重新看这些档案资料时，工作者就可能会发现一些新的东西，可能刺激工作者再仔细地了解案主的问题，改进服务。

2. 保持个案的连续性

进行个案记录的一个重要作用就是所记录的资料可以用来保证服务的连续性。当工作者因种种原因缺席的时候，其他工作者也可以凭借这些资料了解案主及其工作过程，可以保证其他的工作者能继续为案主提供服务。

3. 有助于与案主分享资料和信息

由于工作者接手的个案较多且事务繁杂，加之每个个案都有服务间隔期，因此难免出现遗忘案主信息的情况。如果有完整且详细的个案服务记录，那么工作者在每次开展服务之前，可以先查阅案主的档案资料，熟悉案主的服务需求，了解已经提供的服务和效果，并明确本次服务的方向和进程。

4. 有助于工作者进行专业反思

记录是一个重要的反思自己的工作、提升自己作为一个工作者的实务经验的重要凭据。没有记录，工作者也可以凭借记忆对自己的工作进行反思，但记录能更清晰地告诉你具体的问题在哪里。哪里做得好，哪里清要改进，并可以作为工作者研究的一个基础。

5. 有助于对个案工作进行管理和监督

一般而言，我们不能仅凭工作者的口头汇报了解评估其工作。通常，一个动作良好的机构都会建立健全档案管理制度，要求员工撰写详细完备的记录资料，作为对员工绩效考核的依据。此外，当工作者和案主出现纠纷的时候，先前的记录资料也可以为纠纷判定和权责划分提供一个参考。

6. 有助于教学和研究

记录也是从事研究的一个重要的资源，注意在使用资料的时候一定要为案主保密，保护案主的权益，并且涉及案主的资料要用到什么程度，达到什么目的等，一般情况下要征得案主的同意。如果研究会给案主带来伤害，那么这个研究绝不能做。

二、资料记录的方法

记录的方法主要分为三种：录像记录、录音记录和文字记录。通常我们所指的个案工作记录一般为文字记录。

1. 录像记录

录像记录是通过录像设备，将工作者与案主接触的过程录下来，有声音有图像，有利于工作者对自己的会谈技巧和处理方法进行检讨和评估，了解自己的长处和不足，从而提高个案工作的技巧；有利于督导工作的进行；有利于示范教学活动，为教师在讲解、分析有关方法与技巧时的极好素材。但是，录像记录需要的设备费用较高，资料的存放和保管不方便，且在录像中无法记录下工作者内心的想法与感受以及行为表现的原因。因此，单纯的录像记录是不够的，还需要有文字记录的配合和补充。

2. 录音记录

录音记录是通过录音设备，将工作者与案主的谈话录音下来。同录像记录一样，这种方式有助于工作者对会谈技巧做出自我评估以及督导员进行督导，也可用作教学。但其不足之处，同样是无法记录下工作者内心的想法和感受，不便于经常性的浏览、检视，而且同前者相比，录音没有图像，吸引力较弱。

3. 文字记录

文字记录同录像记录和录音记录相比是比较简略和抽象的，包含了工作者对个案工作过程及对案主谈话内容的诠释和创作，不可能完全再现原始信息。但是，正是这种创作的空间，给了工作者记录当下内心感受和想法的机会，而且也是最方便、最经济的记录手段。

三、个案记录的分类

个案工作的记录有很多类别，大致可以分为管理式记录和临床式记录。管理式记录是为了便于机构对个案的管理而设置的，如个案卡、工作报表、日报、周报、月报以及其他申请表、登记表、转案表等。而临床式记录主要是便于工作者作分析、回顾、评估与存档之用，它大致可以分成过程式记录和摘要式记录两类。

（一）过程式记录

过程式记录是将案主和工作者在服务过程中，彼此之间的互动内容详细记录下来，按照表达角度的不同，又可以分为叙述式过程记录和脚本式过程记录。

1. 叙述式过程记录

叙述式过程记录是指工作者以第一或第三人称的角度，陈述个案服务的过程。例如，“在会谈的开始，案主有点紧张，只有小半个身子坐在沙发上，双手不停地动着衣角，而当我看着案主时，她的目光有躲闪，马上低下了头。我递给了案主一杯水，告诉她可以随意些，尽量以她感觉最舒适放松的姿势坐在沙发上。我和她谈起了最近在青年人中流行的电影和游戏，案主很喜欢看电影，当我们谈论到某部影片时，案主显得很兴奋，眉飞色舞的发表着她的观点，很明显，案主此时的紧张焦虑已消除不少。紧接着，我告诉了案主会谈中的保密原则，我看到此时案主深吸了一口气，变换了坐姿，身体靠在了沙发上……”

2. 脚本式过程记录

脚本式过程记录也叫对话式记录，如同剧本一样，将服务过程呈现出来，给人以真实的现场感受。脚本式过程记录更多地用在观摩个案实务中，由观察员进行记录，不仅记录服务时案主和工作者所说的话，还包括他们互动时的非语言信息以及对案主或工作者分析和记录者自身的感受等。脚本式过程记录是初学个案工作者必须掌握并经常运用的一项重要技巧，通常应该记录如下的内容：

（1）案主的基本资料：服务日期、时间、工作者和案主的姓名、案主的相关资料以及服务的次数、个案的编号、案主的健康和家庭状况，如居住状况、家庭成员、兄弟姐妹等。

（2）记录案主与工作者的会谈内容，基本上要做到逐字逐句。

（3）记录双方的语言与非语言行为、案主的感受和情绪反应。因为记录不像录像带，看不到双方的非语言行为，因此详细记录非语言的表现，让案主和工作者的形象在纸面上活灵活现，有助于对当时的互动情景有更深入的了解。

（4）在最后，记录诊断性摘要、工作者的分析性思考、介入策略和方法、自己对这次会谈的检讨和对下次会谈的思考和安排。

以下是过程式记录的范例：

<table>
<tr><td colspan="4">日期／时间：</td><td colspan="2">工作者：</td><td colspan="2">个案编号：</td></tr>
<tr><td colspan="2">案主详细资料</td><td>姓名</td><td></td><td>年龄</td><td></td><td>职业</td><td></td></tr>
<tr><td>民族</td><td></td><td>婚姻状况</td><td></td><td>会谈次数</td><td></td><td>其他</td><td></td></tr>
<tr><td>身体状况</td><td colspan="7"></td></tr>
<tr><td>家庭状况</td><td colspan="7"></td></tr>
<tr><td>特别说明</td><td colspan="7"></td></tr>
<tr><td colspan="3">对话过程</td><td colspan="3">案主的非语言</td><td colspan="2">工作者的感受和反应</td></tr>
<tr><td colspan="3">工作员：你请坐，我给你倒杯水
案主：谢谢</td><td colspan="3">当时说话的声音很小，不敢抬头看工作者，双手紧握着杯子，全身紧张</td><td colspan="2">案主很紧张，首先要舒缓紧张的气氛和案主的情绪</td></tr>
<tr><td colspan="3">……</td><td colspan="3">……</td><td colspan="2">……</td></tr>
<tr><td colspan="8">总结：
工作者对这次会谈的总体感受和建议：

工作者对下次会谈的计划和安排：

</td></tr>
</table>

（二）摘要式记录

摘要式记录一般结构性很强，通过某种方式或角度归纳、组织资料，来表达工作者对某一工作内容的总结、概括其基本观点。摘要资料一般要设定一个标题大纲，将所要陈述的内容放于其中。我们可以把过程式记录理解为是原始资料的记录，而摘要式的记录是记录者对原始资料的分析、总结和归纳。摘要记录一定要包含案主详细的个人资料，这一点和过程记录应该一致。但是就内容而言可能需要记录下面几个部分：

（1）描述案主面临的问题。

（2）描述案主产生问题的原因。

（3）案主曾经做过的努力和支持系统。

（4）工作者提出的案主问题可能有的解决策略。

（5）工作者对会谈过程的反思以及下次会谈的安排。

根据摘要记录的不同目的，黄维宪将摘要记录还细分为诊断记录、定期摘要记录、转案摘要记录和结案摘要记录，你可能已经从字面上理解了它们各自的重点。以下是摘要式记录的范例：

日期／时间：			工作者：		个案编号：		
案主详细资料		姓名		年龄		职业	
民族		婚姻状况		会谈次数		其他	
身体状况							
家庭状况							
特别说明							
1. 案主可能面临的问题							
2. 描述案主产生问题的原因							
3. 案主曾经做过的努力和支持系统							
4. 工作者对案主问题可能的解决策略							
5. 工作者对会谈过程的反思							
6. 对下次会谈的安排							

对一个初学者来说这两种记录的训练是一项最基本的训练，之后可以根据机构、案主的需要和问题采用具有自己风格的创新的记录方式。总之，形式要服务于内容而不能被形式所困，记录的训练也要经历一个由生到熟的过程。

四、个案服务记录

个案服务记录就是对每次个案服务的记录分析报告，是案主个人档案里的重要组成部分。每次个案服务完成后，工作者都需要花点时间来撰写当次的服务记录，反思本次服务的内容、方法和效果，并拟定下次个案服务的计划。这样，工作者在开展每次个案服务前，就可以通过查阅上次的服务记录，来了解个案工作的进程，以及本次个案辅导的内容和目标。通常，个案服务记录需要包含以下内容：

（一）基本资料

记录当次个案服务的基本信息，包括案主的个人信息和服务时间、服务地点、服务时长等服务信息。

（二）服务目标

列出当次个案服务的拟定目标。通常每个个案服务都会有一个明确的目标，当次服务就是围绕这个目标的达成来开展工作。另外，每次服务的目标不宜多，目标太多，而服务时间和精力又有限，反而完成的效果不好。

（三）服务内容及过程

根据当次个案服务的过程记录工作内容、工作方法、工作者的观察感受以及工作结果。建议初学者或者新手社工采用脚本式记录，尽量还原个案服务过程，以便于开展自我反思和服务督导；经验较为丰富的工作者则可以采取摘要式记录方法，简明扼要的记录服务过程要点。在撰写时，既要记录案主和工作者的语言信息，又要描述对案主表情、体态、动作等的行为观察，还要对工作者的表现和案主的反映进行分析。

（四）评估反思

这个部分一方面要对照当次服务目标评估目标达成情况，另一方面工作者要对当次个案进行全面总结，反思在本次服务中案主的参与互动，工作者的价值体现、角色扮演和方法运用。

（五）跟进计划

最后，结合个案服务计划和本次服务进程，拟定下一次个案服务的时间、地点、目标、内容和方法。

以下是个案服务记录的模板，仅供参考。

个案服务记录

一、基本资料

姓名：__________ 性别：__________ 年龄：__________

服务时间：______年______月______日 服务时长：______分钟

服务次数：第______次 服务地点：______ 记录人：______

二、此次服务的目标

三、服务内容及过程

此部分可以采取摘要式记录，直接描述服务的进程和内容；也可以采取脚本式记录，用以下模板详细记录工作者与案主的互动。

人物	服务/会谈的内容及反馈	其他观察	工作员的分析和感受
工作者			
案主			
工作者			
案主			
……			

四、评估反思

1. 服务目标达成情况
2. 工作员的角色、技巧和方法

五、跟进计划

活学活用

以下是针对“陈先生”的案例记录节选的一份个案面谈报告：

个案面谈报告

一、有关案主基本资料

姓名：陈××　性别：男　年龄：47岁　婚姻状况：已婚

面谈地点：案主家里　面谈次数：第一次

面谈时间：2019年10月21日10：00—11：20

二、此次面谈的目标

（1）甄别案主并与其建立相互信任的关系。

（2）了解案主的生活现状和个人经历。

（3）了解案主的家庭情况和社会支持。

（4）评估案主的问题和需求。

三、面谈内容及过程

面谈人物	谈话内容	其他观察	社工分析
社工	陈先生您好！我是来自××机构的社工，我姓郭，您可以叫我小郭。您平时都喜欢别人如何称呼您或是您希望我如何称呼您	社工自报家门时，比较正式，但笑容还是比较亲切。老陈显得有些拘谨	标准的普通话，正式的自报家门虽然体现了对案主的尊重，并且也显得比较正式，但是由于是在案主家里这样的方式感觉很见外，不利于拉近关系
案主	唔，别个都喊我老陈！你就喊我老陈嘛		
社工	这样嘛，你年长些，我喊你陈大哥要得不	从普通话换成方言，显得没那么拘谨了	使用方言，利于拉近距离
案主	好好好		
社工	咦，怎么家里就你一个人呀！你的老婆不在呀！听说你还有个女儿		进入正题

续表

面谈人物	谈话内容	其他观察	社工分析
案主	唉，我老婆今天早上很早就把我那个女儿送到她外婆那里去了，你不晓得，我那个女儿脑壳有点问题，是个中度智障，开年那阵都满8岁了，天天都在屋头耍起，没得那个学校收她。我们家不远其实还是有个小学的，那里的校长说如果没得人陪读，绝对不收，要是出了点撒子（什么）事，个人自行负责	重重地叹了口气 感觉很自责和无奈	社工专注地听，和案主一样动容
社工	那陈大哥，您那阵没想过生二胎呀		社工话题变化太快，对案主先前的倾诉缺乏回应
案主	我老婆身体不是很好，我心疼她。而且那阵我在帮别个开货车，跑业务，忙是忙点，但工资还是可以的……本来养老婆娃儿都是做男人的责任 唉，哪晓得现在 你看嘛，我这双脚，一辈子都站不起来了，现在还要我老婆，我妈她们来养我。我真的	想到当初充满初为人父的时候，尽管女儿有缺陷，但还是很甜蜜，并且很有责任感，连社工都被感染了。说不下去了，哽咽	

续表

面谈人物	谈话内容	其他观察	社工分析
案主	我想死，我真的好想死，这样活起有啥子意思，我现在就是一个包袱，一个拖累，你说，我现在活起有撇子（啥）意思！我真的很想哪天睡着了，就不用醒来了，免得成为家人的负担	情绪变得低落，突然有很激动 陈先生一直紧握双拳	很想立马劝阻其自杀想法，但是忍住了，立即表达同感
社工	唉，陈大哥，你不要太过激动了。我其实真的很理解你现在的心情。你一定是觉得自己很没得用哈，撇子都要靠别个，尽不到为人父为人夫的责任，还履行不到为人子的义务。咦，你妈妈呢？她跟到你们的吗		此时岔开话题询问其母亲不太恰当
案主	我妈妈都80多岁了，为了照顾我，就跟我们住在一起了。这几天下雨，我的脚杆痛得不得了，我妈担心我，结果高血压犯了，现在还在医院住院的。我硬是想去看一下我妈都不得行。我老婆现在是屋头医院两边跑，假请多了，家政公司的那个老板又不安逸，只怕是再这样下去，工作都要遭开除	捶腿，痛心疾首	

续表

面谈人物	谈话内容	其他观察	社工分析
社工	那你有没有其他的弟兄姐妹呀？他们没有出医药费，帮到你老婆去医院照顾你妈妈呀		
案主	那几个，别提了。唉，不过也怪不得他们，你知道我女儿脑子有问题，我妈就有点偏袒我们家，现在我又这个样子，她就偏爱多些。结果，我大哥他们都不安逸		
社工	那你有没有去找他们呀		
案主	打过电话，说不到两句话就挂。既然是因为我的原因，我就要承担起责任，找什么找。就是有点连累我老婆	有点气愤，也有点惭愧 想到妻子，又愧疚了	社工这句话忽视了陈先生的自尊，不恰当
社工	其实可以找你大哥他们再谈下		
案主	有什么好说的嘛	有点不耐烦	
社工	对了，陈大哥，你有没有求助社区帮忙呀		
案主	家里面的事，没跟别人说好多	强大的自尊心作祟。低头，声小	
……			

四、评估反思

1. 服务目标达成情况

本次会谈，工作者与案主建立了初步的信任关系，了解了案主的个人信息和家庭情况，对案主本人及其家庭成员遭遇的困境、案主的服务需求、家庭的资源和局限有了初步评估，达成本次服务目标。

2. 工作员的角色、技巧和方法

本次服务为工作者与案主的初次接触，工作者能根据接案和预估阶段地工作要点开展会谈，与案主建立专业关系、评估案主服务需求。但是，工作者对案主的处境和感受理解得还不够，缺乏同感回应；会谈技巧掌握得还不熟练，话题跳转太快，难以深入细致的了解、探讨。

五、跟进计划

（1）联系志愿者在陈母住院期间临时照顾陈先生及其女儿。

（2）两天后在陈先生家与陈妻及其女儿面谈，与陈先生一家讨论个案服务目标和计划。

课堂练习

3人一组，1人扮演社工，1人扮演案主，1人扮演记录员。根据教师提供案例或自选案例开展个案接案或预估会谈，记录员详细记录观察到的会谈过程，并在会谈结束后与扮演社工和案主的同学进行交流分享，提出建议。

一轮完毕后交换角色再做一次练习。

项目三

计划阶段

项目描述

对于已经接案的案主，当工作者收集到相关资料，对案主服务需求进行了初步预估，并进行了资源评定后，在本阶段，工作者就要根据需求评估结果，与案主共同确立服务要达成的目标，并同案主一起制订工作计划，以保证为案主提供合适、有效的专业服务。

学习目标

1. 区分直接目标、中间目标和长远目标，并能准确制定各层次目标
2. 根据需求评估结果，制订适合于案主的工作计划
3. 与案主签订工作契约

个案工作计划也可以叫服务计划、辅导计划，它既是个案工作实务流程中一个重要的行动步骤，是一个由多项工作所构成的工作过程，也是一项重要的工作成果，即通过此阶段工作的开展而拟订出的工作计划文案。具有针对性和可行性的工作计划源于恰当的需求评估，而周密细致的工作计划又是个案工作介入阶段的服务依据，也是个案工作结案阶段的结案标准。

任务1

制定辅导目标

任务描述

个案辅导的目标具有重要的意义，它可以激发案主和工作者投入行动，朝向共同的方向以获得改变和成长。对于案主来说，目标能够使他们明确行动的方向，振奋精神，督促他们坚持不懈，寻找策略促使目标的实现。对社会工作的专业实践来说，目标能使工作者和案主对工作任务达成共识，为助人历程提供方向，避免不必要的摸索，少走弯路，并能够选择恰当的策略和方法协助案主。目标还能作为评估介入工作进度和成效的指标，帮助社工和案主不断在工作过程中总结经验，推进工作。

本项任务工作者就需在需求评估的基础上，同案主一道把服务需求转换成服务目标，确定个案辅导的方向和内容。

任务目标

1. 把案主的服务需求转换成服务目标
2. 区分直接目标、中间目标和长远目标，并能准确制定各层次目标

导入活动

在“陈先生”的案例中，几位社工了解到陈先生一家目前所处的困境后，分别做出了如下回应：

社工甲：“我最想帮你解决的是你妻子的收入问题。”

社工乙：“你和你的家人希望得到怎样的帮助呢？”

社工丙：“我觉得我们的辅导目标应该是提高你家的生活水平。”

社工丁：“在我们的服务完成之后，你希望发生怎样的改变呢？”

请评价这几位社工的回应。

知识介绍

在个案工作实务过程中，接案、预估、计划这几个步骤通常是没有明确的阶段划分的。工作者在和当事人的初次接触中，就在收集资料，就在进行需求评估，并且就在与当事人讨论服务目标，甚至在这个接触的过程中，因为良好的专业关系的建立，案主已经发生了改变，工作者已经开始了介入。而有些个案甚至就通过一次接触，就完成了从接案、预估，到计划、介

入，再到结案的全过程。

因此，个案工作实务流程的五个阶段并不是截然分开的，我们人为的划分出这些阶段，只是为了突显各个环节的主要内容和工作重点，帮助大家更好地学习相关知识和技巧。

一、个案工作的目标体系

目的和目标是个案工作介入要达到的最终成果。所谓目的是期望在介入的最终阶段获得的较为笼统的、长远的结果，而目标则是指具体的工作指标，是在中间阶段所要获得的较为具体的、近期的结果。要实现最终目的，一般要先把目的分化，使之成为更贴近目前情况、更有条件实现的具体目标，然后一步步去实现最后的目的。具体目标的实现导致整体目的的实现。所以，目标常被看成是实现长远目的的中期结果。在个案工作的目标体系中，通常我们会区分三个层次的目标：

1. 短期目标

短期目标与案主问题直接相关，主要是针对案主面临的现实性的问题进行探讨，帮助案主解决具体的生存和生活适应困难。这个目标一般是案主急需解决的，非常直观、明了。比如，遭受严重虐待的儿童需要被及时带离遭受虐待的环境，遭遇失恋的案主需要消除轻生的念头，被不孝子女赶出家门的老人需要及时解决温饱问题等。当案主基本的生存问题得到妥善解决，危机解除后，则进入到下一个目标层次。

2. 中期目标

中期目标一般是协助案主恢复自助能力的目标。比如，因失恋而选择轻生的案主，也许比较容易从失恋的情绪中走出来，达成短期目标，但案主从失恋的打击中没有对自己形成正确的认识，不再接纳自己，因此进一步让案主恢复自信、接纳自己、形成正确的自我认识，就是解决案主问题的中间目标，否则他遇到其他的事情还会出现类似的问题。

3. 长远目标

长远目标是挖掘案主潜能，完善案主人格，使案主能够自我认识、自我促进、自我实现，接纳自己也接纳别人，有良好和深入的人际关系，开放的态度、诚实有创造力，有责任感，达到现实的自己和理想的自己协调一致等，这是个案工作的最高境界，也是工作者最高的工作目标。

二、制定目标的原则

通常在制定个案工作目标时，要遵循以下原则：

1. 目标陈述明白易懂

目的和目标都应该陈述得清楚明白，这样工作者和案主双方就都能知道在介入过程中为之奋斗的是什么。清楚明白的目标不仅能防止混乱，避免不信任，而且能培养社会工作者和案主对各自在助人过程中的工作投入。

2. 正向描述目标

对目标的陈述要放在介入工作期望建立的积极正面的态度和行为上，而不是将消除负面态度和行为作为目标进行陈述。如果将目标放在消除“负面”上，会使案主因这些日常习惯不断被提起而感到沮丧。个案工作不仅仅帮助案主解决问题，还要帮助案主提高自助能力，所以有益的做法是将案主要做的有益改变和成长作为目标的界定重点，这不仅能减缓案主的反感，还能促使其态度和行为朝着正向化发展，从而形成一种优势视角，以激发和调动案主的潜能。例如，要控制自己的脾气，不对孩子大吼大叫，不打骂孩子，如改为正面的语言，可以是学习新的教育孩子的方法，用正面教育方法与孩子进行沟通。

3. 目标要可测量

为了在助人过程中指明方向，目标要能明确的指向产出的结果，避免使用一些模糊用语，如帮助案主感觉更好一点，提高案主的社会经验和能力，改善父子关系等。这些目标的描述都过于笼统，无法准确地衡量是否达到了目标，因而必须用可以测量的数量指标来代替。例如，改善父子关系可以用每天父子交谈的时间、每周共同参与的活动次数等来代替。

4. 目标具有现实可行性

工作者设置的目标应该是可行的。如果设置的目标太难，根本无法实现，会使案主遭受失败、增加挫败的感觉；如果设置得太简单，极易完成，案主也会觉得社工的帮助缺乏诚意和水准。因此，目标的设定要考虑案主达成目标的动机和能力、环境中可能对目标达成不利的因素以及我们所能用于解决问题的精力和时间。大多数情况下，案主有能力达到其预定的目标，所以要肯定目标的有效性并表达相信他们一定能实现目标，但偶尔也会遇到一些案主喜欢夸大自己能力，对此工作者要敏感地、技巧地帮助他们降低目标至现实可行的程度。至于环境的限制，主要是在案主改变过程中环境因素对其的影响。例如，一位在与狱中服刑的案主，希望刑满释放后能和妻女团聚，可他的妻子不能原谅他的过去，坚决要和他离婚，不愿接受他。这种情况下，社工可能会同意帮案主做其家人的工作，但如果他妻子态度坚决，不肯接纳他，此时，如果工作者依然同意案主的想法设定这样的目标就不妥了，那等于要案主品尝失败的滋味。

5. 说明完成任务的时间表

制定实现目标的时间表会给将来的反思奠定基础。请你思考下面这个目标：“帮助李先生把吸烟的数量减到每天不超过2支。”这一目标用行为用语清楚明白地说出了对案主李先生的期望，确实具有设置得好的目标的特点。然而，我们仍可以将目标陈述得更好些。例如，“到2010年6月30日，每天不超过20支；到2010年7月31日，每天不超过10支；最后，到2010年8月31日，每天不超过2支”。两者不同之处在于，后一个目标为我们提供了非常清楚的时间表，可以检讨案主的表现，而前一个没有。

6. 与机构的功能保持一致

作为个案工作者，我们肩负着机构的使命，并协助机构发挥作用。具体地说，就是要帮助我们机构的案主。因此，我们的助人目标应该与机构的功能相一致。如若不是，我们的机构就不能资助和支持我们采取介入行动，那么我们就极少有机会实现既定目标。

7. 同案主一起制定目标

在制定目标的过程中，应同案主一起制定目标而不是由案主或工作者单独做出，这样既可以使案主充分了解自己的目标，同时案主参与协商过程本身也有利于提高案主的自信心和个人能力。另外，还应该协助案主确立目标设立的先后顺序。为了有效的解决问题，我们往往必须集中时间和精力在一个或两个问题上，如果多头并进，急于求成，效果恰恰适得其反。但有时，案主可能有一系列的问题或需求，会同时提出好几个想要实现的目标，面对这种情况，社会工作者就需要帮助案主排出这些问题或目标的优先顺序。

三、制定目标的步骤

1. 确定案主的问题和需求

在协助案主制定目标的时候，工作者可以先重述案主的问题，以便再次确认问题，然后协助案主找出问题的重心，排列出解决问题的先后次序。但是问题不能作为我们工作的方向，如何解决问题才是个案辅导的重点，因此工作者还需要协助案主明确其想要的结果，也就是案主的服务需求，以此形成辅导目标。

这一步的工作是一个不断深化问题以使计划有的放矢，并增强案主行动决心的过程。具体来讲，工作者可以询问："我们已经对影响问题的因素和问题本身进行了分析，这些问题包括……你觉得这些问题是否就是我们下一步需要解决的呢？你希望怎么解决这些问题呢？"

2. 向案主解释设定目标的目的

社会工作实务表明：当案主了解了设定目标的意义并明确自己在目标制定中的角色时，他们会对目标产生认同和积极正向的行动反应，因此社工要向案主解释设定目标的意义。例如，社工可以说："我们对目前所存在的问题已经有了很多讨论，为了达到解决问题的目的，现在需要制定明确的目标来督促你的行动，也让我知道应该怎样帮助你。下面，我们一起来讨论一下，看看你认为什么是你觉得最重要的目标，我们应该怎样具体行动来一步步达到这个目标，你看怎样呢？"

3. 共同选择适当的目标

目标选择有两个步骤：首先是筛选目标，指工作者与案主一同找出期望达到的初步目标并对各个目标进行讨论，以选择和决定具体的目标。工作者可以与案主一起将所有可能的目标写出来，然后与服务对象逐个对目标进行筛选。当不能确定目标时可以使用从1～10的量变给每个待定的目标打分，经过比较挑选出服务对象最希望和最迫切的改变目标。其次是定义目标，即筛选出目标后将他们界定清楚，以具体、可操作的指标定义目标，以利目标的执行。

4. 与案主讨论目标的可行性和可能的利弊

制定目标时与案主讨论目标的可行性非常重要。目标过高不容易达到，会给案主造成太大压力而降低他的行动动机；目标过低也会使它缺乏成就感而没有行动的动力。工作者可以与案主通过讨论来帮助他们思考目标的可行性和利弊："如果按照现在你选择的目标去做，你觉得对你会有什么影响呢？有哪些因素能够帮助你实现这个目标呢？有没有什么障碍呢？"

5. 确定目标的层级和先后顺序

在确定目标层级的时候，工作者可以询问案主："什么事情将是你开始的第一步"或者"在目前的情况下，你觉得从哪里开始比较容易呢？"通过提出这些问题，鼓励当事人把对未来的期待变成思考现在的基础。

活学活用

在"陈先生"的案例中，结合前面2个阶段的进展，可以拟定出如下个案工作的目标：

1. 短期目标

（1）缓解陈先生的绝望情绪和心理压力。

（2）联系义工临时照顾陈先生的母亲。

2. 中期目标

（1）帮助陈先生一家申请城市最低生活保障。

（2）帮助陈先生的女儿申请入读智障儿童服务机构，并为其申请费用减免或补助。

（3）为陈先生的妻子提供职业技能培训机会，并帮助其寻找一份收入更高、更能照顾到家庭的工作。

（4）帮助陈先生寻找一些他能在家完成的工作，提高陈先生的自我价值感。

（5）帮助陈先生一家建立社会支持系统。

3. 长远目标

进一步挖掘陈先生的潜能，完善其自我形象，达到自我实现。

案例分析

以下是两组相当松散的目标：

（1）案主在离开医院以后，如果要在家中发挥功能就需要有相当多的支持。

（2）这个个案的目标是改善家庭的沟通。

为使它们符合设置得好的目标的标准，工作者做了如下修改：

（1）案主出院后的介入目标是保证丈夫不在的时候，能为三个孩子提供足够的食品和教育并做称职的母亲。方法是把她转介给当地的公共援助办事处，寻求经济支持，在接下来的三个月里，通过支持性辅导，为她提供情感上的支持。

（2）这个个案的介入目标是减少夫妇吵架的次数，到接下来的这个月月底，使吵架次数减到每周少于两次。在孩子不在场的时候，促使他们彼此诉说牢骚，三个月后介入结束时，期望这目标能解决他们的冲突。

课堂练习

请根据目标制定的原则，和同学讨论你的学业目标，包括短期目标、中期目标和长远目标。

任务2

制订工作计划

任务描述

个案工作作为一项专业的助人服务，并不是凭空开展的，而是根据案主的服务需求，结合服务机构的宗旨、使命和服务类别，结合工作者自身的能力水平有计划地开展。制订工作计划是一个理性思考及做决定的过程，包括制定目标和选择为了达到目标而采取的行动。所以，计划是为下一步的介入行动服务的，是介入行动的蓝图。本项任务中，我们就将学习如何制订个案工作计划。

任务目标

1. 理解制订个案工作计划的原则
2. 熟悉个案工作计划的内容
3. 熟练撰写个案工作计划

知识介绍

工作计划是一种对改变过程进行的整体性考虑，是工作者为案主提供服务的依据，它并不是随意制定的，而是根据案主的服务需求和所设立目标，根据机构所能提供的资源和帮助，根据工作者的能力以及工作者对资源的掌握等，精心设计的一系列行动，以为案主提供最合适的服务。那么，应当如何制订个案工作计划呢？

一、制订工作计划的原则

工作计划也叫服务计划、服务方案，是个案工作介入行动的纲领，直接关系到服务对象的利益和服务提供的成效。通常，我们在制订计划时会遵循“SMARTER原则”，这是Specific、Measurable、Attainable、Realistic、Time-based、Enjoyable、Rewarding七个英文单词的首字母缩写，具体如下：

1. S（Specific）：具体明确的

要用具体的语言明确地说明要出现的行为。例如，如果制订的计划是“每天多锻炼”，但因为运动的方式是多种多样的，因此这种对计划的描述就是不明确的，难以进行评判、衡量。倘若把上述描述换成“每天打羽毛球”，这就是具体的、明确的描述。

2. M（Measurable）：可测量的

计划应该是明确可测量的，而不是笼统模糊的。如果计划不能被测量，就难以判断这个它的达成情况。例如，“加强身体锻炼”这个计划，其描述就是模糊的，怎样锻炼才算是“加强”呢？而如果把这个计划的描述改为“每天游泳1小时”，那么这个计划就是可测量的。

3. A（Attainable）：可实现的

计划的可达到、可实现性是指计划不能订得太高，超出案主的能力范围，无论怎么跳都够不着，而是要结合案主的实际情况，制订案主能够去实施的计划。如果无论案主怎么努力都无法执行计划，则会严重打击案主信心，进而影响整个个案服务的进程和效果。

4. R（Realistic）：现实的

计划的现实性是指计划是基于现实基础的，如果脱离了现实，再好的计划都没有意义。比如，制订“每天游泳1小时”的计划，这虽是有利于身体健康的理想方案，但如果案主工作、生活的场所周围根本没有游泳场所，那么这项计划就没有现实基础。

5. T（Time-based）：有时限性的

计划是有时间限制的，即有起点、终点和固定的时间段。例如，“从2020年6月10日开始，在30日内完成某事”，那么2020年7月20日就是一个确定的期限。没有时间限制的计划既没有办法检验和考核，又容易导致案主拖延，使其成为一项永远完不成的计划。

6. E（Enjoyable）：愿意做的

计划的制订不是由工作者单方面决定的，而是要和案主共同商讨共同拟定。因此，制订计划时要有案主的充分参与，选择案主愿意做的事情，而不是强迫案主执行让他/她很为难、很反感的计划。

7. R（Rewarding）：有回报的

如果案主执行了计划，可以给予一定的奖励，这样可以更好地激励案主去完成计划。

二、撰写个案工作计划

掌握了以上原则，我们就来看看如何撰写个案工作计划吧。通常，一份完整的计划书应该包括以下内容。

（一）案主的基本信息

概述案主的基本信息，包括姓名、性别、年龄、个案编号等。由于案主基本信息在接案报告里有详细描述，因此在后续报告中不用赘述，只需简明标注，便于查找识别即可。

（二）需求评估

描述个案需求评估的结论，通常是陈述案主遭遇的问题和困扰，分析其原因，并描述案主希望如何解决这些问题，即案主的服务需求。需要提醒的是，在有的机构或是项目中，个案工作需求评估报告和工作计划是合二为一的，在分析了案主的需求信息后，会列出服务目标，选定工作内容，制订服务计划。而在有些机构或是项目中，这两个文案又是各自独立的，需求评估报告重点描述和分析案主问题、需求、能力、资源、阻碍等相关信息，从而确定案主的服务需求，工作计划则重在拟定满足案主服务需求、达成个案工作目标的服务思路、服务进程和服务策略。但不管是哪种类型的文案，在工作计划中都一定要呈现案主的需求评估信息，因为这是服务目标订立和工作计划制订的依据。

（三）理论分析

个案工作作为一项专业服务，其工作过程都是在专业理论的指引下开展的。个案工作理论既是帮助我们理解案主现状、解读案主问题和需求的工具；又是指导我们设计应对策略、服务案主的依据。因此，在这一部分，工作者一方面要用相关理论去解释案主为何面临如此困境；另一方面则要在专业理论的指引下提出解决方案。比如，针对“失独”老人个案，工作者可能从社会支持理论的角度去看待“失独”老人面临的困境，认为某“失独”老人因其社会支持网络的残破，导致其面临困境时无法透过社会支持网络获取有效的支持和资源，从而加剧其困扰。因此，如果要帮助这位老人缓解他的困难，满足他的养老需求，就必须重建其社会支持系统。

（四）工作目标

工作目标通常是由服务需求转化而来，包括短期目标、中期目标和长远目标。在工作计划中，要详细列出各项目标以及达到目标所用的期限，并对所有目标按紧急程度和优先顺序依次排列。

（五）服务计划

服务计划是围绕工作目标的达成而展开的具体行动，这是个案工作计划的主体部分，需要列出个案服务的每个阶段或是每次服务的时间、地点、任务、目标、方法和所需资源等。如果个案服务的周期短，次数较少，应当把每次服务的计划和进程都罗列出来，可以用表格来呈现；但如果预计个案服务的周期长，服务次数多，则可以按月或是按阶段来做计划。

（六）评估

评估是指在个案工作服务结束后，计划采取什么方法，对谁，在哪些方面进行评估。通常，评估的内容要对照服务目标，工作计划中拟定了哪些具体目标，那么在服务结束后，首先要评估的就是这些目标有没有实现，实现得怎么样以及案主对服务的结果是否满意。另外，还需要对个案工作的进程以及工作者的态度、理念、方法、技巧等进行评估，以促进工作者的反思和工作改进。

（七）督导意见

由督导签署意见，表明是否同意社工对本个案的分析和服务策略以及相关建议。

工作计划的撰写可以参考如下模版：

个案工作计划

一、案主基本情况

姓名__________　　性别__________　　年龄__________

二、需求评估

1. 案主的困境

2. 服务需求

三、理论分析

四、服务目标

1. 短期目标

2. 中期目标

3. 长远目标

五、具体方案

序号	时间	地点	内容和方式	目标	动用的资源

六、评估

七、督导意见

活学活用

针对“陈先生”的案例，我们根据之前的个案进程，可以拟定如下工作计划：

个案工作计划

一、案主基本情况

姓名：陈××　　性别：男　　年龄：47岁

二、需求评估

1. 案主困境

（1）陈母病重入院无人照顾，导致案主和陈女也无人照顾。

（2）案主因不能承担家庭责任而自责，进而产生轻生念头。

2. 服务需求

（1）自己能承担养家的责任。

（2）陈母病愈出院，能安享晚年。

（3）女儿能接受教育。

（4）给妻子买点新衣服、护肤品，还希望妻子不那么劳累。

三、理论分析

优势视角理论认为每个个体都有优势、潜能和可能性，在人的内心深处都希望能超越环境、发展自己的潜能、面对不幸、站起来、被认同。因此，优势视角理论指引下的实务工作就要求工作者不是孤立或专注地集中于问题，而是在创伤、痛苦和困境中帮助服务对象寻找希望并将希望转化为行动，最终走出困境。

在本个案中，尽管案主因高位截肢导致重度失能，丧失了经济收入，但是案主不仅有强烈的改变动机，还有极强的家庭责任感，又善于接受新鲜事物，学习能力强，并且有母亲的关怀和妻子的支持，这些都是有利于案主改变的巨大优势。因此，在个案服务中，工作者要给予案主积极的肯定，通过协助案主推翻和抛弃歧视性标签，聚焦于自身的优势和能力，寻找适宜于自己的行动策略。

四、目标系统

1. 短期目标

（1）缓解陈先生低落的情绪和轻生的念头。

（2）帮助陈先生的母亲寻找合适的住院陪护。

（3）联系社区志愿者在陈母住院期间，临时照顾陈先生和陈女。

2. 中期目标

（1）争取街道的残疾人就业培训机会，和案主商讨适合于他的居家增收项目，并协助案主予以实施。

（2）链接特殊儿童教育机构资源，协助案主家选择适合陈女的教育机构和服务项目。

（3）加强陈家人的社会接触，密切家人关系。

3. 长期目标

挖掘陈先生的潜能、提高他的自我价值感；帮助陈家建立有效的社会支持网络，提高应对风险的能力。

五、具体方案

围绕上述目标的达成，计划开展十二周的服务，具体设计如下：

（1）第一周：通过会谈，初步缓解案主低落的情绪和轻生的念头；联系社区志愿者，临时照顾陈先生和陈女。

（2）第二周：联系特殊儿童教育机构，向案主介绍各家机构的相关情况。

（3）第三周：带陈妻和陈女探访特殊儿童教育机构，协助案主一家选择适合陈女的教育机构和服务项目。

（4）第四周：链接资源，为陈先生寻找合适的残疾人就业培训项目。

（5）第五至第八周：协助陈先生参加残疾人就业培训；和陈先生讨论合适的居家增收项目。

（6）第九周：联系志愿者，带案主一家游览中央公园。

（7）第十周：联系志愿者，带案主一家体验长江索道。

（8）第十一周：评估案主、陈女的适应情况；和案主一起梳理当其面临困难时可以寻求的帮助和资源。

（9）第十二周：同案主一起回顾个案服务历程，帮助案主肯定自身价值，使其更加积极地面对生活。

六、评估

（1）通过情绪等级问卷，评估案主的情绪和心理状况。

（2）通过探访案主的家庭、特殊儿童服务机构，评估案主及陈女的适应情况。

（3）通过会谈，评估案主对服务的满意度。

七、督导意见

计划的制订和服务的选择要尊重案主的意见，不能由工作者单方面为其做决定。同意社工的处置方案。

课堂练习

根据教师提供案例或是自选案例开展会谈，并结合个案特点制订个案工作服务计划。

任务3

签订工作契约

任务描述

个案工作者和案主是两个极为不同的人，他们有不同的生活背景、价值观和动机，这些都会渗透到助人过程中。那是什么把个案工作者和案主约束到一起，不断会面呢？如同其他要达到协商的目标的人类关系一样，个案工作者和案主之所以这么做，达成协议十分重要，通常我们把这类协议叫作“契约”。你可能听过法律或商业方面的契约，同样，在社会工作实践中，社会工作者与案主订立契约也很重要。在本任务中，我们就将学习如何制定个案工作契约。

任务目标

1. 通过会谈，工作者与案主就服务目标、方法、时间、权责等达成口头协议
2. 在口头协议的基础上，拟定书面契约

知识介绍

一、工作契约的定义和特点

工作契约也成为服务协议，服务合同等，是工作者与案主经过讨论协商所达成的满足案主需求和解决案主问题的工作方案，是促使双方关系具有承诺和责任要素的重要途径。工作契约对工作者和案主双方都有约束作用。对工作者来说，契约提供了案主参与服务的保证；对案主来说，它可以明了工作员提供服务的内容以及对工作员的期望。个案工作契约具有如下特点：

（1）工作契约是工作者和案主共同协商的结果，而不是单方面提供的一种服务契约。因此，计划过程自始至终都是工作者和案主共同参与及商量的过程，无论在问题和目标的确定，还是方案和方法的选择上，双方都是通过不断协商，最后达成共识。

（2）工作契约是工作者对服务品质的承诺。工作契约中所涉及的案主问题、目标及介入的途径也许范围很广，改变的目标系统也可能不光是案主本身，有时是其家庭及其环境因素，甚至是他们之间的互动。那么，工作者应该清醒地认识到工作的复杂性及难度，一旦写入服务契约，就意味着工作者有把握实施这样的方案。如若没有把握提供服务，就需慎重地做出选择，不要写进契约或不要做过分的承诺。

（3）形成工作契约的过程也是一种认知过程，它从思考、推理到最后做出决定，所有这一切应建立在理性的基础上。当然，情感是很重要的，我们在计划的过程中也必然要涉及，而且在介入计划中可能就是要处理案主的情感问题，但工作契约本身应该是理性的产品，要经得起推敲和考验。

（4）工作契约并非一成不变的，在整个助人过程中，随着情况的变化可以不断的修改和完善。因此，工作者应当让案主了解这是一个不断修正和完善的过程，当出现新的问题、情况时，双方可以重新协商改变原来契约的内容。

（5）签订工作契约的过程是提升案主能力的过程。和案主共同订约，不仅仅是为了澄清现在的问题和未来的工作方向，同时也提高了案主的参与、沟通与投入的程度，加强了案主的自决意识。订约渗透了案主在设定目标和任务时的动机、认识以及为此而承担的责任。而且，它为界定问题、预估、计划和介入发展了双向的责任，同时也为结案时评估其成绩和服务效果、计划未来方向提供了基础。

（6）个案工作契约可以是书面的，也可以是口头的，并以后者最为常见。

（7）个案工作契约不像其他具有法律效力的协议，如违背契约将会带来严重的法律后果，不能履行个案工作契约的后果通常不那么严重，因此个案工作契约的基础不应建立在违反契约的惩罚上，而应建立在完成契约所能获得的好处上。在实际工作中，常常会遇到即便签了协议案主也不履行的情况，如案主在约好的时间不去见社工，也不回复社工的电话和邮件等。对此，工作者能做的并不多，但当案主和工作者或者机构发生纠纷的时候，协议就非常有用了。

二、制定工作契约的原则

一份好的个案工作契约一定是可操作性强的，制定这样的契约应遵循以下原则：

1. 契约应该是明确的

可操作的个案工作契约应该是明确的，没有秘而不宣的议程或隐含的意思。因此，契约的文字应该清楚、精简、具体和明确，尽力避免过多地使用个案工作术语，否则可能给案主带来混乱。

2. 契约应该得到个案工作者和案主双方的认可

个案工作者和案主在助人过程中双方享有同等的权利和责任，这在契约中应详尽说明，并能为有关各方接受。

3. 具有灵活性

法律契约是固定不变和具有约束力的，一直要维持到实现契约中的条款为之。然而，个案工作契约中的条款却不应看成是固定不变的，它可以在出现新的需要时重新协商。

4. 具有实用性

可操作的个案工作契约对个案工作者和案主都是可行的、现实的。契约的条款不应太宽松，太容易实现，也不应太严格，太难以实现。需注意，现实的条款有助于案主产生自己有能力处理和有能力把握情况的感觉，会有助于恢复案主处理问题的能力，反之，则会导致失败，增加案主的挫败感。

三、制定工作契约的要点

尽管每个案主都有其独特性，他们面临的问题和需求各不相同，要求工作者敏锐、细致入微地考虑，但协商个案工作契约的过程却是共通的。总的来说，契约需在以下几个方面达成协议：

1. 开展个案服务的原因

这一点之所以重要，是因为它决定了工作者和案主在助人过程中的所有后续行动。极为常见的是，个案工作者和案主对双方是否需要见面有不同的看法，那些非自愿的案主更是常有这种情况发生。在这种情况下，除非双方都同意他们需要见面，否则的话，就不能形成个案工作契约。

2. 要帮助案主解决的问题

同开展个案服务的原因一样，工作者对问题的看法可能与案主大相径庭，倘若如此，就没有进一步开展工作的共同基础。所以，在整个助人过程中，尤其是在评估阶段，工作员应同案主详细说明并确定要解决的问题。切记，案主有准备去面对的问题，解决的动机更强，否则可能会遭到案主的反抗，甚至造成案主退出助人过程。

3. 介入的目标和目的

到底是谁最了解案主的需要呢？工作者还是案主呢？工作者和案主在介入目标上有什么分歧呢？应该遵循谁的目标呢？要回答这些问题并非易事，形成介入目标也应是工作者和案主共同努力共同协议的结果。

4. 介入的策略

一般情况下，实现介入目标的策略都不止一个，所以要加以选择，而这个选择的过程应该有工作者和案主双方共同来决定。

5. 各自的权责

除了上述内容之外，工作契约中还应当写明工作者和案主以及相关当事人的权利、义务和责任。这对于案主而言，一方面是保障自身权益，并确保自己所获得的服务的品质；另一方面是通过强化案主责任来激发案主的参与和改变。

四、工作契约的形式

工作契约的形式是多样化的，通常使用的是口头的或正式的书面契约。这主要根据工作者和案主的喜好、机构的政策以及工作的正式程度来决定。

（一）正式书面契约

正式书面契约是较常用的一种形式，它非常清晰地反映了工作者和案主经过讨论协商后确定的问题、目标以及将如何去实现这些目标。通常可采用如下模版：

个案服务契约

案主姓名：__________ 性别：__________ 出生年月：__________

接案日期：__________

一、问题的描述

二、本协议的目的

三、个案服务的目标，目标达成的时间和方式

1.

2.

3.

……

四、权责确认

案主	社工

五、签章

案主签名：______________________ 日期：______________________

社工签名：______________________ 日期：______________________

机构负责人签名：________________ 日期：______________________

用正式书面形式的工作契约具有三个优点：一是比较正式，它意味着工作者提供的是专业化的服务，是非常规范的执行一定的程序；二是时时起着提醒作用。由于它是前期工作的结果和对未来工作的计划，随时都可以进行回顾，提醒工作者和案主切实的按照计划推进；三是意味着自己的一种承诺，无论是工作者还是案主，签名可以佐证大家是自愿按照这样的协议去做，无论后来碰到怎样的问题和困难，都不能随意否认。但是，它也有两条缺点：一是正式书面契约比较费时、费力，特别是工作者有时手头的个案较多，工作较忙时，要花时间撰写书面

契约颇费时间和精力；二是签订正式的契约，有时工作者也有担忧，由于一些复杂的原因导致契约无法履行的话，工作者是否要冒被起诉或上法庭的风险呢？

为此，工作者应对案主事先解释清楚签署服务契约的目的以及其特殊性，并用案主能够理解的语言加以叙述，如果案主不识字，我们最好除书面以外，用录音方式保存这份契约。最后，和案主签署的服务契约应复制一份放入案主的档案，在介入过程中以备需要时查阅。

（二）口头协议

口头协议是另一种重要形式。尽管只是口头上达成的，但在其他方面和书面契约一样，工作者、案主双方都要对计划过程中商定的具体目标和各自的任务与责任非常明确。

口头协议也有其长处和缺陷。长处在于：一是它很简洁明快，不需要花太多的精力去咬文嚼字，有利于提高效率；二是当案主是非自愿的或尚未建立信任关系的情况下，一般不愿签字，这种口头协议无须案主签字，也没有勉强案主的意思，可以有利于工作的开展和深入。而缺陷在于：口头协议容易遗忘细节，常会出现回顾时工作者和案主各执一词、回忆各异的情况。所以，建议当时能保留简短的记录，这样的非正式记录有助于需要时翻出来看看，不至于毫无依据。

因此，口头协议可以写成一个简短的摘要，把谁参与了决策，做出了什么决定，有什么可供选择的方案以及为什么有的被否定了等情况写入摘要，放入案主的档案以备查阅。

案例分析

个案工作契约的制定可以有多种形式，如下是其中一种，给大家作为参考：

同亲生父母或监护人的协议

本协议的签署方分别为社会福利署社工陈大文；黄少明的父母黄大有先生及黄太。本协议的目的是为黄少明的监护权做永久性的安排，他现在的监护权归社会福利署，父母想要回孩子的监护权。

为了达到这一目的，要做以下几点：

1. 必须改善做父母的技巧。
2. 父母必须改善与黄少明的关系。
3. 黄先生必须保留自己的工作。
4. 必须按时交付家庭各项开支（如房租、水电、日用品等）。
5. 家具必须能满足孩子的需要。

家长和社工各自负责履行协议中下述相应部分的要求：

父母	社会工作者
1. 去儿童院探访少明直至1995年2月28日。	1. 1995年1月24日前为黄太太报名参加父母课程。
2. 黄太太要参加每周的父母课程直到1995年3月14日。	2. 安排父母和孩子从1995年1月20日到1995年2月28日隔周末见一次面。
3. 陈先生要保住现有的职业直到1995年3月21日。	3. 隔周的星期五做一次家访，直到1995年3月14日。
4. 直到1995年3月21日，要按时交付家庭各项开支。	

本协议在1995年3月14日做检讨，以计划为达到目的的下一步要做些什么。实现要回监护权的目的的总的期限定位1995年1月17日至1995年3月21日。

黄大有先生和太太签名　　　　　　　　　　社工签名

项目四

介入阶段

项目描述

个案工作介入是社工为恢复和加强案主整体的社会功能开展的有计划、有目的的行动。在对案主进行需求评估的基础上所拟定的服务计划，在这个阶段付诸实施。“服务”“治疗”“介入”三个词常被交互使用于这个阶段中，指的就是协助案主解决问题的实际过程，这是个案工作程序中最重要的一个步骤，也是个案工作的最终目的，能否实现所设定的目标，完成预定的任务，就取决于工作者在此阶段能否有效地运用自己的知识、经验和技巧来满足案主的服务需求。

由于人的问题复杂多样，介入活动也要有相应的变化，因此社工采取的介入措施是多种多样的。

学习目标

1. 理解个案工作者的各种角色
2. 缓解案主情绪困扰，掌握心理社会治疗模式的方法和技巧
3. 帮助案主解除危机，掌握危机干预的方法和技巧
4. 掌握人本治疗模式的理念和方法
5. 消除案主问题行为，塑造新行为，掌握行为修正模式的方法和技巧
6. 澄清案主观念，掌握理性情绪治疗模式的方法和技巧
7. 改善案主周围环境，掌握家庭治疗的方法和技巧
8. 协助案主运用现有资源

导入活动

李老太79岁了，老伴已于6年前去世，子女也不在身边。虽然李老太身体不错，精神也挺好，但时常会感到孤独。个案工作者每个月都会去李老太家探访，了解她最近一段时间的生活状况和需求。工作者帮李老太联系了义工，每周三下午义工都会去李老太家看望她，天气好的时候，义工会和李老太一起出去散步晒太阳，有时义工也会陪老人去银行取钱、去医院看病、去市场买菜。工作者还邀请李老太到社区综合服务中心参加活动，在那里，李老太新认识了很多老年人，还参加了社区老人互助服务小组，经常为其他需要帮助的老人提供力所能及的帮助。

从上述案例可以看到，个案工作的介入不仅仅是坐在会谈室里进行一对一的个案会谈，陪伴案主、提供信息、调动资源等也都是重要的方式。

个案工作介入，既有直接针对案主本人的介入，也有通过改善案主周围环境而间接达到服务目的的介入。一般而言，个案工作有以下常见的介入方法：

1. 缓解案主情绪困扰
2. 消除案主危机
3. 给予案主充分的支持与鼓励
4. 改变案主的问题行为
5. 对案主的不合理信念进行澄清
6. 改善案主周围环境
7. 协助案主运用资源

在这些介入服务的开展中，工作者会扮演不同的角色，这是在介入工作中工作者应当发挥的职能和作用以及规范他们的一整套行为模式。个案工作者不同于慈善家，也不同于志愿者，虽然他们都是用爱心在奉献社会，但这些说法无法肯定工作者的专业地位，忽视了他们所拥有的知识和技巧。通常，在个案工作介入中，工作者承担着如下多重角色：

（1）使能者。个案工作强调“助人自助”，即帮助案主挖掘潜能，恢复和完善自助能力，通过自己的努力来解决问题，获得改变。因此，工作者要做的就是给予案主支持和鼓励，肯定案主的价值，调动案主的能力，积极面对并解决自己的问题。

（2）教育者。个案工作者扮演的教育者的角色和师生关系中教育者的角色不太一样，个案工作者不会主要发挥教育者的作用，而是在有些时候作为榜样做一个人际关系或行动的示范。

（3）协调者。个案工作者重视对资源的利用，而案主之所以陷入困境，往往也和其资源缺乏有关。个案工作者通常会掌握很多资源的信息，也善于充分的去寻找和调动资源，因此在资源的使用上工作者常常扮演协调者的角色，为有需求的案主调动相应的资源。

（4）治疗者。当案主处在问题情境中时，往往也面临着心理和情绪上的极大困扰，此时，工作者会运用自己的知识和专业训练帮助案主宣泄压抑的情绪，提高案主的认知能力，学习新的处事技巧以应对生活中的困难。这时，工作者就扮演了一个治疗者的角色，与心理辅导员的角色一致。

（5）倡导者。有时，案主问题的产生可能和相关社会政策的缺乏或社会制度的不公造成，倘若不能消除这些制度的缺陷则不可能从根本上解决案主的问题。另外，当工作者在协助案主争取一些服务资源时，也会存在资源分配不均或缺少资源，使得案主得不到合适的服务。鉴于此，工作者还要扮演倡导者的角色，利用自己的权利和身份，积极倡议机构以及社会对相关弱势者的关注，并动员案主一起争取一些合理的资源和权益。

下面，我们就来学学本阶段工作者具体的介入方法。

任务1

缓解案主情绪困扰

任务描述

心理社会治疗模式是个案工作最常采用的传统治疗方法之一，其基本原理与技巧对其后出现的其他治疗模式都有相当大的影响。随着心理社会治疗模式本身的发展越来越完善，影响力越来越大，它不仅成了个案社会工作中的主导模式，还推动产生了个案社会工作的标准处理流程。本项任务向您介绍心理社会治疗模式，以为你了解个案工作的流程，并引导案主做深入的探索、宣泄情绪提供参考。

任务目标

1. 思考心理社会治疗模式的治疗过程对个案工作流程的影响
2. 掌握直接治疗的各种技巧
3. 掌握间接治疗的各种技巧
4. 结合案例，按照心理社会治疗模式的治疗过程开展介入辅导

导入活动

李某，17岁，某重点中学高二学生，最近一段时间屡因逃课、不完成作业、打架等行为被老师请家长。李某的父母在其小学2年级时离婚，后父母均外出工作。李某和其外公外婆生活在一起，父母只是每月按时给他寄去生活费，偶尔打电话询问一下李某的学习，此外就很少联系了，更不经常见面。

老师每次要求李某请家长，都是由李某的叔叔前往学校，但对于李某的行为改变收效甚微。当李某叔叔再次被请到学校去时，李某问叔叔："我爸爸到底在干什么呢？他难道真的这么忙吗？难道连来看看我的时间都没有吗？"后经社工介入才发现，原来李某是故意逃课、打架、不做作业的，希望以这样的方式引起老师的注意，如果老师请家长的话，他就可以看到自己的父母了……

你怎么看待李某的问题？

知识介绍

最早使用"心理社会"这个名词的社会工作者是美国史密斯学院的夏健士（F. Hankins），而玛丽·杰雷特（M. C. Jarrelt）在1928年最早提出心理与社会治疗模式。1937年汉密尔顿

（G. Hamilton）出版了《个案工作的基本概念》一书，对心理与社会治疗的个案工作理论分析模式进行整理。19世纪60年代霍利斯（F. Hollis）出版了《个案工作——一种心理与社会治疗》一书，对心理与社会治疗模式加以发扬光大。

一、适用对象

有心理情绪困扰和人际关系失调的求助者。

二、价值取向与假设

心理与社会学派注重借助“人在情境中”把心理因素和社会因素结合起来帮助求助者，重视求助者自身的潜能和价值，认为个案辅导的目标就是要帮助求助者认识、开发自己的潜能，使求助者能够按照自己的价值做出更为合适的选择。它综合了许多相关理论，形成自己独特的理论逻辑体系。其价值取向和理论假设的核心主要包括以下方面：

（1）心理社会治疗模式认为个体的发展受到生理、心理和社会三方面因素的影响，它借用了系统理论“人在情境中”的概念，把求助者放到一定的社会环境中去认识，通过了解求助者所处的环境把握求助者的问题。它认为人与环境是一个互动的体系，人是在特定的环境中生活成长的，人所遭遇的问题也是在人与环境的互动中产生的，所以只有结合人与环境的互动，即考察“人在情境中的状态”，才能真正理解人的行为。

（2）心理与社会学派认为个人在过往所经历的事物、所持的观念，所学到的知识技巧都会影响到个人目前的一切。因此，了解其早年经历对了解个人现在和将来有很大帮助。同时，该模式强调了解人的自我调节功能，重视人格的强度。

（3）心理社会治疗模式认为人际沟通对个人的家庭关系和社会角色的扮演，对个人的超我和自我的形成都起着十分重要的作用。因此，该模式重视从人际交往角度观察人的问题，重视在人际交往中改善人的问题。同时，它还特别强调建立专业关系的意义，认为良好的专业关系将为案主提供新的人际交往的经验，有助于案主的成长。

（4）心理社会治疗模式认为，每个求助者都是有价值的，他们都具有发展自己的潜能，只是未被开发而已。因此，它们认为开展心理社会治疗工作的目的就是挖掘求助者的潜能，使求助者健康的成长。

三、治疗过程

受医疗模式的影响，心理社会治疗模式采用了“研究—诊断—治疗”的架构。虽然这三步在实际工作中是相互关联，无法截然分开的，但为了表述方便，这里还是一一介绍这三个环节。

（一）研究

心理社会研究是一个观察并把所得资料系统整合的过程。工作员须引导求助者认识他如何看待自己的问题、曾经怎样处理过这些问题以及为什么会遇到这些问题。工作员还要追溯求助者的童年经验、家庭关系、价值观念、对自己的看法等，观察求助者的情绪状态和身体健康，如是否有忧郁、惊恐、畏缩等情绪和失眠、疾病、伤残等生理问题，揭示求助者意识和无意识层面的各种内心冲突以及这些内心冲突与当前行为的关系。

（二）诊断

诊断是指整理和分析求助者的有关资料，并对其问题的性质、产生的原因以及发展的过程做出评估和推理的过程，一般包括以下方面的诊断：

（1）心理动态诊断。对求助者的本我、自我和超我的动态分析，以了解其人格的内部动力联系。虽然很多时求助者的问题产生自环境，但个人所谓的“自我强度”，即理解力、判断力、意志力、防卫机制和自我理想等，都会影响个人对问题的应变能力及其人际关系。

（2）缘由诊断。心理社会治疗模式认为，人的问题是逐渐积累和发展的过程，包括从过去到现在的一系列原因和结果，只有了解求助者问题的产生和发展过程，才能把握其实质。因此，缘由诊断是指对求助者的过去和现在的心理困扰和人际关系失调进行纵向的分析，以把握求助者问题产生和发展的内在逻辑。

（3）分类诊断。心理社会治疗模式指出，求助者的心理困扰和人际关系失调是各方面因素共同作用的结果，通常求助者的问题表现在生理、心理和社会三方面，因此分类诊断就是要求工作者对求助者的这三个方面做出临床评估，以全面、综合、系统地考察求助者的问题。

（三）治疗

治疗是对求助者的心理困扰和人际关系失调的各方面因素进行修正和调整，以使求助者有效适应外部环境，建立良好的人际关系，克服各种内心困扰，充分利用自身的潜能健康发展。心理社会治疗模式的治疗目标主要有五个：一是减轻求助者的焦虑和不安；二是减轻求助者的系统功能失调；三是增强求助者的自我适应功能；四是增强求助者的自我实现和满足感；五是改善求助者的生活环境以解决问题。这些目标的达成，通过如下具体技巧：

1. 直接治疗技巧

直接治疗技巧是指直接对服务对象进行辅导、治疗的具体方法，又根据工作者与服务对象的沟通状况分为非反映性直接治疗技巧和反映性直接治疗技巧。

（1）非反映性直接治疗技巧。指工作者直接向服务对象提供各种必要的服务而服务对象只处于被动服从位置的各种辅导技巧。

①支持。工作者通过表示了解、接纳、同感、信任、乐于帮助的态度去减轻求助者的不安和焦虑，进而与其建立信任关系。工作者专注地聆听、温情的语调、不时点头、友善的笑容等都是表达支持的有效技巧。

②直接影响。工作者间接或直接的表达自己的态度和立场来促进去消除求助者的某些行为。直接影响能够对求助者产生直接、有效的作用，但为了避免工作者把自己的价值观强加给求助者，避免滋养求助者的依赖心理，工作者在采用此种方法前，应先与求助者商讨以了解其真实情况，然后征求求助者意见，让其自行决定是否需要指导，并协助他们自己做决定。直接影响可能会使求助者对社工产生一些短期的依赖，但这对于那些身处危机或初来求助的人是十分必要的。

③探索—描述—宣泄。事实上，这种技巧出现在心理社会治疗模式的各个阶段，指工作者通过求助者的描述和解释探索求助者的问题，并为求助者的情感宣泄提供机会，改变其不良行为。不过，对于某些求助者来说，重复谈论一些焦虑、悲痛的感受和经验不但使他得不到帮助，反而更使他泥足深陷，难以自拔。对于此种情况，工作者要适当把话题进行转移或与他一同寻找解决问题的办法。此外，工作者还应留意到某些会滥用宣泄机会去满足自怜甚至自虐需要的人，工作者要尽量避免受到他们的支配。

（2）反映性直接治疗技巧。指工作者通过与服务对象相互沟通交流，引导服务对象正确分析和理解自己问题的各种技巧。

①现实情况反映。当求助者遇到内心困扰和人际关系失调时，通常无法客观的认识和评价自己的实际生活状况，因此工作者要用到一些专门的技巧协助求助者对其目前所处的外部以及内心困扰做出正确的理解和评价。现实情况反映主要涉及六个方面：

反映类别	反映内容	应用
外在反映	求助者对他人、环境和自己健康的认识和评价	例如，父母不理解青少年的反叛行为其实是成长的必经之路，他们会为子女的衣着言行而大惊小怪，导致亲子关系恶化。此时，工作者可以协助案主自己解释各种导致其子女转变的可能或直接灌输以正确的知识以纠正他们错误的思想
内外在反映	求助者的行为和决定如何影响别人和他自己	例如，对一个严厉的母亲，工作者可以说：“××女士，当你时常在亲友面前指责儿子不中用时，不知他有什么感受”
内在反映	协助求助者对自己的感受、思想和行为更深入的认识和评价	通常会运用支持的技巧来引导案主谈及耻辱、愤怒等隐藏的感受，如工作者说：“有时要父母毫无怨言的照顾一个严重智力障碍的孩子，真是很不容易的”
对环境刺激的反映	帮助求助者认识外部环境刺激与自己错误观念之间的联系	例如，一个思想保守的丈夫会认为妻子外出工作是对自己瞧不起的表现，夫妻摩擦因此而生。工作者可引导丈夫了解自己对妻子外出工作和自己保守思想之间的关系，从而认识其反应的原因

续表

反映类别	反映内容	应用
自我评估	求助者超我和自我形象有关的自我认识	例如，对一个因面临高考而恐惧不安的中学生，工作者可以说：“××，你不觉得你给自己的压力很大吗？其实你在平时考试和市里的一模、二模中都考得很好，你应该相信自己的能力才对”
对工作者和治疗的反映	帮助求助者消除对工作者和治疗过程的误解和担心	工作者要尽量鼓励案主自己去思考和谈论自己的感受和经历，同时不断运用支持技巧以让案主不会觉得自己是受到威胁和审查

②心理动力反映。现实情况反映只是为求助者提供当前状况的认识和评价，而心理动力反映旨在了解案主内心的反应模式和倾向。个体的早年经验往往为我们营造了一些对人对事的反应模式和倾向，这些下意识的反应常常会影响到我们现在的适应能力。若工作者能通过某一人际事件为契机，诱发案主思索他对相似事件的反应模式，则对案主了解自己的问题会有很好的帮助。在运用此种技巧时，工作者要指出求助者经常采用的不良反应方式，并引导求助者对自己的问题进行分析、理解，找到问题产生的原因以及发展的具体过程。

运用	分析
工作者对一个因害怕失去儿子的爱，而导致管教上出了问题的母亲发问：“你有没有觉得当你管教女儿的时候颇有分寸，但面对儿子时，你却显得那么害怕和不知所措呢”	工作者没有阐释问题的原因却鼓励案主自己寻找答案。当案主了解自己这种行为模式后，工作者便可继而引导她找寻对儿子溺爱的根本原因——害怕失去父亲和丈夫的爱——早年经验的结果

③人格发展反映。由于案主早年未被满足的需要和未被解决的情绪冲突对其人格发展影响很大，因此工作者要帮助案主重新认识和修正自己对早年的痛苦经验的反应。工作者可先与案主探索往事，给予宣泄的机会，继而把早年经验与目前的感受和行动做个连接。

运用	分析
案主：“我恨我的父母，他们重男轻女，不让我上大学，害得我前途受阻……（宣泄）” 工作者：“你是否清楚他们为何不让你上大学呢？是不给你机会还是他们根本没能力供你呢？刚才你说高三那年父亲失业了，直到你弟弟中学毕业后生活才好转”	在案主对父母的敌意得到宣泄后，工作者可进行重估工作，即让案主觉察自己对父母的反应是如何建立起来的。在与父母的关系修正后，案主对异性的反感（来自重男轻女的感觉）也可能有所改善

2. 间接治疗技巧

间接治疗技巧是指通过改善案主的周围环境，如父母、朋友、亲属、邻里、同事等多个方面，间接影响服务对象。改善环境的有效方法有四个，它们也是直接治疗中的治疗，即支持、直接影响、宣泄和现实情况反映，在此不再赘述。在采用间接治疗技巧时，工作者需尊重案主的自决权，无论工作者采取什么样的治疗技巧，都必须首先征得案主的同意，由案主自己决定是否需要改善自己的外部环境。另外，工作者还需要注意保密等原则，以避免对案主产生不利影响。

四、评价

（一）贡献

心理社会治疗模式受到很多人的赞扬，其基本概念也被其他个案工作理论分析模式广泛采纳。事实上，目前大多数个案工作理论分析模式都是一般意义上的心理与社会分析模式，这种模式的主要贡献表现在以下方面：

（1）全面探讨求助者的问题。心理社会治疗模式把求助者的问题视为由生理、心理和社会各方面的因素共同作用的结果，要求工作者全面分析求助者的困难。

（2）保持开放的态度。心理社会治疗模式本身就是广泛吸收不同理论和见解的结果，它融合了心理学、社会学、文化人类学、病理学和系统理论等有关认识，并加以发展，形成独特的治疗模式。心理社会治疗模式在发展过程中始终保持一种开放的态度，不断吸取其他个案工作理论分析模式的优点，并将它们融入自己的理论分析模式中，丰富和发展自己的理论体系。

（3）发展出了一套完整的治疗方法。心理社会治疗模式发展了直接影响求助者的直接治疗方式，还发展了改善求助者外部环境的间接治疗方式。它的方法和技巧几乎涉及个案工作的各个层次，贯穿整个治疗模式。

（二）局限

心理社会治疗模式的局限也非常明显：

（1）心理社会治疗模式把工作者与求助者的关系理解为治疗关系，就像医生对待病人一样，容易把案主“问题化”“病态化”。这样的认识一方面会妨碍求助者心理困扰的消除，因为心理困扰与生理疾病不同，它与求助者的人际交往相关，受到他人评价的影响，所以把求助者视为病人对于求助者不良行为的改变是不利的；另一方面不利于发掘案主潜能，尊重求助者的自决权，而且对于工作者来说，也容易把自己视为权威。

（2）心理社会治疗模式花的时间相对较长，工作进展也较缓慢，工作者常常要通过漫长的反映讨论才能改善案主的一点感受和行为。因此，使用这种模式的成本相对较高，且对于那些对解决问题信心不高的案主来讲不利于树立他们的信心。

（3）心理社会治疗模式要求案主有较强的语言表达能力和内省能力，因此对于那些智障人

十、精神疾患者或儿童等，难以发挥效用。

案例分析

小雯，32岁，看上去很瘦弱。她因为被丈夫毒打而逃到妇女救助中心避难，社工在和小雯的谈话中，了解到她曾有过很多创痛经历。她3岁时母亲去世，父亲离家出走，抛下她和妹妹，至今音信全无。她从此在大伯家生活，忍受白眼和打骂，终于熬到初中毕业，她就出来打工，希望可以靠自己的双手养活自己。可是在工厂也屡屡遭到别人的欺负，22岁那年匆忙嫁给了一个推销员，结婚第二年，生下了女儿。她的丈夫不仅好吃懒做，而且喜欢到外面寻花问柳，回家对妻子、女儿经常不是骂就是打，有时还把外面的女人带回家。小雯总是逆来顺受，每次以泪洗面，不忍心让女儿再过自己童年没有父母的日子。随着谈话的深入，小雯终于道出了自己在童年时惨遭大伯的毒打，并常常罚她站在猪圈里，有时一天都没有饭吃的情形。她恨爸爸的无情，抛下她和妹妹不管，也惧怕大伯也把她赶出家门，所以从不敢反抗，只能偷偷躲在被窝里哭。童年时期的经历使她承受了身体和心灵的创痛，而这样的创伤经历一直延续到她今天的婚姻生活中，始终有一种对自我的无力和无助的感觉。工作者在了解小雯的情感经历后，将跟她一起探讨如何看待过去的经历，如何来掌握自己未来的命运。

任务2

改变案主的问题行为

任务描述

当案主对问题有了客观合乎逻辑的认识之后，其行为也应该有很大的改变。工作者需要借助一些行为治疗的方法来帮助案主减少或消除不适当的行为方式，注意案主每一个进步并给予鼓励，同时要耐心对待案主行为的倒退和维持原状，注意观察背后的原因。本项任务向您介绍行为修正模式，以为您帮助案主消除问题行为、塑造良好行为提供参考。

任务目标

1. 理解行为修正模式的理论背景

2. 能结合实际，选用放松练习、系统脱敏疗法、满灌疗法、厌恶疗法、代币管制法等消除案主的问题行为，塑造案主良好的行为模式

导入活动

你有没有见过一些很“聪明”的小狗，它们不仅知道自己的名字，还能听懂主人发出的“坐下”“起立”等指令呢？难道这些聪明的小狗真的能听懂人的语言吗？

原来啊，主人在训练狗狗时，通常会在给小狗食物的时候，不断地叫小狗的名字，久而久之在小狗脑子里，它的名字就是“开饭了”的代词，这样，等你再呼叫它名字的时候，它就会应你了。

知识介绍

行为修正模式把治疗的目标集中在可见的问题行为，探讨求助者不良行为产生的外部条件、机制以及具体发展过程，以便指导求助者调整或矫正不良的行为方式，更好地适应外部环境。

一、适用范围

服务对象出现了偏离常态的、不被社会其他成员所接受的行为，需要对这些行为予以消除，或是希望培养、塑造服务对象好的、令人期待的行为习惯。

二、行为修正模式的理论背景

行为修正模式的理论发展大致可以分为三个阶段。

1. 经典条件反射理论

俄国生理学家巴甫洛夫最早提出经典性条件反射的概念。他发现，当狗看到食物时，会分泌唾液，而如果每次呈现食物时都反复打铃，狗就逐渐“学会”在只打铃而没有食物的情况下分泌唾液。这是因为食物引起狗的唾液分泌是刺激引起反应的自然现象，不需要经过学习，所以食物是无条件刺激，由食物引起的唾液反应则叫无条件反应。而铃声对唾液分泌而言本来是毫无关系的中性刺激，当中性刺激和无条件刺激多次联结建立起关系后，狗就会听到铃声时分泌唾液，因此中性刺激所引起的反应则称为条件反应。

中性刺激与无条件刺激在时间上的结合称为强化，强化的次数越多，条件反射就越巩固。当某种特定条件刺激反应形成后，与之类似的刺激也能激发相同的条件反应，如狗对铃声产生唾液分泌反应后，对近似铃声的声音也会产生反应，即泛化，俗话说“一朝被蛇咬，十年怕井绳”就是这个道理。而当条件反射建立以后，如果多次只给条件刺激而不用无条件刺激加以强化，那么条件反射的反应强度将逐渐减弱至消失，即消退。例如，对以铃声为条件刺激而形成唾液分泌条件反射的狗，如只给铃声，不用食物强化，多次以后，则铃声引起的唾液分泌量将逐渐减少，甚至完全不能引起分泌。

2. 操作性条件反射理论

操作性条件反射由斯金纳提出，它是指有机体的某个行为会导致环境发生变化，并进而影响有机体的继后行为。如果这种影响是积极的，有机体就会倾向于做出同样的行为，如果这种影响是消极的，有机体就会倾向于抑制这种行为。影响操作性条件作用的刺激有两类，需要性刺激和厌恶性刺激，同时又可以把每一类刺激分为给予和消退两种情况，根据这两项指标，就可以把影响有机体的行为分为以下四种，我们结合“早起”这一行为分别进行阐释：

（1）正强化。当有机体做出一个行为后，给予一个需要性刺激，使有机体的该行为出现的频率增高，如当儿童早起后，给予其表扬、奖励等需要性刺激，以此促使儿童早起。

（2）负强化。通过消减厌恶性刺激使有机体的期待行为的出现率增高。例如，对某儿童而言，非常讨厌妈妈的唠叨，如要培养他的早起行为，则可以通过减少妈妈的唠叨来实现。

（3）正惩罚。通过给予厌恶性刺激使有机体的不适应行为逐渐消退。例如，当儿童晚起时，对他进行惩罚，则会降低他的晚起行为。

（4）负惩罚。当有机体做出一个行为后，他所希望得到的需要性刺激消失，则该行为出现的频率就会下降。例如，儿童非常喜欢在早餐吃某种食物，而当他晚起时，都不能吃到那种食物，因此会减少自己的晚起行为。

3. 社会学习理论

班杜拉创立了社会学习理论，提出了观察学习，强调人的认知在行为学习中的作用，认为人的大部分行为是通过示范、观察、模仿获得的。

三、行为修正模式的特点

虽然上述三项理论的基本假设有较大差异，但它们在一些基本问题上的认识却非常相似，综合起来，它们具有以下一些共同的理解。

1. 重视可观察、可度量的外显行为

上述三种理论都强调科学的方法必须可以观察、可以测量，因此它们把行为作为研究的中心，尽可能使治疗方法、过程和结果具体明确，这样，治疗的有效性就可以检验。另外，这三种理论都探讨行为习得的条件、过程和规律，不去研究行为背后的人格、动机和自我等问题，在行为修正上也把不适应行为的改变作为辅导目标，而通常不去调整该行为产生的其他方面原因。

2. 以学习作为核心概念

这三种学习理论都关心行为学习的具体机制和条件，认为有机体的适应行为和不适应行为都是通过学习获得的，要想改变不适应行为或获得适应行为必须通过具体的学习过程。因此，这三种学习理论认为，学习是实现治疗的手段，行为的修正其实是一些获得和消除行为的学习过程。

3. 强调外部环境在行为习得中的作用

这三种理论认为外部环境的刺激必然会导致有机体的特定行为，只要改变外部环境，有机体的行为就会发生变化。因此，通过控制和消除外部环境的刺激因素就可以调整和改变有机体的行为，使有机体产生适应性行为反应方式。

四、治疗方法

行为修正模式的治疗技术发展比较完备，在此我们简要介绍几种常见的方法。

1. 放松练习

放松练习是让当事人把注意力集中在身体肌肉的活动和保持心境平静上，养成随时可以通过放松自己来抵御外在刺激干扰的习惯，目的是通过求助者的身体放松缓解其生理和心理的各种紧张、焦虑。通常，放松练习可以从以下几个环节来进行：

（1）呼吸放松。引导案主用鼻子进行自然的深呼吸，至少持续一分钟，保持节奏舒缓，使身体放松。

（2）肌肉放松。先让案主身体的某组肌肉紧张，以了解紧张的感受；然后让案主放松这组肌肉，并同紧张状态比较，体会放松的感觉；再通过几次紧张和放松的练习，使求助者逐渐能自觉放松这组肌肉。通常从头到脚的放松一组组肌肉群，使案主最后学会放松整个身体。

（3）想象放松。用非常轻柔、愉悦的声调引导案主想象自己正处于令人轻松、自在、安全的情境中，如静坐在湖畔，或在美丽的田野散步，以进入安静平和的状态。

2. 系统脱敏

系统脱敏主要用于消除如社交恐怖、广场恐怖、考试焦虑等各种恐惧症状，要求求助者

在放松状态下逐渐靠近、接触恐惧对象，这样就可以抑制或消减求助者的焦虑反应，从而帮助求助者逐渐克服恐惧症状。

系统脱敏的具体方法为：首先，了解求助者的焦虑，并将其焦虑根据严重程度分为不同的焦虑层次，从低到高排序；其次，让求助者想象自己或实际处于最低层次的焦虑状态，让其体验恐惧、焦虑的感觉，同时指导求助者做放松练习，直到消除这一层次的焦虑症状为止；再次，让求助者进入上一层次的焦虑状态，体验恐惧、焦虑的感觉，同样做放松练习克服这一层次的焦虑症状；最后，以此类推，从低到高逐渐进入到每一层的焦虑状态，通过放松练习消除求助者的恐惧、焦虑。

3. 满灌疗法

满灌疗法又叫暴露法、快速脱敏法，指让求助者直接处于最严重的焦虑状态中，直到其焦虑症状消除。满灌疗法是为了克服系统脱敏法的缺陷设计的，由于系统脱敏法的治疗时间一般比较长，在运用时受到很大限制，因此满灌疗法采取了与之相反的策略。满灌疗法认为求助者的害怕行为是一种条件反应，如果求助者采取逃避方式，只会增强其恐惧强度，起到负强化的作用。对此，就需要让求助者直接处于最严重的焦虑情境中，使其不得不面对自己的恐惧，通过反复做这样的练习，直到求助者对此变得习以为常，不再感到害怕为止。不过这种方法会给求助者身心造成极大压力，不适用身体虚弱、承受力较低的求助者。

4. 厌恶疗法

当出现一个不适应行为时，就呈现如药物、电击、想象等厌恶性刺激，使求助者的不适应行为与厌恶性反应建立联系，这样求助者就会逐渐回避或放弃不适应行为，常用在戒烟、戒酒、戒毒、减肥等行为中。例如，对于酗酒者，当其饮酒后，就让其服用呕吐药物，使酗酒者的饮酒行为与呕吐、恶心等不愉快反应建立联系，这样酗酒者就会回避酗酒行为。由于厌恶疗法有副作用，一般在使用前需征得求助者的同意。

5. 代币管制法

代币管制法假设一种原本无强化作用的刺激物即代币，与真正的强化物建立联系后，就会获得强化作用。例如，各种奖状、积分卡等，这些东西原本对人的行为并没有强化作用，由于它们代表了一种荣誉或其他强化物，因而对人的行为产生强化作用。

五、评价

（一）贡献

行为修正模式从求助者的行为着手，探讨求助者行为产生、发展和变化的规律，与其他个案工作理论分析模式相比，它具有明确、可观察、可测量和易操作等特点。

（1）行为修正模式具有科学的实验基础。行为修正模式的方法和治疗技术来自经典条件作用理论、操作性条件作用理论和社会学习理论的科学试验，它们经过反复的实际验证，因此具有较为严格的科学性。多年的临床实践也证明，行为修正模式的治疗效果比较明显。

（2）行为修正模式的治疗方法和技术比较系统，而且也比较容易操作。经过几十年的不断探索，行为修正模式已形成较系统的治疗技术，像经典条件作用的放松练习、系统脱敏，操作性条件作用的代币管制、厌恶性疗法以及社会学习理论的模仿治疗等，比较完备。对于工作者来说，这些技术比较规范，因而也比较容易运用。

（3）行为修正模式的治疗方法和技术比较明确，治疗的标准和效果易于观察和测量。行为修正模式的任何一项治疗技术都具有明确的操作程序和标准，至于操作的过程、治疗的效果等情况也容易观察和测量。因此，工作者很容易了解自己运用行为修正模式治疗技术的状况，并与他人进行比较分析，做出总结。

（二）局限

虽然行为修正模式仍是重要的个案工作理论分析模式之一，但也同时受到许多批评，其局限主要表现在如下方面：

（1）行为修正模式过于看重外部环境的作用，而忽视对求助者内心的探讨，忽视了人的能动性。正如行为修正模式的代表人物之一华生所说："假如给我一打婴儿，我能把他们培养成教师、医生、律师、小偷……"行为修正模式过于强调外部环境对人的行为的塑造作用。但通常人的行为是受其认知和态度影响的，如果只从服务对象表面的问题行为入手，只探讨求助者行为的产生、发展和变化的规律，而不去理解其行为背后的意义，是无法揭示求助者行为的实质，也无法从根本上解决服务对象的问题的。同时，当我们要去培养服务对象的某种行为时，如果不能激发他们内在的改变动机，那么行为改变的效果也是难以持久的。

（2）行为修正模式过分注重行为症状的消除。行为修正模式把求助者的困难理解成不适应行为问题，认为只要调整求助者的行为，使其不适应行为消除，就能解决困扰。这种方法会使求助者的问题出现转移或隐藏，因为不同的动机可以有相同的行为表现，而同一动机也可以有不同的行为方式。因此，虽然求助者的行为发生了改变，但并不表明求助者的心理困扰消除了。

（3）行为修正模式以工作者为中心，忽视求助者不同的价值观以及对自己生活的理解和选择能力。

案例分析

王某，男，16岁，家住达州城郊农村。很小的时候，父母就离异，并判予父亲，但大多数时间和爷爷奶奶在一起生活。爷爷奶奶总觉得孩子命苦，给予他更多的是溺爱和袒护，还一味地在物质、行动上满足王某的需要。加之父亲很少回家，更没时间管教，王某犯错之后，父亲会狠狠地揍他。进入班级学习后，王某就经常打同学，因此同学们都很怕他，不愿意和他交朋友；他自己上课要么就在座位上喋喋不休讲话或发出怪声，要么随意离座走动，作业也经常不做，即使偶尔做一次，也是字迹很乱；学习态度极差，参与在校实作实训极不认真，常常达不到实训要求。

所有的任课教师和实训教员大都认为：已经对他运用了多种教育方法，但是，王某反复无常，软硬不吃。个别教师对他失去了信心，只要上课时他不严重破坏课堂秩序也就不管他，任其他的一些不良习惯放任自流，因而王某也常常表现出一种自暴自弃。该例中王某若长此以往，必将给王某今后的成长及整个人生道路带来极其严重的影响。

1. 案例分析

社工对该生的情况做了基本调查后，认为该生的多种行为表现，主要在于打同学，上课破坏课堂秩序，作业马马虎虎，不认真进行实作实训。就其基本情况来看，其主要原因在于家庭教育方式不当，成长环境不良，上学后老师引导不够，让该生放任自流，使之无法正确认识自我，甚至不辨是非。加上部分老师的放弃，也使该生产生自暴自弃情绪，失去自信，从而表现出种种不良行为。

2. 运用行为修正模式介入辅导

（1）确定对王某采取矫正措施前的基线水平。通过一个周期的观察和记录结果显示：王某每天主动攻击同学（以手或脚接触到同学身体，强度以同学感觉到痛为准）的次数平均为10次；上课违纪行为和离座行为平均为每节8次，上课未经允许讲话或怪叫平均为20次，课堂作业和实训作业一次也没有完成。

（2）签订契约，明确双方的行为要求。把在与王某交谈中了解到的他想参加学校足球队，并想拥有一套球衣的这一愿望作为强化物。先联系家长和学校足球队负责人，让家长同意王某在达到目标行为后给予每项2元的奖励，达不到的行为不给，作为购买球衣的钱保存。早日达到目标行为就早日买球衣，不足的钱由父亲补足。同时，让足球队长答应王某在行为转变后加入学校足球队，然后与王某商量签订了如下契约：

行为契约

契约日期：2009年9月14日—2009年9月18日

当事人：工作员、王某，双方同意每周达到下列目标行为：

（1）每天主动攻击同学少于2次。（2元）

（2）每节课离座少于4次。（2元）

（3）每节课自言自语或怪叫少于10次。（2元）

（4）每天按时完成并交上各科课堂作业。（2元）

（5）实训作业精益求精，达到较高标准（基本要求）。（2元）

3. 辅导的初步效果

经过一段时间的心理疏导和耐心细致的教育以及制定行为契约，任课教师和同学反映，该生在许多方面都有较明显的进步。特别是行为契约实施后的效果更加明显。

第一周，王某全部达到了契约中所规定的目标行为，工作员与他商量修订了契约，要求他每项的频率低于1～2次。实训作业达80%的合格率。在第二周的任务完成后，第三周又修改了契约，要求他每项都能达到0次。第四、五周开始对其进行追踪观察，稍有反复，但通过会谈，不良行为已明显减少。该生对班集体也比以前关注了，与班上其他同学关系明显好转。在心理方面，一改往日的“独来独往、自暴自弃”，半学期后，他也如愿以偿地获得了球衣，加入了学校足球队。

任务3

对案主的不合理信念进行澄清

任务描述

在很多情况下，案主问题的产生并非因为事件本身，而是案主本人对事件所持的看法和态度。因此，工作者需协助案主反省自己对事物的看法和态度，检视自己思考问题的方式，使案主对自己的个性、情绪和问题有进一步的了解，澄清和修正以前非理性的信念，建立更合乎实际的逻辑思维方式。

本项任务向读者介绍理性情绪治疗模式，以为你帮助案主澄清不合理信念提供参考。

任务目标

1. 理解理性情绪治疗模式的适用对象和理论基础

2. 了解非理性信念的特点和表现

3. 结合实际，根据理性情绪治疗模式的步骤，选用恰当的方法对案主的不合理信念进行澄清

导入活动

小张和小李是好朋友，他俩在大一参加的英语四级考试中，都没能通过。小张觉得自己花了太多时间参加社团活动，以至于忽略了学习，致使自己考试失利，但是在毕业前还有很多次考试机会，因此小张也没把这件事放在心上。而小李却认为自己从小到大考试都没失手过，更何况自己现在还是班上的学习委员，四级没考过，不仅产生了强烈的挫败感，还觉得其他同学都会嘲笑自己，因此承受了巨大的压力。

在上述情境中，小张和小李面临相同的事件，但为什么对他俩的影响却截然不同呢？

知识介绍

理性情绪治疗模式是认知疗法的一种重要理论分析模式，由美国心理学家艾利斯在1955年创立。同行为修正模式关注外界环境对个体行为塑造的影响并着力于修正问题行为不同，理性情绪治疗模式认为人的问题的产生源自非理性的信念，并且这对求助者的行为起着重要作用，所以仅从行为上进行矫正无法改变人的非理性信念，也无法消除外部行为的内在不良动机。因此，理性情绪治疗模式的辅导重点都在澄清非理性信念，并建立起新的理性的信念。

一、适用对象

受非理性信念影响，而出现情绪或行为问题的服务对象。

二、理论基础

(一) 理论框架

理性情绪治疗模式对求助者心理失调的原因和机制进行了深入的研究，并将研究结果概括为ABC理论。A代表引发事件（activation events），指求助者当前遇到的、对其产生了影响的事件、思想、感受、行为、回忆等。B代表求助者的信念系统（beliefs），指求助者对引发事件的认知和评价，可以是理性的，也可以是非理性的。C代表引发事件之后出现的各种认知、情绪和行为结果（consequences）。

理性情绪治疗模式认为，求助者的认知、情绪和行为结果并不直接由引发事件而导致，而受到个体信念因素的影响。如果求助者根据自己的非理性信念看待引发事件，那么就会导致求助者的不良情绪和行为。因此，有效的帮助就是对求助者的非理性信念进行质疑，可以通过D（disputing）来表示，由此协助求助者克服非理性信念，最终消除其情绪和行为困扰，形成有效的理性生活方式，达到目标E（a new emotional and behavioral effects），即产生新的、积极正面的情绪和行为结果。

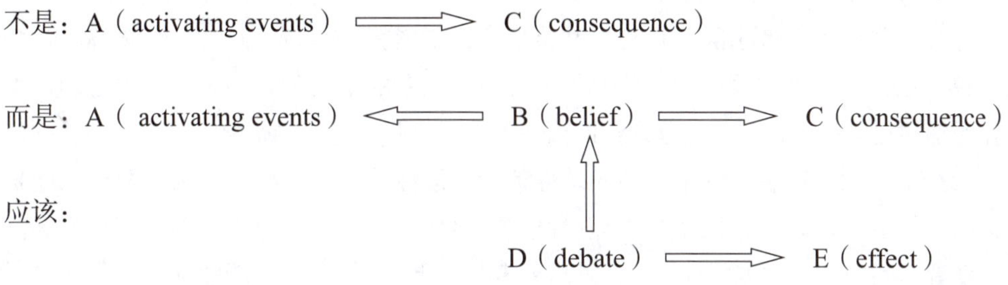

(二) 非理性信念

艾利斯认为，非理性信念具有绝对化、过分概括和糟糕至极的特点。绝对化是指求助者对自己的要求过高，希望自己的生活完美无缺，无可挑剔，通常带有“必须”“肯定”“应该”“一定”等字眼，僵化刻板、缺乏灵活性。过分概括是指求助者把自己在某一具体环境中得出的特定认识看法概括为所有事物的普遍特征，这样的信念往往是以偏概全的。糟糕化是指认为时间的发生会导致非常可怕的甚至灾难性的后果，这种非理性信念常使个体陷入羞愧、焦虑、抑郁、悲观、绝望、不安、极端痛苦的情绪体验中而不能自拔。具体来讲，艾利斯提出了11种非理性信念：

（1）个人绝对要获得周围的人，尤其是周围重要人物的喜爱和赞许。

（2）一个人应该是全能的，只有在人生道路的每一个环节都有成就才能体现人生的价值。

（3）世界上有一些无用、可憎、邪恶的人，对他们应该歧视、排斥，并给予严厉的谴责和惩罚。

（4）当生活中出现不如意的事情时，就有大难临头的感觉。

（5）人生充满艰难困苦，人的责任和压力太重，因此必须设法逃避现实。

（6）个体的不愉快均由外在环境因素造成，因此无法克服痛苦和困扰。

（7）对危险和可怕的事情应高度警惕，时刻关注，随时准备他们的发生。

（8）个人以往的经历决定现在的行为，而且是永远无法控制、改变的。

（9）一个人需要依赖他人而生活，因此必须有一个强有力的人让其依附。

（10）一个人应该十分投入地关心他人，为他人的问题而伤心难过，这样才能使自己的情感得到寄托。

（11）人生的每一个问题，必须要有一个精确的答案和完美的解决办法，一旦不能如此，就十分痛苦、糟糕。

三、实施方法

（一）辅导目标

理性情绪治疗模式把辅导目标分为两步：

第一步：帮助求助者消除不适当的情绪反应，如紧张、自贬、敌意、沮丧等。这些情绪反应不仅无法推动求助者改变现实状况，而且使求助者的情绪和行为困扰变得更加严重。因此，作为辅导目标的第一步，就是要帮助求助者消除这些不适当的情绪反应，克服情绪困扰。

第二步：帮助求助者改变不良的非理性信念。理性情绪治疗模式认为，导致求助者情绪和行为困扰的最根本原因是求助者的非理性信念，只消除求助者的不适当情绪反应还无法彻底根除求助者的问题，因此需要进一步帮助求助者建立更为理性、实际和宽容的人生哲学，以便使求助者在未来的生活中有效处理自己面临的问题，摆脱情绪困扰。

理性情绪治疗模式认为，工作者应该帮助求助者成为一个理性、健康的人，这样的人通常具备如下素质：对自己和他人有兴趣、接纳自己、独立、宽容、对生活充满信心、投入、具有冒险精神、具有开放的态度、能系统深入地思考和理解生活的限制。

（二）辅导过程和方法

理性情绪治疗模式以帮助求助者改变非理性信念为中心形成一套较完整、明确的辅导方法，具体包括如下几方面内容：

1. 明确辅导要求

在求助者接触理性情绪治疗模式的开始阶段，工作者除了要同求助者建立良好的专业关系外，还要向其介绍理性情绪治疗模式的特点，使其明确自己的情绪或行为问题，确定与情绪或行为问题关联的事件以及与情绪困扰同时产生的心中的想法。更重要的是要让服务对象认识到导致自己情绪、行为困扰的因素并非具体的引发事件，而是自己的非理性信念。

2. 检查非理性信念

当求助者认识到自己的困扰来自于非理性信念时，接下来工作者就要鼓励求助者寻找他的非理性信念，并帮助其理解这些非理性信念与具体的情绪、行为困扰之间的联系。具体来讲，可以采用四种方式来检查求助者的非理性信念：

①反映感受，通过求助者描述自己的情绪和行为困扰，表达自己的各种感受，从而识别出背后的非理性信念。

②角色扮演，通过让求助者扮演特定的角色，重新体会当时场景中的各种情绪困扰、行为表现以及非理性信念，这样，工作者就可以帮助其分析各种困扰与非理性信念之间的关系。

③冒险，指让求助者从事自己担心害怕的事，从而使其各种非理性信念表现出来，这样，求助者就可以通过与以前感受的比较，发现造成自己情绪和行为困扰的非理性信念。在使用这种技巧时，工作者需要鼓励求助者与以前的体会进行比较，并把感受的各种变化表达出来。

④识别，指工作者根据非理性信念的特征帮助求助者分析、认识和辨别其非理性信念。

3. 与非理性信念辩论

发现非理性信念后，工作者就需帮助求助者同这些非理性信念进行辩论，让其认识到它们的不合理之处以及危害，并鼓励求助者摒弃这些非理性信念，学习讨论理性信念，采取积极的行动改变现状。与非理性信念进行辩论的方法有很多，主要包括：

①辩论，指工作者帮助求助者对自己的非理性信念的不合理之处进行质疑，动摇非理性信念的基础。

②理性功课，即工作者给予求助者各种学习理性信念的机会，尤其是帮助求助者改变“应该……”“必须……”等非理性信念的语言模式，使其形成理性的思维方式。

③放弃自我评价，即工作者指导和鼓励求助者放弃用外在的标准评价自己，逐渐消除非理性信念的影响。

④自我表露，指在辅导过程中，通过工作者表露自己的感受来使求助者观察和学习理性的反应方式。

⑤示范，指通过工作者具体的示范行为，让求助者理解和掌握理性的信念以及合适的情绪和行为反应方式。

⑥替代性选择，指工作者鼓励求助者尽可能地多想象不同的生活方式，引导求助者比较这些不同的生活方式，从中找出最为合理的理性情绪和行为反应模式，并以此替代原有的非理性生活方式。

⑦去灾难化，当求助者处于糟糕透顶的处境中，工作者就可以让求助者尽可能设想最坏的结果，从而使其非理性信念暴露，让其意识到，事实上自己的处境并非像自己认为的那样糟糕。

⑧想象，指求助者通过想象自己的困扰处境体会自己的紧张情绪和不合适行为，然后设法克服它，形成理性的反应方式。

4. 学会理性生活方式

在清晰辨别非理性信念的基础上，工作者需要帮助求助者找出合适的、理性的情绪和行为反应方式，运用现实的理性信念替代非理性信念，并把理性信念和合适的情绪和行为反应连接起来，形成理性的生活方式。工作者需要运用上述方法帮助求助者反复地练习这种理性反应模式，学会理性的生活方式。

5. 巩固辅导效果

在此阶段工作者的任务是主要通过以下几方面，以帮助求助者把所学到的理性生活方式运用到自己的实际生活中：一是帮助求助者继续练习理性的反应方式，巩固个案辅导效果；二是帮助求助者逐渐内化理性的信念，并鼓励求助者以此指导自己的现实生活；三是布置一些家庭作业，并鼓励求助者在以后的生活中继续学习理性情绪治疗模式的理论和方法，不断地对自己的非理性信念进行分析、理解和质疑，使自己的生活变得更积极、健康。

四、评价

（一）贡献

理性情绪治疗模式的效果明显、直接，而且保持时间较长。因此，该模式在个案辅导中较受欢迎，它的优点主要表现在以下几方面：

（1）强调非理性信念对求助者情绪和行为的影响。和行为修正模式忽视求助者内部感受不同，理性情绪治疗模式在解释求助者的情绪和行为困扰时，强调非理性信念的作用，认为真正导致求助者问题的因素是求助者的非理性信念，它使得求助者在理解自己生活状况时出现抽象化、绝对化和普遍化的特点。同时，该模式还认为求助者不仅具有发展自己的好的倾向，同时还具有产生非理性信念的不好倾向。因此，理性情绪治疗模式强调，要消除求助者的情绪和行为困扰就需要对求助者的非理性信念进行检查和辩论，使求助者学会理性的生活方式。

（2）辅导效果较好。与人本治疗模式完全以求助者为中心，要求工作者只是协助不同，理性情绪治疗模式要求工作者积极、主动的影响求助者，帮助求助者消除各种非理性信念，因此它的效果比较好，辅导效率也比较高。

（3）采取开放的态度综合运用各种辅导技巧。理性情绪治疗模式比较强调辅导技巧的运用和总结，它不仅具有自己独特的非理性信念的检查和辩论技巧，而且广泛采用其他个案工作理论分析模式的技术，从而形成比较完备的辅导技巧系统。另外，该模式还把面谈辅导和自助辅导结合起来，使辅导工作延伸到求助者的实际生活中，增进了辅导效果。

（二）局限

（1）理性信念含义不清。理性和非理性信念是理性情绪治疗模式核心概念的一部分，但对于它们的含义却是不清晰的。虽然艾利斯给出了十一种非理性信念，但实际生活要复杂得多，远远超过这十一种类型，因此这给工作者造成了麻烦，让他们难以明确区分哪些是理性的，哪些是非理性的信念。

（2）过分强调工作者的积极介入。工作者采取积极、主动的策略影响求助者，这种方法有好的一面，也有不利的一面，如忽视求助者的能动性等。无论如何，求助者都应该是辅导工作的中心，只有当求助者体会到，并希望改变自己时，个案辅导才会有效。

（3）忽视对求助者内部感受的分析和理解。理性情绪治疗模式不注重对求助者的内心感受进行分析、理解，要求工作者把主要精力放在帮助求助者检查和辩驳各种非理性信念上，从而促进求助者消除其情绪和行为困扰。事实上，求助者的各种非理性信念以其感受为基础，当求助者的精神发展出现偏差时，其内心感受就会产生各种矛盾和冲突，这些矛盾和冲突既是理解求助者非理性信念的基础，也是消除其非理性信念的条件。

（4）不适用于辅导早期，或专业关系尚未建立稳定的时候。因为求助者可能会觉得工作者一点也不理解他，不体谅他的处境，可能之后就不会再来接受辅导了。

案例分析

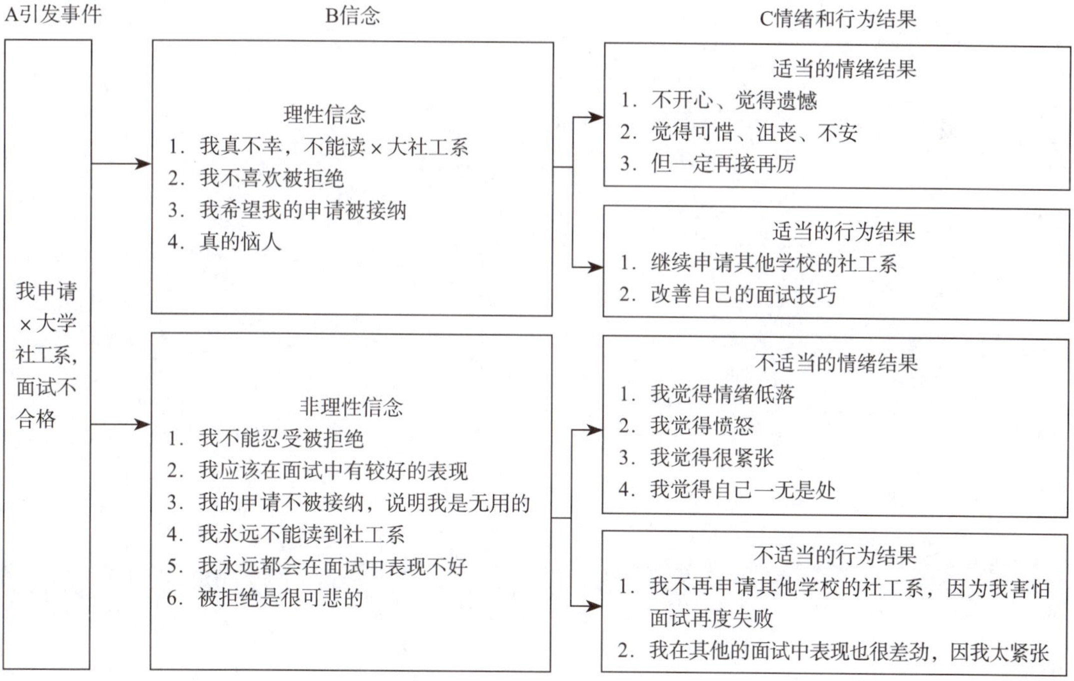

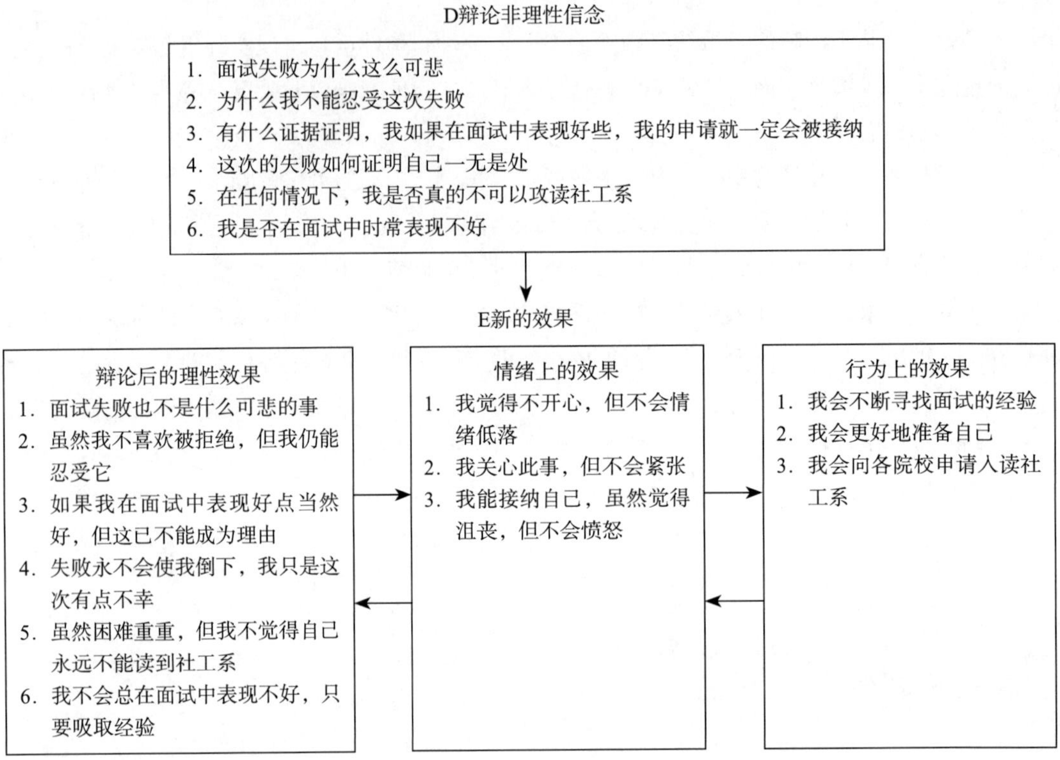
D辩论非理性信念
1. 面试失败为什么这么可悲
2. 为什么我不能忍受这次失败
3. 有什么证据证明，我如果在面试中表现好些，我的申请就一定会被接纳
4. 这次的失败如何证明自己一无是处
5. 在任何情况下，我是否真的不可以攻读社工系
6. 我是否在面试中时常表现不好
E新的效果
辩论后的理性效果
1. 面试失败也不是什么可悲的事
2. 虽然我不喜欢被拒绝，但我仍能忍受它
3. 如果我在面试中表现好点当然好，但这已不能成为理由
4. 失败永不会使我倒下，我只是这次有点不幸
5. 虽然困难重重，但我不觉得自己永远不能读到社工系
6. 我不会总在面试中表现不好，只要吸取经验
情绪上的效果
1. 我觉得不开心，但不会情绪低落
2. 我关心此事，但不会紧张
3. 我能接纳自己，虽然觉得沮丧，但不会愤怒
行为上的效果
1. 我会不断寻找面试的经验
2. 我会更好地准备自己
3. 我会向各院校申请入读社工系

任务4

改善案主周围环境

任务描述

社会工作强调“人在情境中”，认为人的问题产生与其周围环境紧密相连，因此要解决问题，还得改善案主生活的环境。纵观案主生活的各种环境，家庭是最为重要的一个。案主身上出现的问题，可能是其家庭运行状况的一个象征性表现，而不只是个人因素的结果，因此在个案工作介入中，工作者需从案主的整个家庭入手，协助家庭成员改变功能不良的关系形态，并创造功能良好的互动方式。

家庭治疗涵盖了众多的流派，本项任务重点向您介绍结构家庭治疗模式，以为您开展家庭治疗提供参考。

任务目标

1. 了解结构家庭治疗模式的适用对象和特点
2. 掌握结构家庭治疗的理论基础
3. 结合实际，运用结构家庭治疗模式的方法技巧开展介入服务

导入活动

睿睿最近成了班上的“有钱人”，他刚找爸爸要完钱买文具，又找妈妈要，总是可以毫不费力地要到双份零用钱，这让同学们十分羡慕。

班主任听说此事后，感到怀疑，因为睿睿的家庭条件并不好，为何其父母突然这么大方了呢？带着疑问，班主任拨通了睿睿妈妈的电话。原来，睿睿的父母近来感情出现了危机，为了给孩子一个完整的家庭，两人决定暂不离婚。但睿睿的父母平时很少有直接的沟通，诸如什么时候该由谁缴纳水电费之类的事情，时常都是由睿睿在父母中间传话，而父母对于睿睿的教育更是各自为政，缺乏统一的观念和方式。

请问睿睿为什么能轻松地要到双份零用钱呢？睿睿目前的家庭状况对睿睿的成长可能带来哪些影响呢？

知识介绍

结构家庭治疗模式由米纽秦于20世纪60年代初创立，认为大多数的问题症状都是家庭结构有缺陷造成的，因此治疗的重点是协助家庭调整刻板的关系形态，并重新定义关系。米纽秦

的核心想法是，从家庭互动关系形态的角度，最能够了解个体的问题所在，并且必须在家庭结构发生良性的改变后，个体的问题才能够减轻或消除。

一、适用对象

因家庭结构有缺陷，家庭功能发挥不良而导致个体问题的服务对象。

二、理论基础

结构家庭治疗模式的目标不是直接去解决问题，而是改变家人的交往方式使家庭的功能得以发挥，由此解决困扰家人的问题。该理论模式有如下主要观点：

（1）以家庭作为治疗的单位。

（2）相信个人的问题是家庭交往过程中的问题反映。

（3）家庭功能发挥不良是因为家庭的结构不合理，通过改变家庭的结构与组织，可以使家庭的功能得到正常的发挥。

（4）不把个人行为问题作为治疗的焦点，而把改变家人的交往方式作为治疗的手段与中心。

（5）治疗不采用直接的，单对单的谈话方式，而是多元化、多层次地介入到家庭成员的交往过程中。

（6）注重此时此地的显示情况，而不注重对家庭历史的回顾与家庭问题成因的追溯。

三、重要概念

要了解结构家庭治疗模式就需要先了解以下一些基本概念。

（一）家庭系统

家庭是一个系统，由家庭成员组成。在系统中，每个家庭成员有它特定的角色与功能，他们彼此依赖、互相影响。作为整体的家庭有着超越于单个家庭成员的结构，这个结构反映的是家庭成员的交往与关系，而不是单个家庭成员个体的特质。所以结构家庭疗法认为，单独地了解每一个家庭成员，并不能达到对家庭的了解，只有通过观察家庭成员的具体交往过程，才能真正了解家庭成员的关系与相处方法，才能从整体上把握家庭的结构。

（二）家庭结构

家庭结构是由家庭成员朝夕相处，慢慢形成的一些习惯和规则，这些规则管束、组织或指引家庭成员依照固定的方式去相处。通过观察家庭的活动或查看家庭成员在治疗中的互动情形，可以了解家庭的结构。观察的重点是，看谁以什么样的方式对谁说些什么，结果是什么，是否有重复出现的家庭历程。特别重要的是要观察家庭中的等级结构，思考其是否恰当。家庭结构包括了次系统、边界、角色和责任分工以及权力架构。

1. 次系统

家庭大系统中，因功能、代际的不同可分成较小的系统，叫次系统，如夫妻次系统、亲子次系统等。次系统通常由性别、年龄、爱好以及角色功能等因素决定。通常家庭系统由多个次系统组成，各个次系统有其自身的任务和功能，各个家庭成员会在不同的次系统里扮演不同的角色。

2. 边界

家庭作为一个系统有其边界，使它与周围的环境分隔开来。同时家庭次系统也有边界，边界的存在决定了次系统内成员之间、次系统成员与其他成员之间的角色、分工与权利义务关系。如果家庭内没有边界，那么在分工上就会出现混乱，家庭无法发挥正常的功能；而如果家庭内次系统的变化过分僵化，次系统间就完全隔离，也无法正常发挥家庭功能。因此，是否存在边界以及边界的渗透性，是结构家庭治疗模式所关心的。

3. 角色和责任分工

每个家庭成员在家庭中都承担着特定的家庭角色，承担着不同的责任与权利义务。同时，家庭还需弹性地帮助其他成员完成责任。当家庭遇到变故时，家庭成员须相互适应、重新分配角色，以确保家庭的正常运作。

4. 权力架构

家庭的权力架构指家庭中谁作决定，怎样作决定，谁是支配者，谁是被支配者等。家庭应当有清楚及称职的权力架构。

（三）病态的家庭结构

上文简述了家庭结构的相关概念，而造成家庭成员问题的原因通常是不良的家庭结构，具体如下：

1. 纠缠与疏离

若家庭各次系统的边界不清，该封闭的地方不封闭，该开放的地方不开放，久而久之会导致家庭角色、分工和权力混乱，造成家庭成员的问题。

2. 联合对抗

纠缠与疏离往往使家庭中某些成员结成同盟，而与其他成员相对疏远甚至对立。当发生冲突时，结成同盟的成员会不分青红皂白一味维护本同盟的成员，即联合对抗。

3. 三角缠

有时家人并不直接向对方表露敌意，而是借批评另一成员去打击“敌人”，好比“指桑骂槐”。

4. 倒三角

在核心家庭中，通常家中权力是掌握在父母手中。可是一些家庭因父母不和或性格软弱等，导致子女支配父母的局面，即倒三角。

四、介入技巧

米纽秦的治疗法是行动导向的，具有主动性、指导性等特点，其主要技巧包括融入、家庭图示、情境扮演、辅导家庭中的互动关系、形成边界、边界重建、提供新的诠释框架等。下面简单介绍几项：

1. 家庭图示

这是米纽秦表示家庭结构所用的方法。在画出一张家庭地图时，工作者会确认家庭边界的情况，是僵化的、扩散的还是畅通的。他还会指出互动形态是处于纠缠状态还是疏离状态。

2. 情境扮演

这一技巧是工作者要求家庭成员将家中的一些冲突情境扮演出来，使工作者可以观察成员间的互动情形，进而评估家庭的结构。在上述历程中，工作者也会阻止业已存在的互动形态，确认家庭适应不同互动形态的能力，并鼓励家庭成员尝试较好的互动形态。通过情境扮演并处理其中的问题，改变就会逐渐产生，这是仅仅讨论问题所达不到的效果。

3. 提供新的诠释框架

指工作者对于家庭中的问题提供全新的、不同的诠释，用这种方式来探索现存的问题，可以使家庭成员从不同的角度去了解原先的问题。通过尝试建立新的诠释框架，可以掌握家庭结构中导致个人问题的根本性原因。这样一来，每位家庭成员都不必为某个问题担起全部的罪名，也不必为解决该问题背负完全的责任。

五、介入过程

结构家庭治疗模式的辅导过程包括连接、评估和介入三大环节，它们是同时进行的。

（一）连接

家庭的结构是结构家庭治疗模式关注的核心，但结构并不能直接被观察到，而是在家庭成员的日常生活交往方式中表露出来。因此进入家庭，连接家人就是指工作者进入到案主家庭的现实环境中，或把整个家庭邀请到会谈室，观察他们的言行与交往方式，以了解家庭的结构。

工作者在连接的过程中临时变成家庭系统的一分子，需要适应、接纳该家庭的规则，还要注重了解家庭的交往过程与关系而不是关注家庭成员的谈话内容。

（二）评估

评估的目的是在搜集资料的基础上对家庭的问题做一个判断，为进一步介入提供依据。工作者需要对如下内容进行评估，以搜集足够的资料去了解整个家庭功能失调的地方：

（1）家庭的形态和结构。工作者要了解家庭的形态，如家庭大小、家人的教育程度、工作性质、社会阶层、家庭的特有文化、价值观等。还需要找出家庭结构，如家庭内部的联盟、对峙情况、边界是否清楚、家人对家庭的归属感及与整体家庭的配合、权力架构是否清楚以及分工是否合理等。

（2）家庭系统的弹性。指家庭的适应与转变能力，如家庭遇到压力时能否适应并重组结构。通常有问题的家庭是缺乏弹性的，当家庭成员以及外界情况不断变化时，家庭仍固守原有的结构和交往方式，从而给个体带来困扰。

（3）家庭系统的回馈。指家庭对个别成员的需要、感受、行为和思想的敏感程度。正常的家庭对成员问题很了解、关心与支持，也会给成员足够的空间自行决定和处理自己的问题。而问题家庭的成员之间可能过分冷漠，也可能过分关心。

（4）家庭生命周期。家庭从形成到消亡，其结构、成员角色、权利义务等一直在发生变化，因此工作者判断家庭的结构与功能是否完善，必须联系家庭的生命周期。

（5）家庭成员的症状与家庭交往方式之间的关系。结构家庭治疗假设个别成员的问题产生于家庭功能失调与不良交往方式，所以不应过分关注个人的问题本身，而要考察个人问题与家庭交往方式之间的关系。由于家人的交往是互补性的，家人的问题通常是彼此造成的，因此工作者要找出这户人家是怎样交往的？病症是怎样形成的？是谁的问题？它出现后谁最受影响？谁最想改变？谁会在改变中得失最多？

（三）介入

介入与评估通常是一起进行的，通过对家庭功能失调的评估，工作者与家庭共同制定辅导的目标。通常，结构家庭治疗模式有三大介入目标：

1. 改变家庭的看法

家庭一般认为问题的关键在于有症状的家庭成员，而工作者却认为问题出在家人交往方式上。为了改变家庭的看法，让家庭认识到个别成员的问题与家庭交往方式之间的关系，工作者常用上述情境扮演的方法。

2. 改善家庭的结构

家庭的一个主要问题是某些成员过分疏远或过于纠缠，从而影响了与其他家庭成员之间的关系以及整个家庭功能的发挥，所以工作者在治疗中应帮助家庭建立必要的边界或使边界不致过分僵化。家庭的问题还在于权力掌握在某些人手中，而另一些人则成了牺牲者，因此须向现有家庭的权力结构发出挑战。

3. 挑战家庭错误的世界观

家庭有它本身的期望、要求、价值观与道德观，但如果这些观念出现了偏差以致给成员带去困扰时，工作者就有必要帮助家庭改变错误的世界观。

案例分析

小超是一个5岁的男孩，正读幼儿园大班，他是班级的“小霸王”，经常欺负同学，在幼儿园的人际关系极差，大家都不爱和他玩。幼儿园老师屡次教育无效，建议由社工介入此案。

社工接手后，了解到小超与爸爸、妈妈和奶奶生活在一起，平时家里都是奶奶说了算，奶奶格外疼爱孙子，从不准小超父母打骂他，甚至父母批评小超时多说几句重话奶奶都要干涉。鉴于此，社工邀请小超和他的家人一起到会谈室参加辅导。

小超的家人准时到达了会谈室，社工请他们自己找座位坐下，结果，小超的父母离得很远，中间坐着小超的奶奶，小超则由奶奶抱着。一开始，小超还比较老实，没几分钟，他就开始在奶奶怀里扭来扭去，后来干脆挣脱奶奶，在房间里走来走去，摸摸这个，看看那个，对于奶奶叫他坐好的指令毫不理会。对此，小超的父母都默不作声。当社工询问小超年龄等问题时，小超的奶奶都代为回答，而当社工询问小超妈妈有关其儿子学习、生活等问题时，小超的奶奶都会把话题抢过来。

社工见状，要求小超的父母坐在一起，并把小超抱在身边，而让小超的奶奶坐在离他们比较远的地方。而社工问小超问题时，不准其奶奶插话，坚持让小超自己回答。当社工问小超父母怎么看待小超的行为，平时怎么教育小超时，虽然小超奶奶抢着回答，但社工都予以忽视，鼓励小超父母自己表达看法和意见。

在上述案例中，家庭次系统的边界过于模糊，权力分配也十分不合理，奶奶过多地进入夫妻次系统，削弱了本该由夫妻掌握的教育影响子女的权力，终致小超无人可怕。在辅导中，社工采用冷落的方法，有意识地削弱奶奶的权力，并通过座位调整帮助夫妻建立密切的联盟，巩固夫妻次系统的亲密关系，并提高父母在家庭中的权力，以此形成教育小超的统一合力。

任务5

重建案主社会支持

任务描述

在社会生活中，人与人之间的相互支持对维系正常的社会生活是必不可少的，而人们生活中遇到的许多问题往往也是由于缺少必要的社会支持而产生的。在本项任务中，我们将学习如何运用社会支持理论去看待服务对象遭遇的各种问题，还会学习如何帮助服务对象建立社会支持网络和利用社会支持网络。

任务目标

理解社会支持的定义和特点

1. 了解社会支持的重要功能
2. 明确社会支持的类型
3. 区分正式资源和非正式资源
4. 具备良好的资源整合能力

导入活动

D女士，67岁，13年前失去了自己的独子，2年后丈夫去世。至亲的先后离世，给D女士带来了巨大打击。D女士有1个哥哥、2个弟弟，三兄弟感情挺好，时常聚会，三兄弟离D女士家也都不远，10多年来，D女士每周都会受邀去三兄弟家吃饭，每逢国庆、春节等长假，三兄弟都会邀约一同外出旅游，每次也都会邀请D女士一同前往。三兄弟的儿子、媳妇、女儿、女婿对D女士也很孝顺，经常对她嘘寒问暖，给她买衣服、保健品等。在家人的关怀下，D女士渐渐走出了悲伤，每周一、周三、周五都会去社区公园参加合唱活动，每周会和原来的老友相聚打一次麻将，还时常邀约好友外出逛街、买菜、游园，老年生活安排得丰富多彩。

问题：

（1）D女士为什么能走出悲伤？

（2）家人的关怀和帮助对于困境中的个体而言意义何在？

知识介绍

一、适用对象

因社会支持缺乏而陷入困境或是加剧其困境的服务对象。

二、社会支持理论的主要观点

（一）社会支持的概念

社会支持是由社区、社会网络和亲密伙伴所提供的感知的和实际的工具性或表达性支持。社会网络只是个人可以直接接触的一些人，包括亲戚、同事、朋友、邻里，这些人对于个人来说十分重要。亲密伙伴是个人生活中的一种紧密关系，关系中的人认同和期待彼此负有责任。工具性支持包括引导、协助、有形支持与解决问题的行动等，表达性支持包括心理支持、情绪支持、自尊支持、情感支持、认可支持等。

社会支持系统在人们的社会功能中起着重要作用，当社会成员面临巨大压力，需要帮助时，其他成员会与之分享他们的知识、经验和技巧，而且在日常生活中，也提供了很多参与社会活动、建立人际关系和促进人际沟通技巧的机会，人们能从中找到自身的价值。

对案主来说，特别是社会的弱势群体，很多问题就是源自他们缺乏有力的社会支持，如患有各种严重的身体或精神方面疾病的人，他们的家人能否给予生活起居方面的照顾呢？提供精神、情绪上的支持呢？以家庭的温暖来帮助他们度过艰难的日子呢？有些案主正是因为在遭受疾病折磨的同时，又失去家庭、亲朋的支持，所以他们的心理会出现严重的危机，有时甚至产生厌食轻生的念头而企图自杀。再如，有些从农村到大城市打工的青年，因为生活环境的变换，语言、生活习惯、经济差异、受当地人排斥等，都为其造成极大的挑战，而身在异乡，除了亲人、老乡外，社会支持非常单薄。

（二）影响社会支持程度的因素

一般来说，影响个人社会支持程度的因素主要有以下三个：

1. 发展因素

一个人对关系的内在呈现是从出生以来就不断发展的。从发展的观点来看，个人对关系的观感是个人的内在特质和外在环境交互作用的结果。不同的关系观感直接影响着个人以后的关系建立。从发展的观点来看社会支持，其关键的问题在于过去的经验如何影响其今后的社会生活。进一步从治疗的角度来看，则在于如何改变个人过去生活中的负面经验或弥补个人生活经验的不足，以改变个人生活中所出现的问题。

2. 个人因素

个人因素主要是指个人的自尊程度、社会性、自主性等人格因素对发展和使用社会支持的影响。一般来讲，低自尊对于建立关系是一个不利的因素，而高自尊者可能获得较高的社会支持。一个对自我评价高的人，更容易被人们接受，因而可能获得更多的社会支持。社会性高的人倾向于利用更多的社会资源以满足自己的需求，因此就可能建立更广泛的社会支持网络。而自主性高的人则倾向于自己解决问题，利用社会资源网络的倾向不高。

3. 环境因素

环境因素在个人的社会支持网络形成中的作用体现于不同类型的生活环境中。在开放的社会环境中，个人更容易建立起社会支持网络，也更倾向于利用支持网络。在封闭的社会生活环境中，个人对社会支持网络的利用就会相对减少。

总的来说，发展因素、个人因素和环境因素对个人社会支持网络的形成有重要影响。而对于每个人社会支持网络的形成来说，这三个因素会有不同的组合，因此导致每一个人的社会支持网络都是不同的，每个人对社会支持网络的利用也各不相同。

三、社会支持的类型

（一）根据社会支持主体划分

社会支持的主体就是社会支持的施者。依据社会支持主体的不同，以及费孝通先生提出的人际关系差序格局特点，个体/家庭社会支持网络应当是以家庭为核心，由社区支持、国家支持、社会（组织）支持等为同心圆构成的支持格局。

（1）家庭支持网以血缘为基础，主要指与个体一起共同生活的家庭成员，包括父母、兄弟姐妹、祖父母，这是家庭支持的核心来源，它可以提供综合性的支持资源如经济、心理、接纳等多方面的支持。

（2）社区支持网以地缘为基础，指由家庭与社区内的其他个人或者社会组织所构成的支持网络，它可提供对情感交流、社会接纳、融合的支持，通过营造一种宽松的社区氛围，帮助个体与家庭融入社会。

（3）国家支持网以福利与社会政策为基础，通过福利国家的建设和社会保障体系的发展，为个体或家庭提供社会保障、失业救济等，实现有尊严的个体或家庭生活。

（4）社会（组织）支持网以公平、正义等社会价值为基础，通过社会组织、公益事业发展，为个体或家庭提供物质帮助、角色伙伴、目标一致等方面的社会支持。

（二）根据社会支持正式程度划分

根据社会支持的正式程度又可以把社会支持分为非正式的社会支持网络和正式的社会支持网络两种。

1. 非正式的社会支持网络

非正式的社会支持是指服务对象在家庭、同辈群体等非正式的社会组织中，通过非正式的社会交往所形成的支持网络，如关心服务对象成长的家庭成员、亲属、朋友以及同伴等。通常，从非正式的社会支持网络中获取的资源也叫作非正式社会资源，他们是服务对象改变过程中的重要社会支持。

2. 正式的社会支持网络

正式的社会支持指政府机关、企事业单位、社会服务组织等正式的社会组织所提供组成的支持网络，如政府职能部门、社会服务机构、公益慈善组织以及学校、医院等。通常，从正式的社会支持网络中获取的资源也叫作正式社会资源。

四、社会支持缺乏的原因

很多时候，案主之所以出现问题，和其缺乏担当人生角色、完成人生任务所需要的资源有关。造成这一现象的原因有很多：

第一，案主所需要的支持可能没有。例如，在我国人口老化日益严峻的形势下，越来越多居家养老的老人存在着居家环境适老化改造以及上门洗浴理发、理疗换药、送餐代购等社区养老服务的需求，但是，大多数的社区却没有专门的机构、专门的工作人员以及专门的项目从事这项服务，社区支持是缺乏的。再如，失独老人的养老，在中国“养儿防老”的传统文化下，独生子女的去世导致了他们家庭支持的缺乏。

第二，案主所需要的支持可能有，但他们却不知道。例如，某个贫困家庭，父母生育了一个患有严重先天性心脏病的孩子，为了给孩子治病，家人四处举债，使本不富裕的家庭更是陷入了绝境。他们并不知道目前对于患有先天性心脏病的宝宝国家已经实行免费救治，且有大量全国性的和地方性的儿童先天性心脏病救助项目可以申请。也就是说，对于这个家庭的问题解决，有现成的国家支持和社会支持，但是这个家庭不知道这些讯息，也不懂得如何去获取支持，因此陷入绝境。

第三，案主知道有所需的支持，但由于一些个人原因，没有去设法得到。例如，经济困难的家庭可能知道城市社区最低生活保障制度，即“低保”制度，但可能由于自身生理、智力等方面局限难以前往办理；也可能由于害怕被别人贴上负面的标签，遭受他人歧视而没有申领。

五、重建案主社会支持

根据社会支持理论的观点，一个人所拥有的社会支持网络越强大，就越能够应对各种来自环境的挑战，相反，个人或社会问题的产生则源自其社会支持网络的破裂，因此工作者有必要帮助案主建立并增强社会支持网络。以社会支持理论范式为依据开展的社会工作，社会工作者主要是在扮演一个社会支持网的编织者角色，帮助案主重新建立有效的社会支持网络，既满足其当前迫切的需要，帮助案主提高建立和利用社会支持的能力，也能形成长效机制，使案主恢复社会功能，实现较好的社会融合。

1. 建立和巩固案主的非正式支持网络

非正式支持网络一般指家庭成员、朋友、亲戚、邻居、同事等，他们和案主有最密切的关系。但有些案主的非正式支持网络比较弱，如有人远离父母，没什么朋友，邻居之间不走动，同事关系也很淡漠，那么常常遇到问题无人关心、也无人可商量，无处求助；而有些案主的家庭本身存在矛盾和冲突，关系紧张。

工作者和案主在一起的时间通常是有限的，当案主需要帮助时，如果其非正式支持网络能及时提供协助，就能避免危机的发生，或防范事情恶化。因此，建立和巩固案主的非正式支持网络尤为重要。工作者可以有目的地鼓励案主发展这些网络，可以参与设计并创造一些互动机会，使案主有一个良好的环境去与他人交流，结交新朋友。可以传授案主一些人际关系的技巧，或是联络一些社区中的志愿者共同来帮助有需要的案主。

2. 熟悉和使用正式支持网络

对于困难群众，我国有对其提供基本物质保障的救助制度，包括城乡居民最低生活保障、医疗救助、住房救助、教育救助、法律援助、流浪乞讨人员社会救助、临时救助等各种专项救助。对于社会中的特殊人群，尤其是老年人、妇女、未成年人和残疾人等弱势人群，国家和政府也制定了相关的法规和政策以规定这些群体的权益保护，并向他们提供专门的服务。此外，在劳动就业、社会保障、医疗护理、优抚安置等多个领域，都有大量正式社会组织可以寻求帮助。

因此，除了非正式支持网络以外，案主还能从相关政府部门或社会服务机构等正式的社会服务系统获取到资源和支持。而为了使案主能运用这些资源，工作者需要先对这些正式支持网络及其具有的资源有充分的了解，熟悉其获取途径，并具备良好的整合能力。

3. 发展自助团体

自助团体是被广泛运用的一种社会支持团体，它往往是由同样经历或问题的人组成，彼此的关注和支持使团体形成一种互相交流和提供信息及解决问题办法的同感氛围，以帮助团体成员面对困难，加强彼此的支持和提升解决问题的能力。例如，各种癌症病人支持小组、失独父母支持小组等自助小组，他们在一起分享自己的经验和体会，因为有着相似的经历和命运，知道有人能理解他们、在乎他们，这种沟通会起到情感的、社会的支持作用。

因此，工作者首先应了解社区中现有的各种自助团体，准备好这些团体的相关资料，如领导人物、联系方式、活动内容、具体日程等，并不断更新这些资料信息，以提供给有需要的案主，帮助他们获得新的社会支持。

4. 培育社区资本

社区资本是指社区中人与人之间形成的良好的、信任的、和谐的人际关系，这也是非常重要的社会支持。因此，工作者还可以通过挖掘和培养居民志愿者、孵化和培育社区自组织，使社区居民可以帮助社会服务机构提供很多延伸的服务。例如，大学生利用课余时间帮助社区中贫困家庭的孩子辅导功课；志愿者给独居老人打扫房间，陪伴老人散步、聊天；在医院给长期卧床的病人读书、读报等。通过培育社区资本，增强社区支持。

由此可见，如若要达到助人效果，个案工作作为一种助人方法，其单独使用是存在局限的，还需要结合小组工作、社区工作，形成整合的工作模式才能真正达到助人目标。

活学活用

在“陈先生”的案例中涉及的社会支持：

1. 非正式支持

陈先生、陈妻、陈母相处和睦，陈妻和陈母对陈先生也充满了理解关怀和照顾，这是有利于陈先生问题解决的重要的家庭支持，需要善加利用。

此外，社区志愿者、邻里也是重要的社区支持，可以帮忙探访、照顾家庭，满足家庭情感、社交等需求。

2. 正式支持

社区层面可以申请适合于案主家的社会救助项目及经济补贴；街道层面可以寻找合适的残疾人职业技能培训和居家增收项目；特殊教育学校能接受陈女入学并为其提供认知、行为、语言、社交等各方面的训练，提高陈女的自理能力和适应能力，缓解家庭的照顾压力和后顾之忧。

上述社会支持有些是现存就有的，还有些是虽然有但案主不知道或者不懂得如何去用的。因此，获得这些社会资源还有赖于工作者的链接和整合，社会支持网络也还需要工作者来帮助案主编织，并使案主具备透过社会支持网络获取社会支持和资源的能力。

案例分析

银杏今年21岁，生下来时因为双腿残疾被亲生父母抛弃，是养父老季把她抱回家。那年老季35岁，因为家里穷，没有姑娘愿意嫁给他，因此老季决定不结婚了，自己把银杏养大。可是，两年前，老季身患癌症，自知将不久于人世，因此找到社工请求帮助，他十分担心自己一旦离去，银杏将怎样生活？工作者在了解情况后，除了经济方面的帮助外，还着力于帮助银杏建立新的社会支持系统。介绍银杏参加了编织班培训，学习新的谋生手段，同时可以认识一些新的朋友。社工还访问了他们家的邻居，邻居都十分同情老季的遭遇，也乐意提供力所能及的帮助。社区医院的志愿者还定期去银杏家看望病人，提供医疗咨询服务。老季对社工非常感谢，觉得自己即使离开也可以安心了。

任务6

开展个案管理

任务描述

20世纪90年代初期，因为失业率上升、贫穷的扩大，产生了许多复杂的问题，特别是流浪乞讨人员、艾滋病感染人群、需要长期照顾的老人、需要保护的儿童等。这些问题的解决需要多元化的服务，包括经济支持、住宅、医疗服务、就业培训和安置以及适当的社会支持等。但这些服务的提供和输送之间往往缺乏必要的联系。为了提高服务的整合性，建立相互关联的、高效的服务体系，个案管理被提上日程，强调提供一套整合各种资源而形成的服务，其目标是加强服务对象日常生活的管理并提供必要的支持。

本项任务，我们就来学习什么是个案管理？怎么开展个案管理？

任务目标

1. 理解个案管理的含义、特点与适用范围
2. 掌握个案管理的基本原则
3. 熟悉个案管理的流程
4. 区分个案工作与个案管理的关系

导入活动

随着我国人口老化进程的不断加剧，大家也都发现，社区里的老年居民越来越多。在这些老年人中，还有不少高龄、失能、失智、独居或是贫困老人，他们在医疗护理、生活照料、家居保洁、精神慰藉、社会融入等方面，都存在诸多养老服务需求，并且这些需求是长期持续存在的。

但是，社区的工作人员总共就这么几个，哪怕每个人每天给每位老人打个电话，每个电话3分钟，这都将占据工作人员所有的工作时间。更何况，社区工作人员的工作远不止这一项，老人的养老服务需求也绝不是打个电话就能满足的。

面对这些矛盾，社会工作者该怎么办呢？

知识介绍

个案管理（case management）产生于20世纪70年代。当时，由于去机构化运动导致社区照顾政策的推行；社会问题的复杂化导致具有多重问题的案主增加；加之服务资源的分散、服

务成本的增加导致对抑制成本的需求增加，个案管理顺势而生。

个案管理是一种提供服务的方法，它是由专业社会工作者评估服务对象及其家庭的需求，并安排、协调、监督、评估和倡导一套包含多种项目的服务，以满足特定服务对象的复杂需求。也就是说，个案管理的服务对象一般是有多重需求的案主，他们遭遇的问题是多元的、复杂的，需要服务的类型是多样的、跨领域的。个案管理就是对多重服务进行协调、整合的过程和总体措施。通过协调整合来自不同职业和机构的专业人员组成工作团队，提供满足案主长期性、综合性需求的“一揽子服务”。

以老人的社区养老为例，这些老人有打针、换药、按摩、翻身、洗浴、如厕、保洁、代购、陪聊等多种需求，这些需求的满足涉及医疗、康复、护理、家政、社工、心理等多个专业领域，不是某个部门某个岗位的人独立就能完成的。个案管理就是社会工作者评估出老人的这些需求，然后链接多方资源，组建跨医疗、康复、护理、家政、商超等多个领域的团队，共同为老人提供服务。

一、适用对象

遭遇了多重困境，存在多重服务需求，且服务需求的满足涉及多个领域专业人士的案主。

二、个案管理的目标原则

（一）个案管理的目标

开展个案管理主要有三个目标：

1. 提供全面而完整的连续性服务

个案管理有强化社区照顾的功能和作业，它提倡的是以社区为基础的长期照顾，要求的是一个有多种服务项目的、能够进行持续照顾的服务体系，其目的在于通过整合、协调社会服务资源，确保有一个整体性的服务方案，对高危人群提供专业化、持续化和个别化的照顾。个案管理员应该根据案主的个体化需求，提供全面、系统性的服务。同时由专门的管理员进行跟进，根据案主不同时期的实际需要，提供相互关联而完整的服务，从而保证整个服务环节的连续性。

2. 协助案主获得案主所需要的服务

个案管理是一种对多重服务进行协调、整合的过程，服务的对象一般是有复合需求的案主——他们的问题较为复杂；个案管理的目标就是由个案管理员协助服务对象获得其所需要的服务，即协助将多重服务资源通过服务体系输送给案主，增强案主获得资源的能力。所以个案管理员应该协助服务对象获得其所需要的服务。

3. 提供监督服务，以提升服务输送的成本效益

个案管理不单要协助案主获取连续性的、可及的服务，还要随时对服务过程进行评估，

以确保服务的成效与成本效益，并通过提供持续性的服务，确保对案主的服务质量。

（二）个案管理的原则

1. 服务对象参与

个案管理强调服务对象与社会工作者一起工作，包括需求的评估、包裹式服务的规划与组织等，都是由双方共同做决定。服务对象不是单纯接受规划好的服务，而是需要参与整个个案管理过程。服务对象在其中要充分表达个人的需求和意见，同时具有相当程度的选择权和自决权。这样的安排使得服务的提供更能适合服务对象的需要。因此，社会工作者和服务机构在服务过程中要逐渐建立与案主间的信任关系。此外，社会工作者需要全面了解服务对象，掌握在服务提供过程中需要考虑的多方面因素，包括心理、社会、医疗、财务和就业问题。

2. 服务评估

评估是个案管理的核心任务，包括服务对象的需求、生理状况、社会环境、非正式网络，甚至个人偏好。评估的目的是为了切实提供符合服务对象需求的服务，并维持服务的公平性。个案管理的评估分为：初始评估、需求评估、财务评估和社会工作者专业评估。此外，在执行个案管理的过程中，也可能会有服务反馈后的再评估。

3. 服务协调

个案管理工作对社会工作者的角色要求与传统的直接服务提供者有较大区别，更注重协调能力。在服务设计过程中，这种角色的特点体现为强调社会工作者需要协调各方资源为案主提供“全人”（whole person）的服务，并不局限于对服务对象的特殊需要提供直接服务。社会工作者承担着整合多个机构和不同专业服务的工作，这样的整合一方面可以减少服务的零散和重叠问题，另一方面可以有效促进“优先次序”排定，促进各项服务之间的良性互动。

4. 资源整合

社会工作者要尽可能掌握有助于满足案主需求的各方面资源，并加以整合运用。这些可利用的资源可能来自政府机构、非营利组织、商业机构，甚至可能来自服务对象自身，因为服务对象本身所具有的能力也是一项资源。此外，资源整合的目标还包含提高资源运用的效率、避免资源的浪费或重叠，社会工作者需要具有一定的成本意识。

5. 包裹式服务与专业合作

所谓包裹式服务是指经过需求评估和可利用资源的确认后设计一整套服务，并且通过各种服务的联结最终促使服务对象学会独立自主。个案管理强调服务的连续性，既包括时间上的连续性，也包括服务的完整性，以此来保障服务对象所获得的各项服务之间紧密的联结。所谓专业合作是指个案管理是一种结合不同专业领域的团队工作方法。团队中可能包括医生、护士、职业治疗师、临床心理学家以及其他专业人士，这种多专业合作是为了给案主提供“全人”服务。

6. 服务监督

评估和监督是个案管理中的重要组成部分，其目的是为了确保所提供服务能够达到服务对象认可的标准，例如，评估资源的运用是否充分、是否有效，服务干预所产生的影响等。这些评估和监督一方面能够作为结案的参考，另一方面也可以充分展示服务的效果，保障各项服务之间的协调，使服务对象获得所需要的服务。

三、个案管理的流程

（1）接案。这一步与个案工作在接案时期的工作内容是一致的，就是甄别案主并建立关系。需要注意的是，不是每名当事人都会成为个案管理服务的服务对象，社会工作者在开始接触当事人时，应尽可能协助其表达自己的需求，以确认其面临的问题，并且判定问题是否复杂到需要运用个案管理的方式。

（2）预估。专业关系明确后，需着手开展需求评估，识别案主的困境、评估案主多元化的服务需求。

（3）制订个案管理服务计划。个案管理的主要任务之一是为服务使用者设计一个包裹式的服务，这套服务方案主要包括服务计划和治疗计划两部分。包裹式服务不是一个机构或社会工作专业本身能够完成的，通常需要相关专业人员和机构的配合。因此，社会工作者在制订服务计划的阶段，既要确保有适当的资源，以满足服务对象的需求，又要负责管理珍贵而稀少的资源。

（4）服务计划的执行。有了服务计划，接下来就是执行计划，这是提供服务满足服务对象需求的过程，也是开展专业服务的过程。在服务计划的执行上，对于解决服务对象个人心理、情绪等方面问题的辅导计划中，个案管理员有时会扮演直接服务供给者的角色，但个案管理员的最主要角色是协调服务，将不同资源联结起来满足服务对象的需求。这些资源可能来自政府部门、企业、非营利组织和非正式组织，而每种服务都有自己的助人计划，因此社工需要协调这些服务，以取得最好的效果。社工在协调服务时，要遵循以下原则：

①必须有团结一致实现共同目标的精神。共同目标能把参与工作的各方带到一起，而团结精神则能使各方一致努力去达到共同目标。

②协调各种服务会涉及不同的专业人员，他们各自对问题会有不同的关注点。在协调之前先了解各方的不同观点，对我们来说是十分必要的。

③在协调的过程中，工作者必须能识别出参与工作的各方在能力上的差别，这有助于以后按照各方的能力和关注的问题划分职责。

④协调工作重要的方面就是沟通，协调各方时，所用的沟通方式要根据具体情况有所不同。比如，参与工作的正式组织或人员比较倾向于非个人化、专注于自己特定的工作，按规矩办事，而非正式组织或人员办事则比较个人化、比较灵活。所以，工作者选用的沟通方式要适合参与各方的不同需要和情况，这样才能有效协调。

（5）监督和评估。在跨领域、跨部门的专业团队成员为案主提供服务的过程中，社会工作者需要定期对服务进展和成效进行评估：一是评估各类服务有没有及时、有效地提供给案主，二是评估服务是否符合服务使用者的需要，三是评估案主对服务的满意度评价，四是评估服务提供的目标是否实现。与此同时，社会工作者还需根据评估结果及时调整服务方案。

（6）结案。当案主遭遇的各类问题得到妥善解决，需求得到充分满足，个案管理的目标达成后，就可以考虑结案了。

四、个案管理与个案工作

通过对个案管理的概念界定和流程梳理可以看到，个案管理虽与个案工作一样，也是针对有服务需求的个案开展的个别化服务，但是，这两者又存在着显著的差异。

（1）从案主问题类型来看，开展个案工作的案主遭遇的困境都较为单纯，通常单一的资源就可以解决他们的困扰；而接受个案管理服务的案主通常遭遇的是多重困境，需使用不同的资源和服务。

（2）从服务提供者来看，个案工作服务是由社会工作者本人提供服务；而个案管理是由来自不同专业、不同层次的人员组建的工作团队共同为案主服务，当然这其中也可能包括社工的服务。

（3）从功能来看，个案工作的功能主要是协助案主解决具体问题，满足服务需求；而在个案管理中，工作者一般具有整体的观念，以个案为中心，整合不同的服务提供者，其功能在于促进机构间、专业间的合作。

（4）从工作者的角色来看，在个案工作中，社会工作者以直接服务为主，主要扮演使能者、咨询者和治疗者的角色；而在个案管理中，工作者一般是扮演教育者、协调者、倡导者等角色。

（5）从服务目标来看，个案工作的重点是如何调整处于困境或存在偏差的个人，帮助服务对象了解和接纳本身的长处和限制，提升解决问题的信息，提高解决问题的能力；而个案管理的目的是确保服务对象获得所需要的服务与资源，因此比个案工作更注重人与环境的关系，其服务焦点会集中了解某些环境因素。

（6）从技术角度来看，个案工作的很多技术非常适合个案管理使用，尤其是在界定问题阶段，建立关系的技巧、资源运用的技巧等，都与个案工作所使用的技术非常类似。但个案管理对问题的解决大多采取间接服务的方式，协助服务对象运用各种资源排除障碍。

序号	角度	个案管理	个案工作
1	案主问题类型	①多重问题 ②需使用不同的资源和服务	①问题较为单纯 ②单一资源即可解决
2	服务提供者	来自不同专业、不同层次的人员	专业社会工作者
3	功能	强化或发展资源网络来	解决服务对象的问题
4	主要角色	教育者、协调者、倡导者	使能者、咨询者、治疗者
5	服务目标	协助服务对象发展使用资源的知识和技巧，争取资源	个人的适应与协助解决问题

续表

序号	角度	个案管理	个案工作
6	运用的技巧	①社会工作者努力联结案主与资源 ②获取内、外资源的技术 ③针对不同系统层次处置的技术	①社会工作者本身是服务的来源 ②问题解决的相关技巧 ③人际关系技巧

案例分析

X先生，1935年生，中学学历，出生于印尼。一岁时随父母回国，祖籍广东梅州大埔。18岁时到福建当兵，退伍后先后在国营单位和街道服务站工作，终身未婚。2005年，X先生入住老人院自理区，2010年确诊患有肺癌，身体状况不适宜继续在自理区居住。X先生已知自己真实病情，但拒绝入住宁养服务区。

X先生是三无老人，家里仅有不多的几位亲属，且联系较少。虽然自身经济条件不是很好，但X先生在自理区居住期间和大家相处得非常好，乐于助人，常常到离老人院不远的市场帮助其他老人买东西，深得区内工作人员及老人的喜欢。

社工通过收集老人入院前的生活环境、家庭关系的资料，与自理区工作人员和老人交谈，收集X先生在自理区内的生活状况、人际关系资料，并与X先生深入交谈，发现他面临以下问题需要工作者的干预与支持：

（1）X先生在得知自己真实的病情时，一贯乐观开朗的他心情极度低落，很难接受自己不久于人世的事实。

（2）X先生身体状况较差，需要一定的医疗措施，而自理区不具备医疗条件，需要搬到宁养服务区接受宁养服务。但X先生对宁养服务区及宁养服务存在误解，认为那是等死的地方，因此不愿接受宁养服务。

（3）根据对X先生病情发展的预估，未来他将经历身体、心理上的极大变化。如何面对这些困难以及平稳走完人生最后一段路程是X先生将要遇到的巨大挑战。

（4）工作人员及X先生的家属对于他的离世，会产生一定的情绪问题。

社工通过与X先生的沟通发现，老人身体一向较好，突然得知自己病情如此严重，一下无法接受；X先生是三无老人，虽然有很多好友，但仍时常觉得孤单，如今得了重病更觉晚景凄惨悲凉。

社工在与老人建立关系后多次探望老人、倾听老人的心声，了解老人的苦闷，并且与区内的工作人员沟通，在生活上给予老人更多的照顾；也号召老人们多探望X先生，关心、开导他。宁养服务区的社工和心理咨询师还带X先生参观了宁养服务区，感受宁养服务的环境，打消了X先生的顾虑。经过大家的共同努力，X先生同意接受宁养服务。

X先生入住宁养服务区后，宁养服务计划正式开展。由医生、护士、护理员、营养师、社工、心理咨询师组成了跨专业团队，对X先生开展了跨专业综合照顾。

1. 痛症管理与临终护理

宁养服务区的医生针对X先生的病情，采取了以镇痛为主的治疗方案；护士、护理员则针对临终病人的特殊性，采取了相应的护理技术。X先生初入宁养服务区时，食欲下降、吞咽困难，每餐饭吃得很少，他的饮食以流质为主。后期因为病情发展，吞咽也越来越困难，因此为他准备牛奶、水、绿茶（X先生喜欢喝绿茶）及营养针。

2. 生命关怀

（1）鼓励家属探访。X先生虽是三无老人，但家庭观念很强，很注重与亲人之间的感情。现在身患重病，更需要来自亲人的关心。因此，在这样的情况下，社工鼓励家属多点时间来陪伴老人。

（2）维持原先的社交网络。X先生在自理区时，居住的是四人间，入住宁养服务区后，由于床位调整，居住的是单人间，且宁养服务区居住的老人比较少，难免冷清。因此，维持他原先的社交网络就十分有必要。X先生初入宁养服务区时，在身体状况许可的情况下，会自己在院内走动，拜访老友。后因身体原因长期卧床，几乎每天都有自理区的老人来探访他，给他带喜欢吃的水果，与他相谈甚欢。而一位老伯，既是X先生的旧时同事，在自理区时又与他同屋，与他友情十分深厚，每天都来陪伴他，直到他生命的最后时刻。

（3）缅怀往事。社工经常探访X先生，与他一起缅怀往事，从他丰富的人生经历中共同寻找积极的事件，回忆当时对抗挫折的办法与信心，来面对现在的困难。同时，社工也积极挖掘老人的特长（老人书法很好，在电器维修方面也很有心得），经常针对老人的特长请教一些问题，让老人能重拾自我价值。

（4）鼓励老人参与社交活动，减少被遗弃感。临终的老人最怕的是产生与世隔绝的感觉，觉得自己因为生病而被整个世界遗弃。因此，机构里开展大型活动时社工都会积极邀请X先生参加，即使他身体状况不允许参加活动，也一定保障他的知情权。

（5）感恩回报，提升老人的自我价值。X先生是一个很注重人情的老人，在他生病期间，很多老友来关心、探望他，他也想通过自己的方式表达对老友们的感谢。但是，他的身体状况越来越差，后期卧床治疗的时间较长。经过与医生、护士的沟通，社工选取了一个天气很好，X先生精神也不错且不用接受治疗的下午，推着轮椅，和X先生一起回自理区探访老友。社工事前和X先生商量好，不告诉自理区的老人，要给他们一个惊喜。X先生的老友们见到他都很高兴，大家纷纷围上来和他交谈，让他流下了感动的眼泪。回访老友的全过程社工都进行了拍照并冲印出相片交给X先生和他的老友。在X先生最后卧床不起的日子里，社工时常看到X先生拿出这些照片仔细观看。

（6）为老人进行个别化的房间布置。X先生的病房里原先是没有电视机的，刚入住宁养服务区时，他常会在客厅看电视。而当他卧床时间越来越多，不方便去客厅时，社工联系维修组改变了电视线路，将电视搬到X先生的病房里，方便他躺在床上看电视。

（7）了解老人的心愿，满足他最后的愿望。社工了解到X先生是个球迷，适逢四年一度的世界杯开赛，X先生想要观看世界杯。于是在医生、社工、其他工作人员的通力合作下，为X

先生布置出了有世界杯气氛的病房环境。2010年6月11日晚上，牺牲了自己休息时间的工作人员，带着啤酒、零食和口哨与X先生一起度过了精彩的世界杯之夜。

（8）举行追思会。2010年6月15日，世界杯开幕后的第四天，X先生离开了人世。由于他生前在机构里的好友众多，为了让他的老友们能在他离世后正确处理自己的负面情绪，及时将悲伤情绪宣泄出来，机构为他举办了追思会，邀请他生前的好友、家属及工作人员一起参与，让大家抒发自己对他的思念，并鼓励参加者珍惜此刻。

在举办追思会前，社工特意征求机构老人和家属的意见，得到他们的支持。在追思会上，大家一起观看了X先生生前与老友们的合影及视频，由家属提供的他来老人院之前的生活照片，他在宁养服务区生活的照片和视频，共同回忆了X先生生前帮助大家的事情。

项目五

结案评估

项目描述

在社会工作文献中，结案常常与评估放在一起，被看成个案工作实践的最后一个阶段。在此阶段，工作者一方面需要对个案服务的效果进行总结评估，让案主明确自己的改变，也对社工的工作进行考核；另一方面需要巩固案主已有的改变，理解并敏感于案主因为面临离别而出现的各种情绪和行为反应，并做出及时回应，正确处理结案。而对于那些因各种原因无法顺利达成辅导目标或有新的辅导需求的案主还需要进行转介。

学习目标

1. 掌握总结评估的方法和技巧
2. 处理案主的离别情绪，开展结案会谈，进行结案
3. 根据服务效果和案主需求，考虑转介
4. 撰写结案/转介报告

任务1

总结评估

任务描述

前面我们讲过，英文中有两个单词都有评估的意思，一个是“assessment”，一个是“evaluation”，前者指事前评估，即预估、需求评估，后者指事后评估，即结案评估、成效评估。在个案工作实务的最后一个阶段，本项任务我们要学习的就是关注预期目标或结果是否达成的总结评估。

任务目标

1. 熟悉总结评估的内容

2. 熟练运用基线测量法、目标实现程度测量、任务完成情况评分、满意度调查等方法对个案服务效果做总结评估

导入活动

评估对你来说应该并不陌生，作为学生你经历过老师和学校对你学业成绩等方面的评估，或许你也给老师的教学打过分，参与了对教师工作的评估。请总结一下你经历的评估的目的是什么？起到了什么作用？跟同学一起讨论你所经历的评估的成效。

知识介绍

总结评估可以分为两类：一类是实务评估，即评估对特定案主进行介入的成果，同时也检测社工的介入技巧和策略的有效程度。案主和社工通过介入前后的情况对比能够判断案主是否取得进步以及是否已达到预设的目标；另一类是项目评估，主要由评估者根据预定项目的目标，对项目的适当性、效果、社会影响、效率等进行判定与评价。它可以检视该机构承办这些项目有无能力与水平、效果如何。同时，项目评估的结果也可以作为机构绩效的明证，为争取新的项目奠定基础。另外，通过项目评估还有助于机构找出服务差距，明确今后努力的方向。

在个案工作实务课程中，我们所指的总结评估通常是实务评估，是对整个个案工作实施程序和实施效果的评定，其目的是为了了解整个服务的效果。

一、总结评估的内容

总结评估是对产出结果的一种评估，通常会从如下一些方面去评定服务过程和服务效果：

（1）这个助人的过程对案主是否有效?

（2）案主有了哪些变化?

（3）个案工作者所运用的理论与技巧的作用是什么?

（4）个案工作者在经历了这一过程后学到了什么?

（5）对将来个案工作者更有效地工作有什么启示?

（6）这种帮助案主的方法是最有效的吗?

二、总结评估的功能

（1）检视工作所带来的改变。总结评估是对个案辅导的实施过程和实施效果的评定，通过对案主所获得的改变的评估，案主能够明确知道自己面对问题的真实情况、问题是否解决及解决的程度，能够评定工作者所用辅导方法的适用性以及辅导目标的达成度。

（2）学习经验。通过总结评估，案主可以从中学到解决问题的策略，增强社会功能；工作者能从中反思服务过程并总结服务经验，提高专业能力，促成专业的发展；对机构来说可以更好地把握工作者服务的成效，以便为衡量工作者的工作效果和改进机构服务质量提供依据。

（3）对出资者的交代。通常社会工作机构的资金大多来自政府、基金组织以及一些社会捐赠，出资者提供了资金支持，必然要求社会工作机构向其汇报并证明所做项目的成效。因此，总结评估也是对出资者的一个交代，是对服务质量、效果的客观评判，以此检验及证明服务机构和社工的服务品质，从而为取信于社会大众及以后获得新的资助奠定基础。

三、总结评估的方式与方法

个案工作总结评估会结合质性方法与量性方法，采用问卷测量、参与式观察和深度访谈等几种方式来进行，如通过接案时和结案时案主所做的两份情绪等级问卷的测量，可以看到个案工作的介入对案主情绪变化的影响，以此来评估个案工作介入方法的有效性和案主的改变程度；通过观察案主在个案辅导后期所表现出的心理情绪状态、面部表情、说话多少、参与程度等，与案主才开始参与辅导时的情形作对比，评估案主对个案服务的认可程度和改变程度；通过与案主进行深入的谈话，了解其问题的解决程度，需求的满足情况等。此外，我们还可以结合以下几种常见的方法和技巧来做总结评估。

（一）基线测量法

1. 基线测量法的定义

基线测量法是社会工作者在介入开始时对服务对象的状况进行测量，建立一个基线作为对介入效果进行衡量的标准，以评估介入前后的变化，并以此判断介入目标实现的程度。基线测量法的定义需要从两个方面进行说明：一是对服务对象的状况进行测量并不是对服务对象的全部状况进行测量，而是针对服务对象当前存在的问题进行测量；二是衡量的标准是指社会工作者介入前在对服务对象的问题进行测量的基础上，建立一个基本的数据线，这个数据线就是所说的基线。它就成为对社会工作者介入之后工作成效进行衡量的标准。如果介入后，测得的数据与基线数据相比，朝向好的方面发生了变化，就可以表明社会工作者的工作是有成效的；相反，社会工作者的工作则是没有成效的或者成效不明显。

2. 基线测量法的操作程序

（1）建立基线。建立基线是基线测量法的基础和前提，它由三部分组成：

第一，确定介入的目标，如服务对象行为、思想、感觉、社会关系或社会环境的变化及指标。

第二，选择测量工具，包括直接观察或使用标准化问卷及量表。

第三，对目标行为进行测量并记录目标行为（或者思想、感觉、社会关系或社会环境）的情况。

这个过程建立的是基线数据，此过程也称为基线期。

（2）介入期测量。介入期测量是基线评估法的关键步骤，这一过程中要对案主实施介入，并掌握记录案主变化的数据，有了这些数据就可以与基线期的数据进行对比。介入测量需要注意两点：一是保持介入前后测量工具的一致性；二是保持介入前后测量目标的同一性。

（3）比较和分析。将基线期和介入期的数据按测量时间和顺序制成图表，将每个时期的数据资料进行连接，呈现数据的变化轨迹和变化趋势，并将基线期和介入期的数据进行对比，如果两个数据不同，一般可以认为是介入本身作用的过程。

比较和分析是基线测量法的最后一步，也是最重要的一步，它既可以监控到某一时段服务对象的变化和社会工作者地服务状况，又能够从整体上把握服务对象的变化趋势和社会工作者的服务成效。

案例：一对夫妇面临着夫妻争吵的问题，随后，个案工作者进行了介入。

评估：

（1）建立基线。根据夫妇反映，最近3个月，两人平均每月吵架6次，几乎每隔4～5天就会吵一次。

（2）介入期测量。社会工作者介入后，当月夫妻吵架为3次，介入后第2、第3个月分别为0、1起。

（3）比较和分析。社会工作者介入后，夫妻吵架次数有了显著下降，表明社会工作者介入成效明显，如图5-1所示。

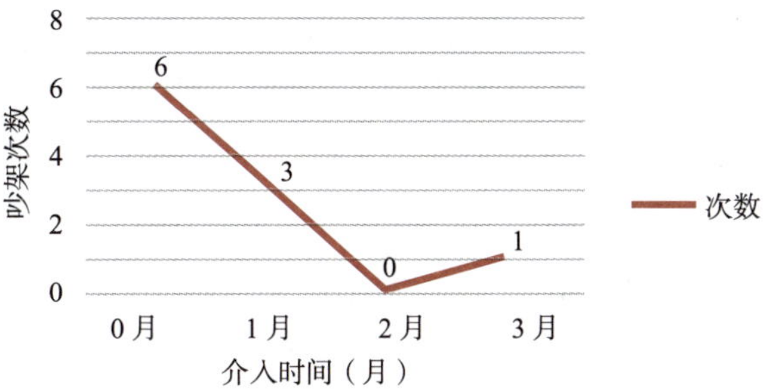

图 5-1 个案工作介入前后吵架次数折线图

（二）标准化测量法

在总结评估中，如果需要测量一些比较抽象和复杂的概念，可以采用标准化的测量工具，常见的是各类量表。这些量表由相关条目组成，一般需要服务对象、社会工作者或评估者根据这些条目分别进行评定，最后进行计算。

比如，某个案试图提高案主的健康水平，在测量案主健康状况时可考虑选择“自测健康评定量表”（STHMS）。“自测健康评定量表”由48个条目组成，涉及个体健康的生理、心理和社会三个方面。根据规定计算方法，社区居民自评后可进行总分计算，得分越高表明健康状况越好，如下所示。

自测健康评定量表（部分）

填表要求：

本量表由48个问题组成，问的都是您过去四周内的有关情况。每个问题下面有一个划分为10个刻度的标尺，请逐条在您认为适当的位置以“*”号在标尺上做出标记。（请注意每个标尺上只能画上一个“*”号）

例如：您的睡眠怎么样？

非常差0—1—2—3—4—5—6—7—8—9—10非常好

0：表示睡眠非常差；10表示睡眠非常好；在0～10：越靠近0表示睡眠越差，越靠近10表明睡眠越好。

请逐条阅读并认真做出回答。

（1）您的视力怎么样？

非常差 |—|—|—|—|—|—|—|—|—|—| 非常好

0 1 2 3 4 5 6 7 8 9 10

（2）您的听力怎么样？

非常差 |—|—|—|—|—|—|—|—|—|—| 非常好

0 1 2 3 4 5 6 7 8 9 10

续表

（3）您的食欲怎么样？

非常差 0 1 2 3 4 5 6 7 8 9 10 非常好

（4）您的肠胃经常不适（如腹胀、拉肚子、便秘等）吗？

从来没有 0 1 2 3 4 5 6 7 8 9 10 一直有

（5）您容易感到累吗？

非常不容易 0 1 2 3 4 5 6 7 8 9 10 非常容易

……

（21）您对自己有信心吗？

根本没信心 0 1 2 3 4 5 6 7 8 9 10 非常有信心

（22）您对自己的日常生活环境感到安全吗？

根本不安全 0 1 2 3 4 5 6 7 8 9 10 非常安全

（23）您有幸福感吗？

从来没有 0 1 2 3 4 5 6 7 8 9 10 一直有

（24）您感到精神紧张吗？

根本不紧张 0 1 2 3 4 5 6 7 8 9 10 非常紧张

（25）您感到心情不好、情绪低落吗？

从来没有 0 1 2 3 4 5 6 7 8 9 10 一直有

……

通常，我们会把这种方法与基线测量法结合起来运用。也就是说，我们可以在社会工作者进行介入前，让案主先填写“自测健康评定量表”，以了解他们健康的初始水平。然后，在工作者进行介入后，让案主再填写一次。两次自评的情况进行比较，如果得分有显著的提高，排除其他干扰因素后，说明个案工作介入是有效的。

由于量表一般属于定序或定距测量，相对于计数法的定类测量而言，可以反映出介入的程度，因而是被广泛采用的结果测量方法，尤其适合于测量，如自尊感、归属感、生命意义等抽象的心理学和行为学概念。不过，并不是所有的抽象概念都有对应的、成熟的标准化量表，并且一些标准化量表由于适用对象、语言和文化等因素也未必具有普遍适用性。在这种情况下，可以采用自制的目标实现程度量表。

（三）目标实现程度的测量

这是评估案主进步水平的一种方法。在这种评估中，主要在于评估案主是否已经达到了其所预设的目标及达到的程度如何。这种方法更强调正向的、希望达到的境界（如找到工作），而不是关注于问题层面（如失业）。这种方法适合运用于不同层次的案主系统，已经在精神健康、药物滥用项目、矫治机构和其他社会福利机构中广为使用。

评估中测量的标准就是案主在计划阶段对目标的陈述。为了准确的评估这些目标实现的程度，常用图表表示，每列代表不同类型的目标，而每行则代表目标实现的不同水平，通常从“最喜欢的结果”到“最不喜欢的结果”分别代表五个层次。我们可以用下面这个例子来加以说明：

王女士，38岁，两个孩子的母亲，因屡遭其丈夫的殴打，不堪其暴力和虐待，终于离家出走，现暂住在反家庭暴力中心的临时庇护所里，案主设定的三个目标为：

（1）从法庭取得暂时禁止令，以防止其丈夫找他们的麻烦。

（2）找一个固定的工作，经济上更加自立，以独立抚养两个孩子。

（3）重建社会支持网络（包括亲戚、朋友）。

尽管案主可能没有完全达到这三个目标：离开她的丈夫，找一个好的工作和结识很多新朋友，但她可以在提高自尊、经济独立方面不断取得进步，这种进步也可以体现在目标实现程度的量表中。表中打“*”的地方代表了案主的目标实现程度，其中，目标2达到最理想的效果，案主得以自立，而目标3不尽如人意。

目标实现程度量表

预期结果的水平	目标1	目标2	目标3
不喜欢的结果	案主回到施暴的丈夫身边，放弃目标	案主回到施暴的丈夫身边，放弃目标	案主回到施暴的丈夫身边，放弃目标
比预期结果差	案主和法庭联系，希望得到暂时禁止令	案主申请了一个工作	案主给一个老朋友打了电话*
预期中成功的水平	案主从法庭得到暂时禁止令*	案主申请了好几个工作	案主和朋友见了面
比预期结果好	案主的丈夫对暂时禁止令并无争议	案主得到一份工作，但她推辞掉了	案主和一些朋友共度时光
最令人高兴的结果	丈夫离开家，案主和孩子可搬回那儿住	案主接受了一份好的工作*	案主结识了新的朋友

（四）任务完成情况评估

这是评估已设定的任务完成情况的一种方法。在社工的介入过程中，为实现预设的目标，往往将目标分解成若干任务，每个任务要求案主在一定的时间里完成。用五点标准来决定任务完成情况的评分。每个任务的进展可这样来记录：4——完全完成；3——基本完成；2——部分完成；1——少量完成；0——没有进展。我们可以用下面这个例子来加以说明：

王婆婆是一位82岁的独居老人，身患多种疾病却拒绝住院治疗也拒绝去老年福利院养老，坚持要在自己家中生活。因为行动不便且身体多病，王婆婆需要多种照顾。社会工作者介入后，拟定了5 项服务任务并据此进行个案介入。结案时，我们就可以用任务完成情况来评估服务效果。如下这张表列出的就是帮助案主的五项任务及完成情况。

任务完成情况评估

任务	完成程度	评分
1. 确保老人独居安全	已为老人安装平安钟并告知其如何使用	4
2. 确保老人有良好的居住环境	已联系几家家政服务公司，定期上门为老人打扫房屋、清洗衣物，但还未最终确定选用哪一家	2
3. 确保老人身体健康	已联系好社区医院，请其派人上门为老人检查身体、治疗疾病。一周后，社区医务人员将到老人家里为其建立健康档案。	3
4. 丰富老人精神生活	招募到3名社区志愿者上门陪老人聊天、带老人外出玩耍，但具体的志愿者活动日程还未商定。	2
5. 联系老人家人	尚未联系到老人在本地的亲属	0

（五）案主满意度调查

案主满意度调查是评估案主满意程度的方法，它对社工了解案主对介入的反应非常重要，也是机构了解社工服务品质的重要途径。目标实现程度的测量偏重对服务目标的实现情况进行评估，任务完成情况评分偏重对任务完成的程度和质量进行评估，这两者评估的对象相对是比较客观的。而对案主满意度调查的评估则侧重服务对象的主观感受，需要服务对象自我陈述个案工作过程对其影响和作用。

案主满意度调查要求案主对助人过程的主要方面进行打分，常用的有案主满意度问卷（client satisfaction questionnaire，CSQ）、服务满意度量表（service satisfaction scale，SSS）、案主满意度调查（customer satisfaction index，CSI）等。其中，我们重点介绍一下案主满意度问卷（CSQ）。

CSQ是用来评估案主对健康服务、人类服务、政府与公共服务满意度的一套量表，根据其评估指标的数量分为CSQ-3，CSQ-4，CSQ-8，CSQ-18A和CSQ-18B，而其中以CSQ-8较为常用。CSQ-8有8项评估指标，每项指标采用4级评分标准，即从非常不满意到非常满意分为4个等级，分别记为1～4分。采用案主自我评估的方式，参与填写的案主需在3～8分钟内完成评估，评分完毕后，由社会工作者把每项指标的分值相加即得出总分，总分的范围是8～32分，得分越高，说明案主的满意度越高，下表为CSQ-8。

CSQ-8

1. 您如何评价您所获得的服务的质量？			
4	3	2	1
非常好□	比较好□	一般□	较差□
2. 您获得您想要的服务了吗？			
1	2	3	4
完全没有□	获得很少□	基本获得□	完全获得□
3. 我们的服务在多大程度上满足了您的需求？			
4	3	2	1
所有需求都被满足□	大部分需求被满足□	小部分需被满足□	需求都没不被满足□
4. 如果您有朋友需要相似的帮助，您愿意把我们的服务计划推荐给他/她吗？			
1	2	3	4
肯定不会□	可能不会□	可能会□	肯定会□
5. 您对获得的服务数量满意吗？			
1	2	3	4
很不满意□	不太满意□	比较满意□	非常满意□
6. 您所获得的服务能否帮您更有效地处理问题？			
4	3	2	1
帮助很大□	有一些帮助□	没有帮助□	使问题更糟糕□
7. 总的来说，您对获得的服务满意度如何？			
4	3	2	1
非常满意□	比较满意□	不太满意□	很不满意□
8. 如果您今后寻求帮助，您会再考虑我们吗？			
1	2	3	4
肯定不会□	可能不会□	可能会□	肯定会□

案例分析

以下是重庆市某智障人士职业康复训练中心的雇主满意度调查表，提供给大家作为参考：

身心障碍者社区化就业服务雇主满意调查表

适用说明：1. 本表仅供机构追踪服务成效的参考

2. 本表宜由雇主填写

就业服务单位				就业服务员	
编号				案主姓名	
填表者		雇用单位		工作内容	
计分标准		得分		评量日期	

非常满意	很满意	尚可	不满意	非常不满意	本题不适用	
5	4	3	2	1	0	1. 所雇员工的工作意愿（工作认真与否）
5	4	3	2	1	0	2. 所雇员工的工作态度（服从程度与同事合作的情形等）
5	4	3	2	1	0	3. 所雇员工的工作速度是否合乎要求
5	4	3	2	1	0	4. 所雇员工的工作品质或生产量是否合乎要求
5	4	3	2	1	0	5. 所雇员工的出勤状况是否稳定
5	4	3	2	1	0	6. 其他员工对公司雇用残障员工的态度如何（有没有反对与不满意的态度）
5	4	3	2	1	0	7. 你对所雇员工的人际关系（与同事相处的情形）
5	4	3	2	1	0	8. 你对所雇员工的工作安全是否感到放心
5	4	3	2	1	0	9. 你对就业服务员辅导的方式感到满意吗
5	4	3	2	1	0	10. 你认为所雇员工的家人带给你困扰吗（有没有不合理的要求）

综合说明或其他意见（例如：案主是否给贵单位困扰）

雇主签章：

任务2

结案

任务描述

结案就是工作者结束与案主的专业关系，对整个服务过程进行一个回顾、总结，以巩固案主已有的改变，增强案主的自助能力。结案是事先计划好的，是将整个助人活动加以统合的过程，处理适当，会使案主将整个服务中的收获转化为正向的力量，但处理不当则可能出现前功尽弃的局面，因此处理结案对工作者来说是一个很大的挑战。在本项任务中，我们就来学习如何处理结案。

任务目标

1. 理解结案时案主的心理和行为变化
2. 开展结案会谈
3. 对有需要的案主进行转介

导入活动

导入活动1

体验失去重要人物时的感觉。

请闭上你的眼睛，想象生活中你最亲近、最重要的某个人，就好像此刻站在你的眼前，想象他/她正在跟你说话，他/她告诉你即将离开你，不再回来。请辨识自己听到这话时的感受，想象你如何向他/她表达自己的情感。然后想象这人竟站起来走了，请问当他/她离开时你的感受是什么？请问如果在这种情景下，接下来你会怎么做？这时你的需要又是什么呢？

导入活动2

假设你是一所小学的学校社会工作者，与一位名叫豆豆的留守儿童，在个案辅导期间建立起了很好的专业关系。豆豆的父母常年不在家，作为一个缺少父母管束和与父母情感交流的留守儿童，豆豆曾经很内向也很自卑，在学习上以及与同学交往上都显得吃力。当你接手这个个案后，你花了较多时间和精力来陪伴、引导豆豆。现在，豆豆已经有了很多改变，也对你非常信任。可是，豆豆的父母却提出要把她接到他们打工的地方读书，以便于照顾她。豆豆很希望去父母身边，但是又很舍不得离开你，同时你也觉得豆豆还需要一些持续的支持以帮助她巩固过往的改变以及适应新的环境。那么此时，你将做点什么呢？

在上述情形中，我们看到工作者对豆豆的辅导并没有达到最终目标，但因为豆豆的转学却不得不结束专业关系。当豆豆已经对工作者建立起了充分的信任；当豆豆部分的能力得到了提升但仍然有些能力未能得到发展；当豆豆通过辅导已经发生了一些改变但依然缺乏信心独自面对生活；当豆豆到了陌生的环境，因缺乏支持而出现退行性变化，又恢复了以往的行为模式……你应当怎样去处理豆豆的“离别”情绪，全面评估豆豆所获得的改变以及仍未达成的目标，评估豆豆所需的持续性支持和资源并帮助豆豆能够继续接受服务呢？以下的内容会告诉你答案。

知识介绍

结案是个案工作辅导过程的最后阶段。个案工作的专业关系是有时间限制的，当评估结果显示案主实现了所设定的目标，接下来工作者就该处理与案主结束专业关系的各种事项。结案是一个非常重要的阶段，当案主和工作者将要结束这段合作关系时，除了感到欣喜之外，还有一些复杂的情感反应，有时甚至是困难和痛苦的，这对社工和案主双方都有挑战。对于有些案主而言，他们在与社工互动期间，已经和社工建立起相当不错的专业关系，对社工产生了强烈的好感甚至深深的依恋，一旦要结束这段专业关系，他们在情绪上可能会经历较大的波动，可能会唤起他们在以往生活中所爱之人离开自己而产生的无望和无助的感受，甚至感到再次被拒绝和抛弃而十分生气。因此，社工必须好好处理结案，以免因此而给服务对象造成二次伤害。

在结案阶段，社工需要和案主一起探索这些反应，将整个助人过程中的感受、想法、行为的改变进行总结和反思，妥善处理案主的情绪反应，这不仅有利于巩固已有的进步，而且有利于案主的个人成长。

一、结案的类型

个案工作专业关系是为了达成特定的服务目标而结成的关系，因此当服务目标达成的时候，也就是专业关系即将结束，即结案的时候。通常结案并不是在最后一次个案辅导时，突然提出结束专业关系，而是一个过程，且这个过程往往是事先就计划好了，在此过程中，要完成如下任务：

（1）决定结案的时间。

（2）检查目标完成的程度。

（3）保持已有的进步并促进案主不断成长。

（4）与案主一起共同解决结案过程中可能体验到的情绪反应。

（5）邀请案主对服务效果和社工进行评估。

（6）进行适当的转介。

这种因介入目标已经实现，案主的问题已经解决，案主的需要得到了满足，有计划进行的结案是个案工作实务中最理想的一种情况，但这只是终止专业关系的原因之一，除此以外，还有众多导致结案的因素，具体如下：

1. 工作者与案主的专业关系并不是很好

在服务过程中，因为种种原因导致工作者和案主双方或者一方对另一方不信任，始终无法建立起良好的专业关系，使得辅导无法继续。此时，工作者有必要结束与案主的关系。

2. 案主出现了新的问题

个案工作是一个动态的过程，在个案辅导的过程中，案主表现出了新的问题，而这些新问题的解决以及案主的服务需求超出了机构的服务功能和工作者的能力范围。因此，工作者也需适时结案并把案主进行适当转介。

3. 到了社工机构规定的服务期限

很多社会服务机构提供有时限的服务，如医院社工只能在案主住院期间提供服务，学校社工一般在学期结束时需要结案，军队社工只在案主服役期间提供服务。这种结案的方式比较不会引起案主的猜疑或产生被抛弃的感觉。同时，这种结案也是按计划进行的，双方比较有时间处理分离可能引起的感受或反应。

值得注意的是，因为时间的限制，案主问题可能没有得到充分解决，案主可能认为自己还需要继续得到帮助。这种情况下，工作者要考虑是否转介案主去其他的社会服务机构继续接受服务。

4. 案主单方提前的结案

案主单方提前的结案是指案主因为生病、死亡、搬家、意外事故、拒绝接受服务、离家出走、中途退出等，不再来机构赴约，在催促无效的情况下，工作者只好就此结案。例如，有的案主来了几次就觉得问题已经解决，不再需要接受帮助。当然，这可能是案主否认问题或一厢情愿的想法，如果工作者经过详细观察并没有发现案主的明显进步，可以坦言相告，让案主接受服务。可以告诉案主，只要他决定回来，同样会受到欢迎。

另外，有的案主在和工作者合作的过程中屡屡表示出对工作者的不满，或其他负面情绪。工作者可以向对方表示自己的关心，询问案主是否可以分享他所关心的事，如果案主愿意，双方可以开诚布公的讨论问题。如果案主不再露面了，不告而终，尽管结局有些遗憾，但对社工来说，除了反思之外，也可以和督导进行交流，寻找问题的原因或工作中有待改善的地方。但不管哪种原因导致的案主单方提前结案的，工作者还是应该电话联络案主已取得确切结论，或以书面方式写信给案主，告知此案的终止，并随时欢迎他有问题时前来求助。

5. 工作者因为搬家、晋升、换岗等而发生了身份的改变

由于工作者辞职或换工作而必须结案，这种情况在社会服务机构也是很常见的。如果工作者只是在同一个机构的不同职位进行变动，从伦理责任上讲，工作者应该继续完成自己的服务。如果工作者要离开这个机构，有责任事先计划好如何安排案主，以尽量把对案主可能造成的创伤减小到最低限度。因为一般来讲，案主仍需要继续接受服务，他们对突然的结案可能有强烈的情绪反应。特别是过去有过被父母或他人抛弃经历的案主，会觉得更加难以接受。这种经历也许会使案主的自尊心再次受创。而社工也可能因为案主的这种情绪反应而产生负罪感。因此，在工作中常会出现这样的情况：有的社工拖延向案主提起结案；因罪恶感而过度补偿；

经常道歉或热心过度，使得案主没法表达或解决负面的感受。

对此，较好的解决办法是在有限的时间里，协助案主处理情绪的反应，无论案主是愤怒、怨恨，还是拒绝，工作者都应坦然接受下来，应设身处地的想象案主经历的痛苦。除了适当的解释外，应和案主讨论新的解决办法，使案主有心理准备。工作者如果要把案主转给机构其他同事，也应该征得案主的同意，然后安排一次三方的会谈，介绍接替的工作者给案主，并一起简要讨论案主的问题、工作的进展及将来工作的可能方向。待接替的社工正式和案主工作后，还需经常关心事情的进展，确保案主已经建立了新的联系且情况良好。

二、结案时的反应

当个案辅导的目标逐渐达成，或是在某种情况下不得不结案的时候，你能试着去揣摩一下此时案主的心理和行为吗？在上述导入活动1中，你产生了哪些身体或心理上的体验呢？作为工作者，应当对案主可能有的反应有充分的认识和准备，并能妥善处理。

（一）案主的反应

案主经历关系结束的感受因人而异，案主的性格特点、接受服务时间的长短、问题和目标、角色、社会工作者提供帮助的过程和程度等因素，可能对其都有影响。一些案主在结案时会有正面的反应，因为他们在和社会工作者的合作过程中获益良多，远远超过由于关系中断而带来的损失，比如：对获得成功和自身成长的欣喜；对整个社会工作者介入过程正面的感受和经验；有更多的空间和独立感；对社会工作者提供真诚帮助的感激；对将来从事更多具有建设性意义的活动充满信心等。

而另一些案主，尤其是那些长期的案主，往往对社工依赖较强，对结案意愿不高，甚至把它看成是一种创伤的经历而加以拒绝。这些案主通常会出现比较多负面的反应，比如：

（1）对工作者表现出强烈的依恋情绪，为结束一个可信赖的关系而感到难过，对独自面对自己的将来信心不足而感到焦虑。因此社工应该一开始就强调并培养案主的自决意识和能力，在工作过程中为案主提供多一些成长机会，避免造成案主对自己的过分依赖。

（2）案主否认结束，即拒绝接受结束的想法，并表现得好像结案不会发生一样。对此工作者不能批评否定，也不能无视这些反应而强行结案，而应该站在案主的立场上去理解案主的拒绝，给予他们更多的支持，鼓励案主有勇气独立面对自己的生活，避免案主有被遗弃的感觉。

（3）案主出现行为的退化，即恢复早期的行为模式或重现早期的问题，在前阶段获得的技巧和改变都不见了，以此提醒社工不能结案。对于这种情况，社工不必对案主在结案阶段重新出现的这些问题给予特别关注，而应该着重和案主讨论其对结案后的生活的恐惧感和前途的不确定感，向案主表达同感，和案主共同回顾已有的进步与成长，增强其独立面对生活的勇气和信心。

（4）案主表现出一些新的问题，以期获得工作者的帮助，延长专业关系的时间。此时，社工既不能忽视案主提出的问题，又不要急于去探讨这些新的问题，避免掉进案主设下的“陷阱”，而是可以先探讨案主对结案的感受。如果案主提出的新问题确实重要，除了延续服务外，还有重新立案的可能。

（二）社工的反应

与此同时，工作者在面临结案时，同样也会产生各种心理反应。有的社工可能会有失望、失落和负罪感，特别是那些中途离开的社工，甚至会感到自己背叛或伤害了案主。这种情况下，社工可以向案主做适度的自我表露，和案主分享自己对结案的感受，以此引出案主对结案情绪的释放。同时，也可以运用同理心表达对案主受伤害、愤怒或遭拒绝的感受以理解。但值得注意的是，工作者不可过分认同案主的伤痛，否则，可能会导致案主处理负面情绪和有建设性策划未来的能力的缺失。

倘若社工感到难以处理自己在结案时的个人情绪，千万不要简单地把这种情绪压抑下来，最好寻求自己信赖的督导或同事加以疏导，帮助自己走出困境。

三、结案阶段的工作任务

明确了结案的类型和结案时案主通常会有的负面反应，那么工作者应该如何处理结案呢？通常，工作者在结案阶段需要从如下方面去开展工作：

1. 提前告知

若是依照服务计划而进行的结案，工作者需提前告知案主结案的时间，以便其有充分的时间做思想准备。例如，在“陈先生”的案例中，社工计划了8次个案服务，从一开始社工和陈先生商定服务计划和日程安排的时候，就需告知结案时间。当提供了6次左右个案服务后，社工可以再次提醒：“通过这几次的服务，我们已经初步达成了服务目标，还有两次辅导我们的服务就该结束了……”倘若社工在案主毫无征兆的情况下突然提出结案，会让案主来不及适应，甚至觉得被社工抛弃了而倍受伤害。

2. 确认案主问题和服务需求

在结案时，社工首先要与案主一起再次确认案主所面临的问题及其服务需求，以聚焦话题。

3. 处理案主的分离情绪

面对案主的离别情绪以及案主所表现出的拒绝结案、行为退化、提出新问题等现象，工作者千万不能批评否定案主的感受，而应探索案主表现出这些情绪和行为的原因，理解案主即将结束一段可依赖的关系，即将独自面对未来生活和各种困境时所产生的不自信、害怕、焦虑，把自己对案主的这些理解告诉给他，并鼓励案主去表达、谈论自己的感受，给予案主支持。

4. 回顾辅导过程

社工和案主一起追溯合作过程中所发生的重要片段，分享彼此的感受。回顾的重点包括：案主是怎样来求助的？求助时的问题？求助目的何在？社工和案主一起为解决问题做了哪些努力？哪些地方已经明显得到改善？最适合案主改善的解决问题的策略和技巧是什么？影响问题解决的限制因素有哪些？什么工作方法值得调整和改善？

回顾不只是对过去经历的一种再现和梳理，更重要的在于分析和反省，工作者以一种批判的眼光来审视走过的历程，包括对不愉快经验的接纳、释怀和面对。从这种意义上讲，回顾也是对经验的提炼和总结。同时，这一过程可以帮助案主理清思路，看到自己的转变，形成解决问题的认知图，从而进一步学习如何解决问题。

5. 巩固案主已有的改变

如果案主的某些社会功能在辅导过程中得到了改善，能力得到了提升，那么工作者应当尽力巩固案主解决问题的能力和已经获得的成就，增强结案后案主独自面对和解决自己问题的信心。在此过程中，社工还要确认案主的社会支持系统和环境方面的因素，帮助案主整理出自己可以利用的资源，让案主在结案后有更多的人可以求助。另外，要促进案主持续成长，还要提高其自我管理、自我监控的能力，把在介入过程中学到的处理、解决问题的方法运用到现实生活中去。还要让案主知道，社会工作机构的大门永远是敞开的，当他们需要帮助时，社工会及时伸出双手。

6. 讨论以后的成长目标

社工应与案主一起讨论结案后的成长目标，主要包括未来可能发生的有关个人、家庭、学校、工作、社区环境等的变化方向以及如何适应并处理生活中可能出现的新变化。例如，案主即将从监狱释放回家，和他探讨未来的目标，可能是重新适应正常的家庭生活和社会生活，找到一份可以养家糊口的工作。而且，他将会面临的问题也很多，如何对待他人的歧视、挑衅和嘲讽？如何与从未见过面的孩子培养父子感情？……这样的探讨，既是帮助案主计划未来的生活，有新的努力方向，同时，也是鼓励他正确面对各种可能遭遇的困难和问题，做好一定的思想准备，更有信心应付未来的挑战。

四、结案的注意事项

（一）转介

当个案辅导的目标尚未达成，但不得不结案时，或是个案辅导目标已初步达成但案主还需新的进一步的支持时，工作者都需对案主进行转介。要想转介案主，工作者需要同其他机构建立起资源网络，了解转介条件，为案主做准备，这样案主才能从新的服务中受益。

（二）跟进服务

结束专业关系并不意味着从此以后社工和案主就完全没有任何关系，不再有任何联系了。为了帮助案主更好地适应结案，进一步巩固和评估个案服务的效果，同时也为了避免给案主造成二次伤害，工作者可以在结案一段时间后，继续对案主的情况进行跟进服务。

在对案主的跟进服务中发现，很多案主在结案后不能保持他们在介入时期已经发生的正向改变。原因之一是恢复到以前的状态比坚持新的行为更加容易，而且，往往环境对他们的改变起着负面的作用，朋友、同辈乃至家人都对其新的行为施加了消极的影响。原因之二可能是因为新的行为还太短暂，没有得到真正的固化，因此非常有必要对案主进行跟进服务，以巩固其已有的进步，使社工的介入真正有好的效果。

跟进服务不仅是对社工的介入效果进行结案后的再评估，考察在没有介入的情况下，案主能否保持原有的进步，还可以对处于困难中的案主提供他们所需要的帮助。实施跟进服务可以按照以下步骤：

（1）工作者应和案主在介入期间就探讨关于将来结案后的跟进服务问题，要向案主解释进行跟进的原因，使它成为整个过程自然的一部分，令案主早有心理准备，不至于产生抗拒的心理。

（2）在结案时，要向案主再次说明，过一段时间后，会跟案主联系跟进服务的事宜，并可以告诉案主，这段时间是检验和巩固介入效果的最好机会，也可以看成是评估成果的良机。

（3）结案一段时间后，由社工通过电话或面谈方式询问案主的情况。例如，专业关系才结束时，工作者可以每周给案主打个电话询问其近况，一段时间后可以每月或者每季度打一个电话，逐渐减少与案主的接触，以此帮助案主适应离别。

跟进服务可以了解案主在结案后是否进展良好，对工作者来说，也是持续评估工作绩效的一部分，如果案主离开工作者后仍能保持服务的效果，在某种程度上说明服务起到了良好的作用；如果案主离开服务关系后很快恢复了原来的状态，可能工作者也要检视自己的服务效果。

（三）专业关系的转换

在个案工作过程中，案主与社工因为长期深入的互动，通常会结成非常良好的专业关系，在这种关系氛围中，案主感到安全、温暖、愉悦、自在，工作者同样会体验到成就感和价值感。而在辅导过程中，不管工作者怎么保持客观中立，只要是真正的理解、接纳、关怀案主，工作者在辅导中肯定都会投入大量的感情和精力；而不管工作者怎么强调案主自决，案主也还是会对社工这个值得信赖的人，对这段良好的专业关系产生依恋。因此，结案时时常会出现案主希望继续和工作者保持联系，希望和工作者交朋友的情况。对此，我们应当如何处理呢？

1. 澄清案主的希望

当案主提出和工作者发展朋友关系的请求时，工作者需要做进一步澄清，了解案主是否因为对自己产生了依赖、移情，所以才有此请求。如果是，工作者需帮助案主树立独自面对和解决问题的信心，巩固案主的应对技巧，并通过一系列的跟进服务提高案主的自助能力，减少其依赖，并小心处理案主的移情。

2. 澄清工作者本人的希望

在结案时，不仅案主希望继续和工作者保持联系，有时工作者可能也不想结束与案主的关系。此时，工作者需要对自己的想法格外警惕，避免通过继续维持关系来满足自己被他人需要、被他人依赖的感觉；也避免通过案主来谋求个人利益的满足，比如到案主工作的商店享受购物打折。

3. 处理好专业关系的转换

在专业关系中，因为专业和职业的要求，工作者倾注了很多时间和精力在案主身上，让案主感觉到充分的接纳和关注。而专业关系结束后，随着工作者工作重心的转移，是否还会对案主保持如此大的关注呢？倘若不能，会不会辜负案主的期望，对其形成二次伤害呢？如果在个案辅导中，工作者和案主都被双方的人格魅力所吸引，在结案后，倘若对案主的社会功能发挥和自我成长是有利的，倘若是在工作者充分考虑不会对案主造成二次伤害的情况下，倘若是在平等基础上发展起来的，那么工作者和案主是可以维持关系的。只不过，那种关系是有所转换的，不再是专业关系，而是一种私人关系。

拓展阅读

今年61岁的方渤，曾一度是媒体的宠儿。2003年，作为“被成功治愈的非典病患”，他曾上过央视“面对面”“东方时空”等栏目。当年，方渤家8人感染住院，出院时只有6人。翻看曾经的视频，他满头黑发、身材微胖，虽然因为非典失去了妻子，却满怀新生的希望。影像中，他拉着全家去捐献血清，自己签署协议，愿意死后捐献眼角膜，捐出遗体用作医学研究。

但是，半年后，方渤开始双腿疼痛，呼吸不畅，并在很短的时间内恶化。2005年、2006年，他分别做了两侧的股骨头置换手术。2009年，医生从他破碎的右肩关节中取出了指甲盖大小的碎片。现在，他头发花白，两髋各有一条30厘米长的疤痕，身形明显瘦弱。“我全身的骨头就跟石膏一样脆弱，骨头会不可逆转地塌陷下去，直至瘫痪或死亡。”

在那场突发的危机中，为了抢救生命和控制疫情，糖皮质激素疗法曾被大量用于紧急治疗，但此方法曾因各地用量不同等原因，引起广泛争议。它如“双刃剑”般，一面挽救了很多非典病人的生命，另一面却因为不当的用量导致部分患者出现股骨头坏死等后遗症。在北京市政府登记的名单中，非典后遗症患者约有300余人，其中因公、非因公患者各占一半。在这个群体中，有着相同的特征：股骨头坏死、肺纤维化以及抑郁症。在2006年，方渤等病友组织的一次调查显示，非典后遗症患者中，中重度抑郁症患者达到39%，80%因病离岗，60%出现了家庭变故。

“人们都说不会遗忘，不会忘了我们，但是我做完手术躺在床上的时候，他们都在哪儿？”面对媒体采访，方渤止不住地哽咽。2008年，他被诊断为抑郁症，曾在极度绝望的情况下用破酒瓶戳伤了自己的额头。在非典过后很长一段时间内，他们被变化过快的世界遗忘。“5・12”地震、甲型H1N1流感……除了主治医生，其他人无暇回顾非典，甚至不知道“非典后遗症患者”的存在。在这个群体中，康复好的人重新回归社会，回归平静的生活；丧失劳动能力的人，还在遭受疾病的折磨和精神的自我歧视。

摘选自陈莎莎. 忘却的“非典后遗症”. 民生周刊，2013-1-18.

课堂练习

（1）读完以上案例，你能体会“二次伤害”造成的影响吗？

（2）针对“陈先生”的案例，请参照如下提纲，开展结案会谈。

确认案主问题和服务需求：____________________

____

____

回顾个案辅导过程：____________________

____

____

巩固案主的服务成果：____________________

____

____

处理案主离别情绪：____________________

____

____

结案并考虑是否转介：____________________

____

____

任务3

撰写结案/转介报告

任务描述

个案辅导结束后，工作者需及时整理资料撰写总结报告，这不仅可以给服务对象、给机构、给相关出资人一个交代，也可以帮助工作者反思自己工作的成效，还可以为转介服务提供参考和依据。本项任务就将学习如何撰写结案/转介报告。

任务目标

1. 了解个案结案/转介报告的内容
2. 熟练撰写个案结案/转介报告

导入活动

总结对你来说应该并不陌生，在过去的学习生活中，你可能做过若干次学年总结，在总结中，你通过疏离一学年来的学习历程，看到了自己的收获和改变，知道自己取得了哪些成就，也看到了自己的问题和差距，并有了继续努力的方向和目标。在个案工作中，当辅导完成时我们也需要及时总结，即撰写结案/转介报告，那么为什么要撰写个案工作的结案/转介报告？这起到了什么作用呢？请跟同学一起讨论在个案工作的结案/转介报告中都需要总结哪些内容呢？

知识介绍

当个案工作者对个案进行了结案或转介，终止了专业关系后，此刻，工作者还有最后一个任务，即撰写结案/转介报告，这也是个案档案卷宗里，我们要掌握的最后一个报告。结案/转介报告主要包括如下内容。

一、基本信息

1. 案主的基本资料

案主的姓名、性别、年龄、职业、民族、受教育情况、个案编号等基本信息。如果是一份单独的结案报告，那么案主的个人信息需要记录完整，如果是归入案主个案档案的结案报告，因在档案中有案主详细的个人资料，因此在结案报告中只需记录案主姓名、性别、年龄、个案编号等简单信息。

2. 服务的基本信息

记录此个案接案日期、结案/转介日期以及在整个个案工作周期内，总共开展了几次服务，服务的方式等信息。

二、个案概述

概述案主遭遇的问题与困扰、案主的服务需求以及个案服务的目标。

三、服务内容/方式

这是结案/转介报告中需要重点书写的内容，主要是阐述个案服务的过程，总结围绕案主需求满足和服务目标达成而开展的具体工作，包括工作者的服务阶段、服务内容、服务方式、服务时间等。此部分内容和个案工作计划是对应的，计划了哪些服务内容、采取什么服务方式，介入阶段就应当按照计划予以实施，结案阶段则要对照着描述服务过程。

四、服务效果

对个案服务的总结评估是结案/转介报告中要撰写的另一项重要内容。具体做法为根据个案工作计划拟定的目标，采用恰当的评估方法去检视案主的问题有没有得到解决、需求有没有得到满足、服务目标有没有实现以及实现的程度，同时，还需要评估在此个案中投入的人力、物力、财力等资源的效用，并把这些评估结果撰写成文。

五、服务反思

工作者根据服务过程和评估结果，反思自己在此个案中的扮演的角色、秉持的价值观、选用的理论、采取的方法措施。

六、工作建议

记录工作者对此个案结案或是转介的建议以及案主的接受情况。

七、督导意见

督导撰写对本个案的评价及建议。

具体可以参照如下模板：

结案/转介报告

个案编号：

一、基本资料

姓名：________性别：________年龄：________

个案开始日期：________________ 个案结束日期：________________

二、服务次数与方式

电话接触次数：共______次

个别面谈次数：共______次

小组服务次数：共______次

探访次数：共______次

其他接触：共______次

三、个案概述

1. 案主的困境
2. 案主的需求
3. 服务的目标

四、服务内容

记录服务进程、服务内容、服务方式。

五、结案评估

六、服务反思

七、工作建议

八、督导建议

活学活用

结案/转介报告

一、基本资料

姓名：陈××　性别：男　年龄：47岁

个案开始日期：2019年10月21日　个案结束日期：2020年1月20日

二、服务次数与方式

电话接触次数：共 1 次

个别面谈次数：共 3 次

小组服务次数：共 0 次

探访次数：共 2 次

其他接触：共 5 次

三、个案概述

1. 案主的困境

（1）陈母病重入院无人照顾，导致案主和陈女也无人照顾。

（2）案主因不能承担家庭责任而自责，进而产生轻生念头。

2. 案主的需求

（1）自己能承担养家的责任。

（2）陈母病愈出院，能安享晚年。

（3）女儿能接受教育。

（4）给妻子买点新衣服、护肤品，还希望妻子不那么劳累。

3. 服务的目标

（1）缓解案主低落的情绪和轻生的念头。

（2）联系志愿者，临时照顾陈先生、陈女和陈母。

（3）争取残疾人就业培训机会，参与居家增收项目，扩大收入来源，提高案主的自我价值感。

（4）协助选择适合陈女的教育机构和服务项目。

（5）加强陈家人的社会接触，密切家人关系。

四、服务内容

本个案服务主要分为三个阶段：

第一阶段，主要通过联系社区志愿者，临时照顾陈先生、陈女、陈母，缓解家庭燃眉之急，稳定案主情绪。

第二阶段，一方面寻找适合陈女的特殊儿童教育机构和服务项目；另一方面协助案主接受残疾人就业培训，参加居家增收项目。通过这两项工作，解决了家庭的具体困难，提升了家庭的自助能力。

第三阶段，待家庭危机解除且家庭成员逐渐安顿好后，社工和志愿者一起带案主一家游览了中央公园，体验了长江索道，加强了家庭与正常社会的联结，增进了家庭成员感情。

五、结案评估

（1）结案时，通过情绪等级问卷测量显示，案主的情绪状态由接案时的1分（非常糟糕）变为8分，不良情绪得到显著改善，此外，案主的轻生念头也已经消除，心理情绪状态良好。

（2）通过探访案主的家庭，发现案主通过残疾人就业培训和居家增收项目，经济收入有所增加。但因案主没有电脑，对智能手机的使用不熟悉，对电商平台和互联网交易也缺乏了解，导致增收局限。

（3）通过探访特殊教育机构和家庭，了解到陈女在机构适应较好，很爱去机构上学，也学会了穿衣、扫地、倒垃圾等，具备了一定生活自理能力。

（4）通过会谈，案主及其家人对个案服务表示了较高的满意度，CSQ-8量表评分为32分。

六、服务反思

案主和信息化社会存在较大隔阂，一时半会理解不了现在流行的互联网交易。不过案主是个好强、爱学习，也愿意接受新事物的人，时常向工作者请教淘宝、京东等电商平台的使用以及微信、抖音等操作。作为此个案的工作者，一开始忽略了案主与正常社会的连接，没有及时向案主告知信息化技术的普及和应用，好在案主接收能力强，工作者在后期也需持续跟进案主的学习适应情况。

七、工作建议

结案后，还需持续关注这个家庭，了解陈先生在居家增收项目中的适应情况以及陈女在特殊儿童教育机构的适应情况，帮助家庭更好的应对风险。

八、督导建议

在本个案中，工作者与案主及其家人建立了较好的专业关系，通过帮助案主缓解燃眉之急、解决具体困难、链接社会资源，较好地疏导了案主情绪，消除了案主轻生念头，提高了案主自我价值感，并增进了家庭成员的情感联结，顺利达成了个案目标，同意结案。

课堂练习

3人一组，根据教师提供案例或自选案例进行情景模拟，开展结案会谈，并根据会谈内容和个案工作进程撰写结案报告。

附录1 个案工作系列文案

附录1.1 个案介绍

小颖，女，小学五年级学生，有一正在读初中的姐姐。2018年8月，小颖的父母因车祸意外去世，随后，小颖和爷爷、奶奶、姐姐一起生活。意外事故发生后，小颖的爷爷奶奶一直奔走于律师、法院、肇事司机所在公司等地，极少关注她情绪状况。而小颖姐姐初中住校，只有周末才回来与妹妹交流玩耍。

小颖父母去世后，她的性格逐渐变得孤僻内向，喜欢独处、不爱说话。虽然小颖接受了父母已经去世的事实，可无法控制自己的悲伤情绪，时常会想念父母，伤心流泪。另外，因父母的离世，爷爷、奶奶承担起了养育小颖的责任，可小颖与爷爷、奶奶有观念冲突，对于隔代教育难以适应。

面对案主的家庭变故，社区居委会为小颖一家办理了低保，保障了他们的最低生活，并把小颖转介给重庆仁爱社会工作服务中心，希望通过社工服务，帮助小颖渡过难关。社工接案后，通过多次家访与案主建立了良好的专业关系，全面评估了案主服务需求，并在此基础上制定了服务方案，从情绪疏导、哀伤辅导、资源链接、隔代调适、朋辈支持等方面进行介入。

通过社工的理解关怀、接纳承认，为案主营造了一个安全、温暖、自由、受保护的氛围，使小颖的哀伤情绪得到很好的宣泄和处理。此外，社工还增进了小颖和爷爷、奶奶的相互理解并促进了隔代关系，申请了重庆儿童救助基金会的助学项目，搭建了朋辈支持网络，显著改善了小颖的心理情绪状况，提高了学习效率，恢复了正常的社会交往。

针对小颖一案，社工撰写了详细的档案资料，以下为根据个案工作流程节选的一部分文案，包括接案报告、需求评估报告、个案工作计划、个案服务记录和结案/转介报告。希望这些资料能帮助你更好地理解个案工作实务的开展和个案工作文案的撰写。

附录1.2

接案报告

一、有关案主的基本资料

姓名：小颖（化名）性别：女 出生年月：2007-10

民族：汉 籍贯：重庆 职业：学生

教育程度：小学 婚姻状况：未婚 宗教信仰：无

居住形式：与爷爷、奶奶一起，住在农转城居民安置房

其他：父母因交通事故离世

二、案主来源和类型

1. 案主的来源：自行求助☐ 被转介☑ 外展对象☐

2. 案主的类型：自愿型☐ 非自愿型☑ 被强制型☐

三、接案过程

第1次：时间2018年12月27日，地点社区居委会，方式居委会将案主转介至社工。

第2次：时间2018年12月29日，地点案主家中，方式社区居委会工作人员带领社工上门家访。

第3次：时间2019年1月5日，地点案主家中，方式社工独自上门家访，与案主及家人面谈，进行专业关系的建立。

四、案主诉求

1. 案主基本情况

小颖（化名），女，小学五年级学生。她的父母在2018年8月因车祸意外去世，目前与爷爷、奶奶以及初中在读的姐姐一起生活。意外事故发生后，她的爷爷、奶奶一直奔走于律师、法院、肇事司机所在公司等地，极少关注案主情绪状况。而案主姐姐住校，只有周末才回来与妹妹进行交流谈心。

2. 案主主要困扰

意外事故发生后，案主在性格和学习生活两方面发生了明显改变。她的性格逐渐变得内向，喜欢独处，不爱说话，明白父母已经去世的事实，可无法控制自己的悲伤情绪；而在学习生活中，从父母教育到隔代教育，适应不了形势的改变，与爷爷、奶奶有观念冲突。

3. 案主服务诉求

父母离世给小颖带来的影响，不仅是情绪上的低落，还包括了家庭经济支柱缺失带来的后续困难，因此她的服务诉求集中在3点：情绪疏导、生活适应和后续的健康成长方面。

五、工作者初步印象

社工在初次接触小颖时，她说话声音较小，动作拘谨。在交流沟通过程中，一直是小颖奶奶在叙述，尤以“我们家好造孽，全是老的小的”“娃儿成绩下降，以后怎么办”“她们两姐妹的外婆不管她们，嫌她们”等类似话语反复出现，此时小颖就会有不耐烦、想要打断奶奶的表情。

社工对于小颖的初步印象是，突发的家庭变故让她非常难过，但奶奶的不自主“抱怨”又总是揭开内心的伤疤，虽想“反抗”但是自信心不足，胆怯、退缩。

六、服务权衡

社工实施的项目是社会救助社会工作服务项目，服务对象是社区低保家庭。小颖家办理了低保后，社区便转介至社工，符合项目服务目标；其次是针对小颖的诉求，项目可链接到相关资源予以满足；此外，小颖及其家人有明确寻求帮助，提出了服务申请，因此小颖正式成为本项目的服务对象。

七、个案处置

接案☑　　终结服务☐　　转介☐至____

八、其他

因小颖的爷爷、奶奶目前最关心的是家庭经济的问题，因还在走法律诉讼程序，赔偿金遥遥无期，会对项目或者社工有过高的期望，以为能直接帮助他们在低保外还获得其他的经费资助。因此社工针对他们这一不切实际的要求，社工在沟通协商过程中需要及时给予必要的说明和解释。

九、督导意见

虽然家庭变故的发生已有一段时间，但小颖在父母离世后的哀伤辅导并没能及时进行。成年人对于儿童是否必要进行哀伤辅导会有误区，认为孩子太小，不懂得什么是死亡，或者忽略他们的心理需求。这个个案中的小颖，她复杂的情绪如得不到适当的舒缓，有可能持续地影响她一生的成长。社工在介入个案，将哀伤辅导运用其中，以诚实、敏感、不判断、接纳的态度陪伴案主。

社工：王××　　时间：2019年1月5日

附录1.3

需求评估报告

一、基本信息

评估时间：2019.1.6　　评估地点：案主家中

评估方法：会谈、观察　　评估工具：无

评 估 人：王××

二、案主资料

（一）个人层面

1. 生理状况

案主身体状况良好，睡眠、饮食情况正常。案主家人除奶奶有皮肤病，需要医治外，其他人身体健康。

2. 心理状况

案主从父母去世就开始心情低落，之后想起父母时，经常会伤心、哭泣；在此之前案主虽然也和爷爷、奶奶住在一起，但是只以生活照顾为主，现在上升到学习教育，教育方式的改变也让案主内心有所抵触。

3. 社会角色

案主近段时间不爱与人交往，也不参与社区内的活动，在校也只和亲密的几位同学交流。

（二）家庭层面

1. 家庭结构

在事故发生前，案主家是主干家庭，有6名成员，由案主的爷爷、奶奶、爸爸、妈妈和姐姐组成。

2. 家庭成员及相互关系

案主的父母负责外出工作养家，爷爷、奶奶负责家庭的生活照顾，总体上来说幸福美满。其中案主的奶奶对儿媳稍有微词，主要是儿媳的工资用来贴补娘家的弟弟。

（三）环境系统

案主一家在遭遇突发事故后，社区居委会在核实家庭情况后，第一时间为他们办理了低保，从政府政策层面给予了支持；案主家的邻居和亲戚都给予了关心，但是案主外婆一家并没有承诺要抚养案主和姐姐，也没在生活中进行帮助。

三、问题评估

1. 问题描述

（1）案主的外婆外公没有照顾她和姐姐，也没有给予过生活费，其爷爷、奶奶经济压力重。

（2）案主的父母意外去世，给她带来的情绪压力较大，对学业和性格都造成了一定的变化。

（3）案主从父母教育到隔代教育，有一定的抵触情绪。

2. 问题分析

（1）针对第一个问题，案主家庭之前也并不富裕，供养2个孩子和2个老人，存款不多。所以在事故发生后，虽然有了低保，但生活仍不够宽裕，既要负担孩子的教育费用，还要保障家庭的日常开销，如生活费、奶奶固定医疗费。社工可以链接社会爱心资源，为案主及其姐姐提供教育物资，从物资层面暂时缓解困境；其次是通过申请儿基会助学补贴，帮助案主获得教育资助。

（2）针对第二个问题，对于案主而言，父母的离去犹如天降横祸，这份巨大的悲痛是其他人难以替代的，内心不愿接受。社工需要通过哀伤辅导，引导案主去表达哀伤，帮助她重新诠释父母死亡的意义，并使她在直视与探索中，更有勇气和信心适应丧失后的环境。

（3）针对第三个问题，案主觉得奶奶“唠叨”“经常对外讲述家庭情况”“不喜欢外婆和妈妈”，让她不自觉的产生抵触心态；再有爷爷、奶奶不了解学习情况，只一味强迫案主要好好学习，让她感觉很无奈。但由于案主自身的性格，又不愿意和他们进行沟通，一味地内向、不自信、退缩。社工将通过对案主生活的环境进行改变来促成案主自身的改变。家庭其他成员是案主最重要的支持网络，为此社工计划也为案主奶奶提供服务，畅通他们两人之间的沟通渠道，解决隔代亲子教育矛盾，持续性的给予案主支持。

四、案主期望

案主表现出来的期望是希望奶奶能少唠叨，不要整天都将“你爸爸、妈妈去世了，你要好好学习”这种话挂在嘴边。

五、能力分析

1. 案主自身的能力

案主虽然是小学生，但她也有控制自己情绪的能力，只需要稍加引导即可；案主的社会交往能力尚可，只是由于最近一段时间的情绪变化而中断，需要鼓励她继续维持已建立好的社交网络。

2. 工作者及背后团队具备的能力

社工长期从事一线服务，拥有实务开展的经验，掌握个案服务的各阶段工作要求，有独立开展个案的能力；项目有资源链接的能力，能为案主整合到有利于持续发展的物资资源。

六、资源评定

1. 案主拥有的资源

（1）案主的家人。案主的家人尤其是姐姐，其姐姐每周从住校回来后，和案主进行谈心。

（2）案主所在的社区居委会。帮助案主办理低保，并进行慰问走访。

（3）案主的同学。案主在校有好友，通过同辈群体的支持，帮助案主在校生活获得愉悦感。

2. 工作者能链接到的资源

（1）儿童救助基金会，针对困境儿童有助学补贴，需要社工协助案主填写资料进行申请。

（2）社会爱心人士和企业，项目有长期合作，建立了关系紧密的社会帮扶资源，可以从物资层面给予支持。

七、阻碍因素

1. 内部阻碍

案主的奶奶对儿媳一直有成见，案主妈妈在世时偶有不满。事故发生后，案主奶奶仍会将案主妈妈把工资拿给外人（娘家人），而不留给家里的事情反复对外讲述，这也直接导致了案主对奶奶的“不满”，如社工不及时改变奶奶和案主之间的沟通方式，对案主心态、行为的改变，对个案的介入都会造成一定的影响。

2. 外部阻碍

案主本身就因父母离世这一事件导致了性格突变，周围的邻居、同学会用“同情”“好奇”的眼光看待她，让案主更是感到不安。

八、跟进计划

（1）继续收集和案主有关的资料，包括获取案主姐姐、爷爷、奶奶、老师、同学提供的资料。

（2）与案主一起制订服务的工作计划，鼓励她积极参与到整个过程中来。

（3）将案主的情况整理成完整的信息表，便于对外进行资源链接。

附录1.4

个案工作计划

一、案主基本情况

姓名：小颖（化名） 性别：女 年龄：12岁

二、需求评估

1. 案主的困境

案主的父母在2018年8月因车祸意外去世，现在和初中在读的姐姐、爷爷、奶奶一起生活。在意外事故发生后，她的爷爷、奶奶一直奔走于律师、法院、肇事司机所在公司等地，极少关注案主情绪状况。而案主姐姐住校，只有周末才回来与妹妹进行交流谈心。

意外事故发生后，案主在性格和学习生活两方面发生了明显改变。她的性格逐渐变得内向，喜欢独处，不爱说话，明白父母已经去世的事实，可无法控制自己的悲伤情绪；而在学习生活中，从父母教育到隔代教育，适应不了形势的改变，与爷爷、奶奶有观念冲突。

2. 服务需求

（1）情绪疏导的需求：案主面临父母意外去世的事件，让她在内心层面很难去接受。而她的家人并没能及时为她提供支持，导致其负面情绪、压力都聚集在心中。

（2）生活适应的需求：案主之前的教育以父母管教为主，爷爷、奶奶从生活方面给予照顾。父母去世后，爷爷、奶奶作为监护人，隔代教育的方式让案主不适应，多次爆发冲突。

（3）健康成长的需求：丧亲对儿童的影响是一个连续性的过程，其影响是终生的，即使是在成年后的发展与未来生活中，他们都有可能存在弱势。案主在父母去世这件事情的认知上，没有积极正确认识到这一痛苦的经历，有消极对待生活和家人的行为，对其成长有不利影响。

三、理论分析

1. 理论分析

存在主义理论的核心是个人的存在，认为个人具有选择的自由。存在主义社会工作强调个人生命的意义，强调个人的内在价值，认为包括个人痛苦的经历都是有意义的。在这个个案中，案主小颖对于父母的去世感到悲伤，一直很难接受，对于奶奶的教育也很反感。因此，社工将以存在主义理论为指导，在对小颖的情绪疏导和生活适应上，重点帮助案主重新理解过去经历（父母去世的这半年）的意义，引导她发现过往生活中的闪光点并加以肯定，让这些闪光点在现在的生活中重新发挥作用。社工将通过持续跟进服务，让案主认识到父母去世对她来说是一个痛苦的经历，但她克服、度过了这一痛苦经历之后，应对生活的能力就增强了，在未来的生活中，就具有了应对更多、更痛苦的问题的能力。

2. 服务策略

此个案实务过程中先采取直接治疗的策略，并遵循悲伤辅导的服务原则，后采用间接治疗策略，通过改变环境促成案主自身的改变。给丧亲者提供“悲伤辅导”是一个帮助他（她）从事件中复原修复心灵损伤的有效方法，是帮助丧亲者重建自信的一个自我叙述过程。悲伤辅导的服务原则包括：一是协助丧亲者承认失落；二是帮助丧亲者认识并体验情感（悲伤、内疚、焦虑、愤怒等情感）；三是帮助丧亲者在失去逝者的情况下活下去；四是寻找失落的意义，在逝者死亡中寻找意义；五是给予充分的时间去悲伤；六是说明正常的悲伤行为；七是允许个别差异。社工遵循悲伤辅导的服务原则，循序渐进。与此同时，社工考虑到案主年龄尚小，还需周围环境系统的支持，为案主提供一个良好的环境有助于其成长。

（1）直接治疗。支持是个案工作常用的治疗技巧之一，社工通过接纳、真诚和同感等削减案主的焦虑和不安。社工需要事先了解案主父母意外事件的整体情况、刺激程度以及案主目前的精神状况和对周围环境的反应。

探索—描述—宣泄，社工通过案主的描述和解释来探索其问题，并为案主提供情感宣泄，疏导情绪，从而改变案主的不良行为。首先，社工引导案主面对丧亲事实，公开地谈论死亡，将死亡视为成长的一个阶段，有助于丧亲儿童接受亲人的离世事实。其次，社工鼓励丧亲儿童用语言进行描述和表达，以同理心来聆听，选用适当的语言回应，根据需要给予一个足够的空间容许其宣泄情绪。最后，社工找准契机，从悲伤辅导的常用技巧：书写、绘画、绘本、生命纪念册、角色扮演、认知重建、引导想象等技巧中选择适合案主的，引导案主描述对父母的思念、现在的状态、逝者不在的生活规划等。

（2）间接治疗。父母去世后，教育方式转变为隔代教育，案主不适应目前的学习生活，社工将通过对案主生活的环境进行改变来促成案主自身的改变。家庭其他成员是案主最重要的支持网络，社工将对案主奶奶进行服务，畅通他们两人之间的沟通渠道，解决隔代亲子教育矛盾，持续性的给予案主支持。

四、服务目标

1. 短期目标

（1）情感宣泄,正确表达对父母的思念，疏导案主的不良情绪。

（2）链接社会资源、同辈群体力量，为案主给予生活、情感支持。

2. 中期目标

引导案主正确认识和适应隔代教育方式，养成积极独立生活方式。

3. 长远目标

引导案主理智、积极看待父母死亡一事，正确认识这一痛苦经历，提升应对生活能力。

五、具体方案

序号	时间	地点	内容和方式	目标	动用的资源
1	2019/1/9	案主家中	接案与建立专业关系，初步面谈取得信任	明确社工与案主的角色，达成服务共识，建立平等合作的专业关系	社区居委会工作人员
2	2019/1/16	案主家中	社工实现多方面收集案主资料和情况	对案主家庭的问题与需求进行更加具体化、条理化的分析，以便制订清晰明确的服务计划	无
3	2019/1/23	案主家中	分别与案主和奶奶进行面谈，告知奶奶儿基会助学补贴申请事项，与案主进行面谈，了解最近的心理情绪状况	帮助案主获取社会资源的支持	重庆儿童救助基金会
4	2019/1/30	案主家中	与案主进行面谈，了解她对父母离世一事的看法	帮助案主找到合理有效的方式去疏导思念之情	无
5	2019/2/18	案主家中	为案主送去新年的物资慰问；与案主和奶奶沟通隔代亲子教育问题，及注意事项	引导案主及其奶奶正确看待隔代教育一事，用平常心看待	爱心企业提供案主所需的学习物资

续表

序号	时间	地点	内容和方式	目标	动用的资源
6	2019/2/26	案主家中	将案主的老师、同学的鼓励转达给她；引导案主慢慢回忆近半年的生活状况，分享自己的情绪转变的心理过程	引导案主对近半年的生活进行总结，从中找到闪光点	案主的老师、同学
7	2019/3/13	案主家中	从“青春期概念”“女孩生理期”和“身体变化”进行青春期健康教育的知识普及；告知案主，每个人都具有改变的潜能，她改变的力量来源于自身，必须通过自己的努力才能获得成长及进步	给予案主鼓励，树立自信心	无
8	2019/3/21	案主家中	鼓励案主养成在学习和生活方面的好习惯	修正案主不理性认知，提升独立生活、自我管理的能力	无
9	2019/4/19	案主家中	与儿基会取得联系，将申请结果告知案主；与案主沟通近期的生活情况，突出改变成效	提前预告个案结束，做好离别情绪处理	无
10	2019/4/25	案主家中	与案主回顾个案服务流程，引导她看到自身改变，巩固案主在已经开展的服务工作中获得的改变和进步；与案主一起进一步探讨影响问题解决的因素，鼓励案主结案之后独立面对问题做好准备；鼓励案主表达结案时的情绪，与她一起探讨结案后的跟进服务	做好结案工作，与案主回顾个案跟进过程，评估服务成效，填写满意度评估表	无

六、评估

（1）服务对象评估：和案主进行沟通，了解案主对自我变化的看法与态度；结案时邀请案主填写个案服务满意度评估表。

（2）督导评估：是否制订了合理的跟进计划。

（3）观察评估：通过执行计划，观察案主的改变情况。

（4）社工自评：社工对所提供服务内容、案主达成成效、跟进过程中所使用专业方法等进行总结与反思。

七、督导意见

此案主的问题和需求较多，社工需要制订一个完备的服务计划，要做到准确分析案主的需求，明确服务目标、阶段和方法，将资源运用起来以此解决案主的问题。

附录1.5

个案服务记录

一、基本资料

姓名：小颖（化名）　性别：女　年龄：12岁

服务时间：2019 年 1 月 3 日　服务地点：案主家中

服务次数：第 4 次　记录人：王××

二、此次服务的目标

帮助案主找到合理有效的方式去疏导对父母的思念之情。

三、服务内容及过程

人物	服务/会谈的内容及反馈	其他观察	工作员的分析和感受
工作者	小颖你好，今天学习忙不，咱俩聊半个小时吧	小颖脸上平淡，没有笑容	小颖虽脸上没有笑容，但是不像最初那么抗拒
案主	王姐姐，好的		
工作者	不知道你们小学生现在看什么电视，我最近看了一个综艺节目，是《奔跑吧兄弟》，特别好笑	小颖书桌上摆放了照片（妈妈带着姐妹两人去动物园）	看到了小颖把妈妈照片摆在书桌上，便于随时看到，但是又不能直截了当问她，便用综艺节目这个轻松的话题先让她放松下来
案主	我知道，我们班上的同学都有在看，我喜欢迪丽热巴		虽然小颖处于伤痛期，但她仍是一个孩子，还是有着同龄人的兴趣，以此为切入点
工作者	那你喜欢迪丽热巴，你最近和同学有一起做什么事情支持她吗	稍微有了一点积极性	
案主	我们一起买了卡片，还有她的海报，还要看她演的电视。但是你不要跟奶奶说，不然又要说我了		案主以前应该比较喜欢看电视，但是奶奶现在管控比较严格，不让她看太久，类似这种小事件让小颖就觉得不适应

续表

人物	服务/会谈的内容及反馈	其他观察	工作员的分析和感受
工作者	好的。看来你很喜欢她，你喜欢她哪一点呢		
案主	我觉得她笑着很好看		
工作者	小颖笑着也很好看，我们一起笑着拍张照可以吗？你看笑得很好看，就和这张照片（社工指向书桌上的照片）里一样		
案主	这是妈妈带我们去动物园玩时拍的照片，姐姐，你看那时候我好胖		
工作者	你和妈妈长得很像，都很漂亮		
案主	我妈去世后，我奶奶都让我们把这些东西都收起来，不让我们看。我之前是不敢去看，妈妈、爸爸的照片，但是前段时间还是忍不住又找出来放在书桌上了		是不是应该建议她把照片收起来，以免每次看见都伤心，还是应该就这样，不用刻意逃避。因为没有确切把握，所以这里没有给到建议
工作者	你现在看到照片是什么感受，爸爸、妈妈离开了你，你是什么感觉呢		
案主	我很想念他们，看着照片觉得爸爸、妈妈还没有离开。好想妈妈	小颖开始流泪	
工作者	小颖，可以和姐姐分享一些和爸爸、妈妈开心或者不开心的让自己记忆深刻的事情		
案主	他们虽然上班很忙，但是放假的时候都会带着我和姐姐一起出去玩，陪我们疯。我记得我们去过很多次动物园，因为我和姐姐都喜欢看大熊猫		
工作者	那你有想对爸爸、妈妈说的话吗		

续表

人物	服务/会谈的内容及反馈	其他观察	工作员的分析和感受
案主	我现在就想快快长大，这样我就可以和姐姐一样，出去读书，不用每天回来，奶奶也不用天天念叨我。我妈妈之前都没有像奶奶这样，都不管我的		
工作者	你感觉奶奶这样对你是有“控制欲”，你感觉很难受是吧。奶奶失去了唯一的儿子，她也很伤心，你们是她最亲的家人，只是因为老人沟通方式太强势，所以你现在感觉受到了“控制”		关于小颖和奶奶之间的沟通问题，还需要社工再和奶奶进行沟通
案主	我就是觉得她太喜欢说这不行，那不行，但是我又不想反驳她，我们不说这个了好不好，我知道她可能是为了我	关于奶奶的话题，小颖表现得很不想“说话”	
工作者	好的，我今天带了一些做手工的材料，我们一起做个收件箱好吗		
案主	嗯，要的 （然后开始做手工）		用了一个纸箱，再用彩纸进行包装，用画笔进行了画画装饰，画了很多星星，在这个过程中，小颖比较投入
工作者	哇，做得很漂亮，小颖的手工真不错		
案主	谢谢，姐姐		
工作者	这里有便利贴，下次你心情不好的时候，想爸爸、妈妈的时候，可以写在便利贴上，不用闷在心里，然后我们投进这个收件箱里，他们会收到的		
案主	我试一试		

续表

人物	服务/会谈的内容及反馈	其他观察	工作员的分析和感受
工作者	奶奶把爸爸、妈妈的东西收起来，你对这个做法是怎么看的呢？觉得最爱的爸爸、妈妈回不来了是吧		
案主	为什么要收起来，我知道他们已经不在了，但是看着他们的拖鞋、照片、手机，我觉得他们还是会陪伴着我		
工作者	好的，小颖不是小孩子，有自己的想法，建议你可以和奶奶沟通一下		鼓励案主自决
案主	看情况吧		
工作者	今天时间超了一点点，和小颖聊天很愉快，我们下次再见	小颖的脸上带有笑容	
案主	好的，谢谢姐姐		

四、评估反思

本次目标完成，社工帮助案主找到合理有效的方式去疏导思念之情，鼓励案主正确面对父母离世一事。在此次面谈中，对于案主的问题（对过去的怀念和对现在生活的偶有抱怨），社工能感受到她的焦虑。社工建议案主把事情说出来、情绪发泄出来，此时社工不用刻意地去说些安慰话语，或者急切的给予建议或者解决问题，只是陪伴、理解就是最大的支持。

五、跟进计划

针对案主和奶奶之前的沟通不畅导致的一系列问题，社工需要加以跟进，分别进行面谈交流，帮助她们学会畅通的表达出内心想法。

附录1.6

结案/转介报告

一、基本资料

姓名：小颖（化名）性别：女 年龄：12岁

个案开始日期：2019.1.9 个案结束日期：2019.4.25

二、服务次数与方式

电话接触次数：共 3 次

个别面谈次数：共 10 次

小组服务次数：共 0 次

探访次数：共 2 次

其他接触：共 0 次

三、个案概述

1. 案主的困境

案主的父母在2018年8月因车祸意外去世，现在和初中在读的姐姐、爷爷、奶奶一起生活。在意外事故发生后，她的爷爷、奶奶一直奔走于律师、法院、肇事司机所在公司等地，极少关注案主情绪状况。而案主的姐姐住校，只有周末才回来与妹妹进行交流谈心。

意外事故发生后，案主在性格和学习生活两方面发生了明显改变。她的性格逐渐变得内向，喜欢独处，不爱说话，明白父母已经去世的事实，可无法控制自己的悲伤情绪；而在学习生活中，从父母教育到隔代教育，适应不了形势的改变，与爷爷、奶奶有观念冲突。

2. 案主的需求

（1）情绪疏导的需求：案主面临父母意外去世的事件，让她在内心层面很难去接受。而她的家人并没能及时对她进行支持，导致负面情绪、压力都聚集在心中。

（2）生活适应的需求：案主之前的教育以父母管教为主，爷爷、奶奶从生活方面给予照顾。父母去世后，爷爷、奶奶作为监护人，隔代教育的方式让案主不适应，多次爆发冲突。

（3）健康成长的需求：丧亲对儿童的影响是一个连续性的过程，其影响是终生的，即使是在成年后的发展与未来生活中，他们都有可能存在弱势。案主在父母去世这件事情的认知上，没有积极正确认识到这一痛苦的经历，有消极对待生活和家人的行为，对其成长有不利影响。

3. 服务的目标

（1）为案主提供情感宣泄，正确表达对父母的思念，从而疏导案主的不良情绪。

（2）链接社会资源、同辈群体力量，为案主给予生活、情感支持。

（3）引导案主正确认识和适应隔代教育方式，养成积极独立生活方式。

（4）引导案主理智、积极看待父母死亡一事，正确认识这一痛苦经历，提升应对生活能力。

四、服务内容

1. 第一阶段：用爱融冰，走进心灵深处

最初去案主家探访，她很安静不说话，甚至显得有些拘谨，一直都是她奶奶在向社工倾诉。通过多次探访，社工开始和案主单独交流，了解到案主并不是一个内心不爱说话的孩子，只是她觉得爷爷、奶奶只关注学习，姐姐又不在家，自己很孤独。案主和其他处于这个年龄段的孩子一样，有着自己的兴趣爱好，社工便以此为切入点进行交流，收集案主更多的信息。社工了解到案主知道父母已经去世的事实，只是自己很难控制住悲伤的情绪，仍会突然就掉眼泪。另外，案主觉得父母去世后的这段时间，生活没有意义。

在这个过程中，社工一直用爱包围着她，用心倾听她，用情温暖着她，一个深深的拥抱，关切的目光，让案主能在安全、温暖、自由、受保护的环境里，展现自我，表达情绪。

2. 第二阶段：缓解案主不安，重新诠释生命的意义

社工将其分为2个步骤：

第一，减轻丧亲的痛苦。丧亲痛苦本身也是案主自我疗愈的一种方式。社工带着案主翻看家庭相册，回忆和父母的各种美好经历，通过写便利贴或者画画的方式表达思念，明白“正常的悲伤是所有感情中最高尚的，它是给予亲人的最后的爱”。

第二，正确认识丧亲事件。社工首先让案主明白，父母作为她成长过程中的重要客体，他们的丧失带来的悲伤，案主的想念，这些都是可以理解的，是可以表达出来的。再者社工引导案主慢慢回忆近半年的生活状况，分享自己的情绪转变的心理过程。案主表示，最初时感到痛苦，觉得害怕和不安，但是通过时间流逝，她开始在慢慢适应这个生活。社工鼓励案主，认识到失去父母对她来说是一个痛苦的经历，但当她克服、度过了这一痛苦经历之后，她对于情绪管理、自我调节、独立生活的能力就增强了。

3. 第三阶段：链接社会资源，申请助学补贴

案主父亲生前是电梯维修员，母亲是一名产线员工，两人工资都不高，工资用于日常开销和小孩的教育费用，并没有存款。在父母意外去世后，2018年12月，社区居委会为案主和姐姐办理了低保，每月领取874元，另外爷爷、奶奶两人社保可领取2780元。每月3654元的收入，刚好用于4人的生活费用、教育费用、医疗费用等，略显紧张。社工链接了社会资源，向重庆儿童救助基金会的助学项目进行申请，帮助案主获得一年的助学补贴2400元。

4. 第四阶段：间接治疗，给予案主长效支持

社工与案主的奶奶进行沟通，首先引导她了解到案主在这段时间情绪上、生活上的改变，并相信案主有能力表达与处理哀伤和悲痛，但是在这个过程需要他们的照顾、保护和支持。其次是社工引导案主的奶奶要相信案主自我调解的能力，在学习方面不能给予过多的压力。在分数下降的情况出现后，应该是和案主找到下降的原因并做好改进，而不能一味地强调案主成绩下降的行为症状，反而会增加其心理压力。最后社工澄清，案主之前由父母照顾，关系更为亲近，他们去世后内心难免会有少许落差。而案主内心难免会进行行为比较，会觉得父母对她的管教更为宽松，所以在这个阶段，案主的奶奶也不应有压力，平常心看待。

存在主义强调，不应预先设定案主应该如何生活，应该肯定案主有独特的生活方式，有选择的能力与自由。所以在此次跟进中，社工并没有说案主，她奶奶的教育方式就是对的，或者强制案主去同感老人的行为。而是起到协助作用，社工协助案主认清生活现实，肯定自己的本质去做好选择。

5. 第五阶段：哀伤疗愈和转化，充实生活信心

第一，社工引导案主重新认识目前的生活状况，她和姐姐失去了父母，而爷爷、奶奶失去了儿子、儿媳，他们四个人都经历着同样的丧亲痛苦。而爷爷、奶奶对她们的严格管教，出发点都是对她们的关爱，在这个逐步走出痛苦的阶段，案主可以做的是理解和沟通，不用一味地回避和逆反。

第二，社工通过自我披露、同理、尊重等技巧，让案主明白每个人都会经历坎坷和磨难。同时，社工告知案主，每个人都具有改变的潜能，改变的力量来源于自身，必须通过自己的努力才能获得成长及进步。在后续的辅导过程中，社工邀请案主来社区参加同辈活动，并有意识地帮助其搭建朋辈支持网络，案主逐步体验到了成功后的喜悦以及来自小伙伴们的关爱和温暖，变得开朗活泼许多。

五、结案评估

1. 服务对象的改变状况

（1）案主能向家人表达对父母的思念，不再闷在心里，并能通过书写、绘画的方式进行情绪表达。

（2）案主理解爷爷、奶奶的教育方式，生活冲突变少，多了有效沟通。

（3）案主自主完成作业，笑容增加，与家人分享学校趣事。

2. 工作目标的实现程度

社工运用观察法，了解案主及其家庭成员的改变状况，并与预先制定的服务目标相比照，评估服务成效与预期目标的吻合程度及各个目标的达到程度情况。通过比照，基本达成双方共同制定的目标。案主情绪疏导需求、调解隔代教育矛盾的需求都得到满足，另外社工帮助其申请助学项目，得到了助学补贴。

六、服务反思

对于儿童而言，至亲父母的离去犹如天降横祸，这份巨大的悲痛是其他人难以代替的，尤其是儿童的心智还未成熟，内心不愿接受，也很难接受。从个案中的经验发现，虽然父母逝去已经过去了一段时间，但仍然无法自主走出丧亲的悲痛。所以，社工首先应该给案主时间去悲伤，而不应指责悲伤现象，阐明悲痛是合适的行为，那是源自对亲人深深的爱，帮助案主直视内心的丧失与哀伤。同时，社工应帮助案主重新诠释父母死亡的意义，并使他们在直视与探索中，更有勇气和信心适应丧失后的环境。

七、工作建议

个案结案，但案主仍属于项目服务对象，社工做好后期跟进服务，有适合案主参与的同辈活动时，继续邀请案主参与。

八、督导建议

儿童和成年人一样也会有哀伤，尤其是至亲家人的离去。作为社工，尤其是照顾他的家人，一定要耐心聆听孩子的感受。当儿童面对家庭生活改变时，会产生恐惧、忧虑等复杂情绪，社工要鼓励家长、儿童说出自己的感受，一起面对悲伤，最重要的是给予支持和安全感。在本个案中，社工鼓励儿童用自己的方式表达对亲人的爱，以免孩子在亲人去世后会感到遗憾，是非常有必要的做法。

附录 2

常用量表

附录2.1

基本日常生活活动能力（ADL）

（以最近一个月的表现为准）

1. 进食：请问您吃饭时是否需要协助	
不需协助	需协助
□ 10分： ① 可自行取食眼前食物 ② 吃完一餐 ③ 合理时间内吃完 ④ 自行穿脱辅具	□ 5分： ① 要帮忙切食物、弄碎 ② 要先帮忙穿脱进食辅具 □ 0分： ① 灌食 ② 需人喂食
2. 移位：请问您从床上坐起及移动到椅子上，是否需要帮忙，如何帮忙	
不需协助	需协助
□ 15分： ① 可自行坐起、移位，并回到原位 ② 若使用轮椅，包含自行刹车、移开踏板 ③ 没有安全上的顾虑，不需有人在旁边监督	□ 10分：坐起及移动过程中需少许协助 □ 5分：可自行独立站起，但由床移位到椅子上时，需1人大量的肢体协助 □ 0分：需人协助才能坐起，或需2人帮忙搀扶才可移位
3. 如厕：请问您上厕所过程中，是否需要帮忙，如何帮忙	
不需协助	需协助
□ 10分： ① 可自行上下马桶 ② 穿脱衣物且不弄脏 ③ 使用后擦拭清洁 ④ 不需有人监督安全 ⑤ 若用便盆，包含自行取放及清洗	□ 5分：只需协助保持平衡，整理衣物或使用卫生纸 □ 0分：需人协助

续表

4. 洗澡：请问您洗澡是否需要协助	
不需协助	需协助
□ 5分：可自行完成盆浴或淋浴	□ 0分：需别人协助或监督才能完成盆浴或淋浴
5. 平地走动	
不需协助	需协助
（1）请问您是否可以在平地走50厘米以上，是否需要人协助	
□ 15分： ① 使用或不使用辅具，可行走50厘米以上 ② 可以起立/坐下	□ 10分：需稍微搀扶或口头教导，即可行走50厘米以上
（2）是否可以操作轮椅（包含转弯、进门、靠近桌子或床沿）	
	□ 5分：可以操作轮椅 □ 0分：操作轮椅需要帮忙或行走时需大量搀扶或无法行走
6. 穿脱衣裤鞋袜：请问您是否需人协助穿脱衣裤鞋袜	
不需协助	需协助
□ 10分： ① 可自行穿脱衣裤鞋袜 ② 合理时间内完成 ③ 可使用辅具	□ 5分：在别人帮忙下，可自行完成一半以上动作 □ 0分：需别人完全帮忙
7. 个人卫生：请问您刷牙、洗脸、洗手、梳头、刮胡须是否需要帮忙	
不需协助	需协助
□ 5分：可自行完成上述所有项目，且不需监督	□ 0分：需协助才能完成上述项目
8. 上下楼梯：请问您上下楼梯一层楼是否需要协助	
不需协助	需协助
□ 10分：可自行上下楼梯	□ 5分：需稍搀扶或口头指导或监督 □ 0分：无法或需大量协助
9. 大便控制：请问您是否曾发生大便失禁的情况，（若有）失禁频率怎样，是否需人协助处理	
不需协助	需协助

续表

□ 10分：不会失禁，必要时会自行使用软便剂	□ 5分： ① 偶尔会失禁（每周不超过一次） ② 使用软便剂时需人帮忙 □ 0分：需人协助处理
10. 小便控制：请问您是否曾发生小便失禁的情况，（若有）失禁频率怎样，是否需人协助处理	
不需协助	需协助
□ 10分：不会失禁，必要时会自行使用并清理尿布尿袋	□ 5分： ① 偶尔会失禁（每周不超过一次） ② 使用尿布尿袋时需人帮忙 □ 0分：需人协助处理
基本日常生活活动能力总分：____________	
失能项数：□ 无 □ 轻度（1～2项） □ 中度（3～4项） □ 重度（≥5项）	

附录2.2

工具性日常生活活动能力（IADL）

（以最近一个月的表现为准）

1. 上街购物： □③ 独立完成所有购物需求 □② 独立购买日常生活用品 □① 每次上街购物都需要有人陪 □⓪ 完全不会上街购物	选1或0者列为失能项目
2. 外出活动： □④ 能够自己开车、骑车 □③ 能够自己搭乘大众交通工具 □② 能够自己搭乘出租车但不会搭乘大众交通工具 □① 当有人陪同时可搭乘出租车或大众交通工具 □⓪ 完全不能出门	选1或0者列为失能项目
3. 食物烹调： □③ 能独立计划、烹煮和摆设一顿适当的饭菜 □② 如果准备好一切作料，会做一顿适当的饭菜 □① 会将已做好的饭菜加热 □⓪ 需要别人把饭菜煮好、摆好	选0者列为失能项目
4. 家务维持： □④ 能做较繁重的家事或偶尔需要家事协助（如搬动沙发、擦地板、洗窗户） □③ 能做较简单的家事（如洗碗、铺床、叠被） □② 能做家事，但不能达到可被接受的整洁程度 □① 所有的家事都需要别人协助 □⓪ 完全不会做家事	选1或0者列为失能项目
5. 洗衣服： □② 自己清洗所有衣物 □① 只清洗小件衣物 □⓪ 完全依赖他人	选0者列为失能项目

续表

6. 使用电话的能力： □③独立使用电话，含查询电话号码、拨号等 □②仅能拨打熟悉的电话号码 □①仅会接电话，不会拨电话 □⓪完全不会使用电话	选1或0者列为失能项目
7. 服用药物： □③能自己负责在正确的时间用正确的药物 □②需要提醒或少许协助 □①如果事先准备好服务的药物剂量，可自行服用 □⓪不能自己服用药物	选1或0者列为失能项目
8. 处理财务能力： □②可以独立处理财务 □①可以处理日常的购买，但需要别人协助与银行往来或处理大宗买卖 □⓪不能处理钱财	选0者列为失能项目
工具性日常生活活动能力总分：____________ （注：上街购物、外出活动、食物烹调、家务维持、洗衣服等五项中有三项以上需要协助者即为轻度失能）	

附录2.3

压力指数测评（PIT）

姓名________ 性别________

年龄：18～29（ ） 30～44（ ） 45～54（ ） 55～64（ ） 65～死亡（ ）

婚姻状况：寡居（ ） 结婚或同居（ ） 未婚（ ） 离婚（ ） 分居（ ）

根据你最近一个月以来的情况，对下面10种情况，与自身实际的符合程度进行评分。从来没有：0分；几乎没有：1分；有时有：2分；比较多：3分；经常如此：4分。

1. 我常为不希望发生的事发生了而感到沮丧。	0	1	2	3	4
2. 我经常感到自己无法控制生活中的重要事件。	0	1	2	3	4
3. 我经常感到紧张和“有压力”。	0	1	2	3	4
4. 我对自己处理个人问题的能力感到满意。	0	1	2	3	4
5. 我经常感到事情正朝着自己期待的方向发展。	0	1	2	3	4
6. 在生活中我能控制愤怒。	0	1	2	3	4
7. 我觉得不能应付必须要做的事情。	0	1	2	3	4
8. 我能做好自己要做的事情。	0	1	2	3	4
9. 我会因为事情超出控制范围而懊恼。	0	1	2	3	4
10. 我感到困难很大而无法克服。	0	1	2	3	4

注：在选择的分数下打“√”。

压力指数计算方式：将各个情况分数相加。其中，第4、5、6、8题为反向计分题（即这几道题项的分数要进行转换，0分与4分互相转换，1分和3分互相转换，2分保持不变）。最终得到的数字便是最终分数，并将此分数与下列常模进行比较。常模显示分数为该群体的压力平均分。

常模：

1．年龄常模

① 18～29：14.2。

② 30～44：13.0。

③ 45～54：12.6。

④ 55～64：11.9。

⑤ 65～死亡：12.0。

2．性别常模

① 男：12.1。

② 女：13.7。

3．婚姻状况常模

① 寡居：12.6。

② 结婚或同居：12.4。

③ 单身或从未结婚：14.1。

④ 离婚：14.7。

⑤ 分居：16.6。

注：压力（stress）也称精神压力，是个体在面对难以适应的环境要求或威胁时产生的综合心理状态。压力指数测评（PTI）（改编自Cohen，1999）可测试近一个月来的压力状况，通过压力指数计算和与常模之比较，了解个体在所属群体中的压力高低状况。

附录2.4

简化版认知量表（SPMSQ）

评估方式：依下表所列的问题，询问案主并将结果记录下来（如果案主没有电话，可将4.1改为4.2题）。

姓名：__________ 性别：男☐ 女☐ 日期：__________

教育程度：小学☐ 初中☐ 高中☐ 高中以上☐

无法评估☐

对	错	问题	注意事项
		1. 今天是哪年哪月哪日	年、月、日都对才算正确
		2. 今天是星期几	
		3. 这里是什么地方	对所在地的任何描述都算正确；说“我家”或正确说出城镇等都可接受
		4.1 你的电话号码是多少	证实电话号码无误即算正确；在会谈时，能在两次间隔较长的时间内重复相同的号码即算正确
		4.2 你住在什么地方	当案主没有电话时才问
		5. 你几岁了	年龄与出生年月日符合才算正确
		6. 你的生日是哪一天	年月日都对才算正确
		7. 现任国家主席是谁	姓氏正确即可
		8. 前任国家主席是谁	姓氏正确即可
		9. 你妈妈叫什么名字	不需特别证实，只需案主说出一个与他不同的女性姓名即可
		10. 从20减3开始算，一直减3减下去	期间如出现任何错误或无法继续进行即算错误
错误题数： 题 （请依照错误题数及案主教育程度，在下表勾选心智功能程度）			

教育程度	□ 心智功能完好	□ 轻度智力缺损	□ 中度智力缺损	□ 重度智力缺损
小学	0～3题错误	4～5题错误	6～8题错误	9～10题错误
初中	0～2题错误	3～4题错误	5～7题错误	8～10题错误
高中	0～1题错误	2～3题错误	4～6题错误	7～10题错误

注：如果老人答错三题以上（含），建议立即带他（她）前往医院神经科或精神科，做进一步的失智症检查。

附录2.5

社会支持评定量表（SSRS）

指导语：下面的问题用于反映您在社会中所获得的支持，请按各个问题的具体要求，根据您的实际情况回答，谢谢您的合作。

1. 您有多少关系密切，可以得到支持和帮助的朋友：（只选一项）（　）。

（1）一个也没有。

（2）1～2个。

（3）3～5个。

（4）6个或6个以上。

2. 近一年来您：（只选一项）（　）。

（1）远离家人，且独居一室。

（2）住处经常变动，多数时间和陌生人住在一起。

（3）和同学、同事或朋友住在一起。

（4）和家人住在一起。

3. 您与邻居：（只选一项）（　）。

（1）相互之间从不关心，只是点头之交。

（2）遇到困难可能稍微关心。

（3）有些邻居都很关心您。

（4）大多数邻居都很关心您。

4. 您与同事/同学：（只选一项）（　）。

（1）相互之间从不关心，只是点头之交。

（2）遇到困难可能稍微关心。

（3）有些同事/同学很关心您。

（4）大多数同事/同学都很关心您。

5. 从家庭成员得到的支持和照顾（在合适的框内画“√”）（只选一项）（　）。

	无	极少	一般	全力支持
A. 夫妻（恋人）				
B. 父母				
C. 儿女				

续表

	无	极少	一般	全力支持
D. 兄弟姐妹				
E. 其他成员（如嫂子）				

6. 过去，在您遇到急难情况时，曾经得到的经济支持和解决实际问题的帮助的来源有：（ ）。

（1）无任何来源。

（2）下列来源：（可选多项）（ ）。

A. 配偶 B. 其他家人 C. 亲戚 D. 朋友 E. 同事/同学 F. 工作单位/学校

G. 党团工会等官方或半官方组织 H. 宗教、社会团体等非官方组织

I. 其他（请列出）

7. 过去，在您遇到急难情况时，曾经得到的安慰和关心的来源有：（ ）。

（1）无任何来源。

（2）下列来源（可选多项）（ ）。

A. 配偶 B. 其他家人 C. 亲戚 D. 朋友 E. 同事/同学 F. 工作单位/学校

G. 党团工会等官方或半官方组织 H. 宗教、社会团体等非官方组织

I. 其他（请列出）

8. 您遇到烦恼时的倾诉方式：（只选一项）（ ）。

（1）从不向任何人诉述。

（2）只向关系极为密切的1、2个人诉述。

（3）如果朋友主动询问您会说出来。

（4）主动倾诉自己的烦恼，以获得支持和理解。

9. 您遇到烦恼时的求助方式：（只选一项）（ ）。

（1）只靠自己，不接受别人帮助。

（2）很少请求别人帮助。

（3）有时请求别人帮助。

（4）有困难时经常向家人、亲友、组织求援。

10. 对于团体（如党团组织、宗教组织、工会、学生会等）组织活动，您：（只选一项）（ ）。

（1）从不参加。

（2）偶尔参加。

（3）经常参加。

（4）主动参加并积极活动。

社会支持评定量表条目计分方法：

（1）第1～4，8～10条：每条只选一项，选择1，2，3，4项分别计1，2，3，4分。

（2）第5条分A，B，C，D四项计总分，每项从无到全力支持分别计1～4分。

（3）第6、7条如回答“无任何来源”则计0分，回答“下列来源”者，有几个来源就计几分。

社会支持评定量表分析方法：

（1）总分：即十个条目计分之和。

（2）客观支持分：2，6，7条评分之和。

（3）主观支持分：1，3，4，5条评分之和。

（4）对支持的利用度第8，9，10条。

（注：总分分数越高，社会支持度越高，其他三项计分也是如此）

附录2.6

生活事件量表（LES）

性别：________ 年龄：______ 职业：____________

婚姻状况：______ 填表日期：____年____月____日

指导语：下面是每个人都有可能遇到的一些日常生活事件，究竟是好事还是坏事，可根据个人情况自行判断，这些事件可能对个人有精神上的影响（体验为紧张、压力、兴奋或苦恼等），影响的轻重程度是各不相同的，影响持续的时间也不一样。请你根据自己的情况，实事求是地回答下列问题，填表不记姓名，完全保密，请在最适合的答案上打“√”。

生活事件名称	事件发生时间				性质		影响程度					影响持续时间				备注
	未发生	一年前	一年内	长期性事件	好事	坏事	无影响	轻度	中度	重度	极重	三月内	半年内	一年内	一年以上	
家庭有关问题																
1. 恋爱或订婚																
2. 恋爱失败、破裂																
3. 结婚																
4. 本人（配偶）怀孕																
5. 本人（配偶）流产																
6. 家庭增添新成员																
7. 与配偶父母不和																
8. 夫妻感情不好																
9. 夫妻分居（因不和）																
10. 夫妻两地分居（工作需要）																
11. 性生活不满意或独身																

续表

生活事件名称	事件发生时间				性质		影响程度					影响持续时间				备注
	未发生	一年前	一年内	长期性事件	好事	坏事	无影响	轻度	中度	重度	极重	三月内	半年内	一年内	一年以上	
12. 配偶一方有外遇																
13. 夫妻重归于好																
14. 超指标生育																
15. 本人（配偶）做绝育手术																
16. 配偶死亡																
17. 离婚																
18. 子女升学（就业）失败																
19. 子女管教困难																
20. 子女长期离家																
21. 父母不和																
22. 家庭经济困难																
23. 欠债500元以上																
24. 经济情况显著改善																
25. 家庭成员重病或重伤																
26. 家庭成员死亡																
27. 本人重病或重伤																
28. 住房紧张																
工作学习中的问题																
29. 待业、无业																
30. 开始就业																
31. 高考失败																
32. 扣发奖金或罚款																
33. 突出的个人成就																
34. 晋升、提级																

续表

生活事件名称	事件发生时间				性质		影响程度					影响持续时间				备注
	未发生	一年前	一年内	长期性事件	好事	坏事	无影响	轻度	中度	重度	极重	三月内	半年内	一年内	一年以上	
35. 对现职工作不满意																
36. 工作、学习中压力大（如成绩不好）																
37. 与上级关系紧张																
38. 与同事、邻居不和																
39. 第一次远走异国他乡																
40. 生活规律重大变动（饮食、睡眠规律改变）																
41. 本人退休、离休或未安排具体工作																
社交与其他问题																
42. 好友重病或重伤																
43. 好友死亡																
44. 被人误会、错怪、诬告、议论																
45. 介入民事法律纠纷																
46. 被拘留、受审																
47. 失窃、财产损失																
48. 意外惊吓、发生事故、自然灾害																
如果你还经历过其他的生活事件，请依次填写																
49.																
50.																

正性事件值：请填写（　）
负性事件值：请填写（　）
总　值：请填写（　）

家庭有关问题：请填写（　）
工作学习中的问题：请填写（　）
社交与其他问题：请填写（　）

1．测试计分

（1）记录事件发生时间时，一过性的事件（如流产、失窃）要记录发生次数，长期性事件（如住房拥挤、夫妻分居等）不到半年记为1次，超过半年记为2次。

（2）影响程度分为5级，从无影响到影响极重分别记0、1、2、3、4分，即无影响=0分、轻度=1分、中度=2分、重度=3分、极重=4分。

（3）影响持续时间分三月内、半年内、一年内、一年以上共4个等级，分别记1、2、3、4分。

2．生活事件刺激量的计算方法

某事件刺激=该事件影响程度分×该事件持续时间分×该事件发生次数

正性事件刺激量=全部好事刺激量之和

负性事件刺激量=全部坏事刺激量之和

生活事件总刺激量=正性事件刺激量+负性事件刺激量

另外，还可以根据研究需要，按家庭问题、工作学习问题和社交问题进行分类统计。

3．结果的解释

（1）LES总分越高反映个体承受的精神压力越大。

（2）负性生活事件的分值越高对身心健康的影响越大，正性生活事件分值的意义尚待进一步的研究。

参考文献

[1] 许莉娅．个案工作[M]．北京：高等教育出版社，2004.

[2] 隋玉杰．个案工作[M]．北京：中国人民大学出版社，2007.

[3] 全国社会工作者职业水平考试教材编写组．社会工作综合能力（中级）[M]．北京：中国社会出版社，2019.

[4] 秦炳杰，陈沃聪，钟剑华．社会工作实践基础理论[M]．香港：香港理工大学印刷部，2002.

[5] 顾东辉．社会工作评估[M]．北京：高等教育出版社，2009.

[6] 姚贵忠．重性精神疾病个案管理[M]．北京：北京大学医学出版社，2017.

[7] 陈明珍．老人社会工作[M]．台北：华杏出版股份有限公司，2012.

[8] 杨培珊，梅陈玉婵．台湾老人社会工作理论与实务[M]．台北：双叶书廊出版社，2011.